Helga Zeiher, Peter Büchner, Jürgen Zinnecker (Hrsg.)
Kinder als Außenseiter?

Kindheiten

Herausgegeben von Imbke Behnken
und Jürgen Zinnecker

Band 9

Die Herausgeber der Reihe "Kindheiten" wollen der Kindheitsforschung mit verlegerischen Mitteln einen Ort wiedergewinnen, an dem sie sich sammeln und von dem aus sie in die aktuellen Diskurse eingreifen kann. Es gilt, in lesbarer Form eine Summe der gegenwärtigen Schwerpunkte von Kindheitsforschung zu geben. Dabei sollen die Erkenntnismittel und das Ethos zur Geltung gebracht werden, die den Sozial- und Kulturwissenschaften zur Verfügung stehen. Bloßes Meinen, wertbeladenes Urteilen und mythologisches Reden werden mit kritischer Analyse, empirisch hermeneutischen Verfahren und einer Haltung engagierter Distanz konfrontiert.
Der Titel "Kindheiten" verweist darauf, daß es um die wissenschaftliche Erschließung von kindlichen Lebenswelten an unterschiedlichen Orten und in verschiedenen Zeiträumen geht. Der Wandel von Kindheit in Lang- und Kurzzeitperspektive interessiert hier ebenso wie der Vergleich soziokultureller Umwelten von Kindern in der Gegenwart. Der Plural bezieht sich auch auf Untersuchungsverfahren, Wissenschaftsdisziplinen und Fragestellungen. Kindheit erscheint in einem anderen Licht, wenn der Darstellung eine Fallstudie oder ein Kindersurvey, eine psychologische oder eine kulturwissenschaftliche Fragestellung zugrundeliegen.
Ungeachtet dieser pluralen Perspektiven möchten die Herausgeber ein Gemeinsames der hier vertretenen Kindheitsforschung herausstellen. Kindheit wird als wechselseitige Beziehung zwischen heranwachsenden Personen und ihren sich wandelnden soziokulturellen Umwelten aufgefaßt. Das heißt, Kindheit als gesellschaftliche Institution und Kindheit als Teil des Lebenslaufes - als Entwicklung, Lernerfahrung und Biografie - sind gleichberechtigte Themen der Forschung. Wichtiger noch und zugleich schwieriger in die Praxis umzusetzen: Kinder nicht nur als Opfer gesellschaftlicher Umstände, sondern auch als Handelnde und Mitgestaltende soziokultureller Umwelten sichtbar werden zu lassen.
Die Herausgeber hoffen, daß die Reihe dazu beiträgt, unser Wissen um und unser Verständnis für Kindheit zu einem ernstzunehmenden Bestandteil des Diskurses um die risikovolle Zukunft der Moderne werden zu lassen.

Helga Zeiher, Peter Büchner, Jürgen Zinnecker (Hrsg.)

Kinder als Außenseiter?

Umbrüche in der gesellschaftlichen Wahrnehmung
von Kindern und Kindheit

Juventa Verlag Weinheim und München 1996

Die Deutsche Bibliothek - CIP-Einheitsaufnahme

Kinder als Aussenseiter? : Umbrüche in der gesellschaftlichen
Wahrnehmung von Kindern und Kindheit / Helga Zeiher ...
(Hrsg.). - Weinheim ; München : Juventa-Verl., 1996
  (Kindheiten ; Bd. 9)
  ISBN 3-7799-0197-8
NE: Zeiher, Helga [Hrg.]; GT

Das Werk einschließlich aller seiner Teile ist urheberrechtlich geschützt. Jede
Verwertung außerhalb der engen Grenzen des Urheberrechtsgesetzes ist ohne
Zustimmung des Verlags unzulässig und strafbar. Das gilt insbesondere für
Vervielfältigungen, Übersetzungen, Mikroverfilmungen und die Einspeicherung
und Verarbeitung in elektronischen Systemen.

© 1996 Juventa Verlag Weinheim und München
Umschlaggestaltung: Atelier Warminski, 63654 Büdingen
Umschlagfoto: Martin Bichler, Überlingen
Printed in Germany

ISBN 3-7799-0197-8

Inhalt

Helga Zeiher
Von Natur aus Außenseiter oder gesellschaftlich marginalisiert?
Zur Einführung 7

Liselotte Wilk, Helmut Wintersberger
Paradigmenwechsel in Kindheitsforschung und -politik.
Das Beispiel Österreich 29

Jens Qvortrup
Zwischen „fürsorglicher Belagerung" und ökonomischen Interessen.
Zur Wahrnehmung von Kindern und Kindheit in den nordischen Ländern 57

Andreas Lange
Formen der Kindheitsrethorik 75

Doris Bühler-Niederberger
Teure Kinder - Ökonomie und Emotionen im Wandel der Zeit 97

Heinz Hengst
Kinder an die Macht!
Der Rückzug des Marktes aus dem Kindheitsprojekt der Moderne 117

Klaus Neumann-Braun
Kinder im Spannungsfeld von Werbemarkt und Jugendschutz.
Erfahrungen mit der Rezeption der Studie
„Fernsehwerbung und Kinder" 135

Maria-Eleonora Karsten
Der strukturimmanente „Blick" der Kinder- und Jugendhilfe
auf Kinder und Kindheit 151

Peter Büchner
Das Kind als Schülerin oder Schüler.
Über die gesellschaftliche Wahrnehmung der Kindheit als Schulkindheit und damit verbundene Foschungsprobleme 157

Ulf Preuss-Lausitz
Gender Patchwork:
Fremd- und Selbstbilder der Geschlechter im Umbruch 189

Die Autorinnen und Autoren 207

Helga Zeiher

Von Natur aus Außenseiter oder gesellschaftlich marginalisiert?

Zur Einführung

1. Fragestellung

Die neugegründete Arbeitsgruppe „Soziologie der Kindheit" der Deutschen Gesellschaft für Soziologie hat im Mai 1995 in Berlin ihre erste Jahrestagung den aktuellen Umbrüchen in der gesellschaftlichen Wahrnehmung von Kindern und Kindheit gewidmet. Im vorliegenden Buch sind die überarbeiteten Tagungsbeiträge versammelt, ergänzt durch einen Text, der auf der zweiten Jahrestagung ein Jahr später vorgetragen wurde.

Die Autorinnen und Autoren arbeiten Vorstellungen und Denkweisen über Kinder und Kindheit heraus, solche, die sich explizit in sozialpolitischen und in sozialwissenschaftlichen Argumentationen finden lassen, sowie solche, die implizit in den gesellschaftlichen Arrangements der Kindheit enthalten sind. Es geht um die Dynamik in den Wechselwirkungen zwischen konfligierenden Kindheitsvorstellungen und der Lebenswirklichkeit heutiger Kinder. Wie sind die aktuell wirksamen Kindheitsvorstellungen in gesellschaftliche Interessenkonstellationen und Machtverhältnisse eingebunden? Wo liegen Ambivalenzen, Widersprüche und Konflikte, wo die Fortschritte, die Rückschritte und deren Verschränkungen und Verwerfungen? Welche Mechanismen der Entstehung, der Verstärkung, der Durchsetzung und der Verdrängung bestimmter Wahrnehmungsweisen von Kindern und Kindheit sind in der gesellschaftlichen Realität wirksam?

Fragen nach der gesellschaftlichen Wahrnehmung von Kindern und Kindheit greifen weiter als die in der Pädagogik seit jeher geführte Debatte über das „Bild des Kindes", an dem sich Erziehung orientiert. „Gesellschaftliche Wahrnehmung" verortet Kinder und Kindheit in der Gesellschaft, und sie wird daran erkennbar, wie Kinder und Kindheit im Selbstverständnis und in den Strukturen der Gesellschaft verortet sind. Welchen sozialen Status haben

Kinder? Wie sind sie in die Gesellschaft integriert und wie könnten und sollten sie es sein? Werden sie als Außenseiter oder als gleichwertige Mitglieder der Gesellschaft angesehen und behandelt? Solche Fragen richten sich nicht auf Kinder und Kindheit für sich allein genommen. Vielmehr kommen Verhältnisse in den Blick, an denen sich zeigt, wie Kinder und Erwachsene zueinander stehen. Kindheit wird als Bestandteil der gesellschaftlichen Generationenordnung betrachtet, wie sie sich zwischen der Generation der Heranwachsenden und der Generation der Erwachsenen herausgebildet hat.

Mit dem Außenseitertum der Kinder in der modernen Gesellschaft hat sich Franz-Xaver Kaufmann schon 1980 beschäftigt und dabei auf die besondere Natur des Kindes verwiesen. Wachsen Kinder nicht erst langsam hinein in die Gesellschaft der Erwachsenen? Müssen sie nicht von Natur aus Außenseiter sein in den Strukturen der modernen Gesellschaft? Die anthropologische Tatsache der kindlichen Entwicklung - die Entwicklungstatsache - verlangt zweifellos nach besonderen, nach „kindgemäßen" Formen der gesellschaftlichen Integration von Kindern. Daneben und auch dagegen steht das in der Moderne hervorgetretene Individualitätsprinzip: der Anspruch, von Geburt an als vollwertige Person, als Individualität behandelt zu werden. Muß das nicht auch für Kinder heißen, daß sie als vollwertige Gesellschaftsmitglieder, als Personen mit eigenen Interessen und eigenen Rechten anerkannt werden müssen?

Wie Kinder und Kindheit gesellschaftlich wahrgenommen werden, ist in diesem Spannungsfeld zwischen der Natur des Kindes und dem neuzeitlichen Individualitätsanspruch zu sehen, und es findet darin seine Legitimationen. Deshalb bildet dieses Spannungsfeld auch den Hintergrund für alle spezifischen Fragen, die in diesem Band erörtert werden. Im folgenden soll versucht werden, ein Bild dieses Spannungsfelds mit wenigen groben Strichen zu zeichnen.

2. Von Natur aus Außenseiter?

2.1 Die gesellschaftliche Reaktion auf die Natur des Kindes

Kinder werden hilflos in diese Welt hineingeboren, und die Phase der nachgeburtlichen Entwicklung bis zum Erwachsensein, die Kindheitsphase im individuellen Lebenslauf, ist lang. Deshalb sind Kinder von Natur aus von Erwachsenen abhängig; sie sind auf Schutz, Versorgung und Unterstützung angewiesen. Andererseits ist auch die Gesellschaft der Erwachsenen von Natur aus von Kindern abhängig, denn die Lebensdauer der Individuen ist begrenzt. Kinder als nachwachsende Generation werden von den einzelnen Erwachsenen gebraucht, um später als Alte von Jüngeren versorgt werden zu können, und sie werden von der Gesellschaft insgesamt gebraucht, damit diese sich für die Zukunft physisch, sozial und kulturell reproduzieren kann. Keine Gesellschaft kommt umhin, mit diesen Naturgegebenheiten umzugehen. Eine jede tut das in einer ihr eigenen Weise, indem sie das wechselseitige Abhängigkeitsverhältnis der Generationen strukturell, kulturell und normativ ausformt. In der Art und Weise, wie Kindheit gesellschaftlich konstruiert ist, drückt sich die je besondere Beschaffenheit des gesellschaftlichen Generationenverhältnisses aus. Die Frage nach der gesellschaftlichen Wahrnehmung der Kinder und der Kindheit muß deshalb bei der „gesellschaftlichen Reaktion auf die Entwicklungstatsache" (Bernfeld 1925) ansetzen. Welches sind die gesellschaftlichen Momente in dem, was auf den ersten Blick als allein in Natur begründet erscheint? Wie ist die entwicklungsbedingte Abhängigkeit der Kinder in den gesellschaftlichen Machtverhältnissen ausgeformt? Welche Bedeutung haben die Naturverhältnisse zwischen den Generationen für die ideologische Rechtfertigung von gesellschaftlichen Machtverhältnissen?

Wenn wir die historische Entwicklung der Kindheitsverhältnisse im Europa des 20. Jahrhunderts betrachten, dann springt keineswegs das Bild einer Ausbeutung der natürlichen Unterlegenheit, der Schwäche und Abhängigkeit der Kinder ins Auge. Im Gegenteil: Die Reaktion der modernen Industriegesellschaft auf die Entwicklungstatsache schlägt sich in der Konstruktion gesellschaftlicher Strukturen nieder, in denen Kinder mit großem Aufwand vor den unmittelbaren Härten und Gefahren geschützt werden, die ihnen in dieser Gesellschaft aufgrund ihrer besonderen Abhängigkeit drohen. Kinder sind von Erwerbsarbeit freigesetzt und werden ausreichend versorgt, und sie werden sorgfältig auf ihr späteres Erwachsenenleben vorbereitet. Kinder aller sozialen Schichten werden heute in unserem Teil der Welt in ihrer Persönlichkeitsentwicklung und Bildung vielseitig gefördert, und sie werden als Personen ernst genommen und geliebt. Wo Benachteiligungen und Gewalt gegen Kinder in irgendeiner Form erscheinen, werden sie öffentlich angeprangert. Am Ende des „Jahrhunderts des Kindes" hat sich somit ein Programm weitgehend erfüllt, das an seinem Beginn durch Kinderschutzbewegung und Reformpädagogik formuliert wurde. Michael-Sebastian Honig, Hans Rudolf Leu und Ursula Nissen (1996b, 9) charakterisieren „die Erfolgsgeschichte der 'Kindgerechtheit'... und der Sensibilität für 'Kinderfeindlichkeit'" zu recht:

> „Es gibt wenige Bereiche, in denen sich das 20. Jahrhundert so sehr als eine Epoche der Humanisierung begreift wie in seinen Leistungen für Kinder und in der Klage über sein Versagen gegenüber Kindern."

Das Problem, das Kinder aufgrund der Entwicklungstatsache in der modernen Industriegesellschaft darstellen, nämlich sowohl selbst in besonderem Ausmaß gefährdet und unwissend zu sein wie auch - als Folge dieser Tatsache - in den Lebensabläufen und den Arbeitsprozessen der Erwachsenen zu stören, ist von dieser mit einer charakteristischen Problemlösestrategie beantwortet worden: mit Differenzierung. Unsere Gesellschaft bringt immer neue Strukturen und Maßnahmen hervor, in denen problemerzeugende Gruppen oder Lebensaspekte spezifisch behandelt werden. So ist auch für das Leben der Kinder ein eigener spezialisierter Strukturzusammenhang entstanden. Moderne Kindheit ist ein besonderer Schutz- und Vorbereitungsraum mit Institutionen, Professionen, Programmen und Orten für Kinder. Die oben erwähnte Erfolgsgeschichte ist in der Ausdifferenzierung von spezialisierten gesellschaftlichen Bereichen für Kinder realisiert. Es sind Bereiche neben anderen im komplexen Gefüge der funktionsdifferenzierten Gesellschaft, die weder deren Organisationsprinzipien noch deren Entwicklungsdynamik entzogen sind. Kindheit, verstanden als gesellschaftlicher Strukturzusammenhang, ist zwar in diesen Institutionen gesellschaftlich ausdifferenziert, aber keineswegs ein außergesellschaftliches Phänomen.

2.2 Binnenwahrnehmung und Außenwahrnehmung

Welche Wahrnehmungen der gesellschaftlichen Situierung und Bedeutung von Kindern sind in diesem historischen Prozeß hervorgetreten? Wenn es darum geht, Kinder zu versorgen, zu schützen und auf ihr späteres Erwachsenenleben vorzubereiten, ist die Wahrnehmung der Kinder als Aufwachsende, sich Entwickelnde und zu Sozialisierende die natürliche und selbstverständliche. Im Blick auf kindliche Entwicklung und Sozialisation erscheinen Kinder als Werdende; sie sind noch nicht erwachsen, sondern dabei, es zu werden. Erst mit dem Erwachsensein ist Gesellschaftsreife verbunden. Das bedeutet, daß junge Menschen als noch nicht ganz in der Gesellschaft angekommen wahrgenommen werden. Dieser Perspektive auf Kinder als Aufwachsende entspricht die Auffassung von Kindheit als einer Lebensphase, die Durchgangsphase zum gesellschaftlich voll handlungsfähigen Erwachsensein ist. In dieser individuell-lebenszeitlichen Perspektive wird die Lebensphase Kindheit somit zeitlich vor der Erwachsenphase angesiedelt und deshalb auch vor und außerhalb der Gesellschaft der Erwachsenen. Kinder erscheinen dann aufgrund der Entwicklungstatsache als gesellschaftliche Außenseiter, die erst allmählich zu Mitgliedern der Gesellschaft werden.

Die „gesellschaftliche Reaktion auf die Entwicklungstatsache" hat also sowohl besondere soziale Strukturen für Kinder innerhalb der Gesellschaft hervorgebracht wie auch die Auffassung, Kinder stünden außerhalb. Diese beiden konträren Aspekte der Einbindung der Kinder in die Gesellschaft sind in ihrer historischen Entwicklung miteinander verbunden. Um die Art des Zusammenhangs erkennen zu können, ist es notwendig, sich bewußt zu machen, daß es jeweils unterschiedliche Perspektiven sind, in denen der eine oder der andere Aspekt ins Blickfeld kommt (vgl. Qvortrup 1993; Zeiher 1996).

Die Konstruktion moderner Kindheit und ihre bisherige „Erfolgsgeschichte" verdanken sich der Perspektive auf Kinder als Aufwachsende. Ich will sie die „Binnenperspektive" des Schutz- und Vorbereitungsraums nennen. Sie geht von der Entwicklung der Individuen aus, für die es geeignete Unterstützungen und Umstände zu schaffen gilt. Um die Erfolgsgeschichte weiterentwickeln zu können, genügt diese Binnenperspektive jedoch nicht. Denn sie ermöglicht allein den Blick nach innen, in den ausdifferenzierten Strukturzusammenhang hinein. Das aber ist ein partikularer Blick auf einzelne Lebensbereiche der Kinder, der nicht sehen kann, ob trotz all dieser Bemühungen die gesellschaftliche Konstruktion der Kindheit möglicherweise in ihren Grundstrukturen problembehaftet sein könnte. Die so geschaffenen gesellschaftlichen Strukturen und Verhältnisse der Kindheit müssen vielmehr auch in ihrem Gesamtzusammenhang gesehen und evaluiert werden. Dazu bedarf es der Wahrnehmung gleichsam von außen, aus einer gesamtgesellschaftlichen Perspektive.

In der „Außenperspektive" geht es um die Art und Weise der gesellschaftlichen Konstruktion der Abhängigkeiten der Generationen voneinander. Wie sind Kinder in die Gesellschaft integriert und wie sind gesellschaftliche Macht und gesellschaftliche Ressourcen zwischen Kindern und Erwachsenen verteilt? Strukturen und Wahrnehmungsweisen, die in der Binnenperspektive entstanden und selbstverständlich geworden sind, kommen in die Kritik. Denn das Generationenverhältnis kann in der Außenperspektive daraufhin geprüft werden, in welcher Weise die entwicklungsbedingte Abhängigkeit der Kinder von den Erwachsenen in der historisch gewordenen gesellschaftlichen Konstruktion der Kindheit in spezifische Herrschaftsverhältnisse der Erwachsenen über Kinder transformiert worden ist. Es kann gefragt werden, ob in diesem historischen Prozeß Außenseiterpositionen der Kinder möglicherweise erst entstanden, zumindest aber verstärkt worden sind.

Im vorherrschenden Selbstverständnis unserer Gesellschaft, das der Binnenperspektive entspricht, wird das Generationenverhältnis allein als Reproduktionsverhältnis gesehen, und innerhalb dessen vor allem als Bildungs- und Sozialisationsverhältnis (vgl. Peter Büchner in diesem Band). Die Perspektive von außen umfaßt mehr. Sie bezieht Verschränkungen des Generationenverhältnisses mit dem Geschlechterverhältnis und mit ökonomischen Interessenverhältnissen ein, und sie öffnet den Blick für die prinzipielle Art der Herrschaftsverhältnisse und der Ressourcenverteilung.

Solcherart gesellschaftskritische Betrachtungen der Generationenordnung unserer Gesellschaft finden sich in kindheitssoziologischen Arbeiten der jüngsten Zeit (z.B. Alanen 1992; Chisholm u. a. 1995; Maydall 1994; Prout/ James 1990; Qvortrup u.a. 1994). Es wird gezeigt, wie die an der Entwicklungstatsache orientierte Wahrnehmung der Kindheit als lebenszeitliches Durchgangsstadium zu Erwachsenheit und die aus dieser Wahrnehmung abgeleitete Selbstverständlichkeit naturnotwendigen gesellschaftlichen Außenseitertums der Kinder zu einer übermäßig starken Asymmetrie des Generationenverhältnisses geführt hat, nämlich zu einem sehr hohen Maß an Erwachsenenzentriertheit unserer Gesellschaft. Denn soweit Kinder in ihrer Eigenschaft als künftige Erwachsene wahrgenommen werden, wird Kindheit Erwachsenheit untergeordnet, und die Gesellschaft kann sich selbst ausschließlich als Erwachsenengesellschaft begreifen und von Erwachseneninteressen ausgehend organisieren. Im Erwachseneninteresse liegt es, die erwachsenenzentrierte generationale Ordnung nicht zu reflektieren, und damit auch nicht die darin fixierte Stellung der Kinder (vgl. Jens Qvortrup in diesem Band).

Solange Kinder und Kindheit allein in der entwicklungsbezogenen Binnenperspektive wahrgenommen werden, scheint sich solche Reflexion auch zu erübrigen. Denn für die Erwachsenen, die sich als Eltern oder als professionell für Kinder Tätige intensiv um Kinder kümmern und für Kinder Leistungen erbringen, stehen die Kinder im Zentrum ihres Tuns. Die persönlichen Beziehungen Erwachsener zu Kindern sind in unserer Gesellschaft heute durch ein hohes Maß an Wohlwollen und an Liebe gekennzeichnet. Kinderfreundlichkeit und Kindzentriertheit werden im eigenen Alltagsleben der Erwachsenen unmittelbar praktiziert und wahrgenommen, während die Kinderfeindlichkeit und Erwachsenenzentriertheit der institutionellen, politischen und ökonomischen Strukturen eher abstrakten Charakter hat und besonderer Analyse bedarf, um erkannt zu werden. Die gesellschaftliche Wahrnehmung der Kinder ist paradox: Kinderfreundlichkeit im persönlichen Umgang und Rücksichtslosigkeit gesellschaftlicher Strukturen stehen nebeneinander (vgl. Qvortrup 1995).

Die aktuelle sozialwissenschaftliche Debatte erweckt zuweilen den Eindruck, es handle sich um widerstreitende, einander ausschließende Sichtweisen auf Kinder und Kindheit (dazu Zinnecker 1996). Dagegen ist zu halten: Erst Binnen- und Außenperspektiven zusammen, sich wechselseitig ergänzend und korrigierend, können das ganze Bild ergeben. Wie einerseits die Entwicklungstatsache und die durch diese bedingte Abhängigkeit der Kinder von Erwachsenen nicht ignoriert werden kann, so kann andererseits der Blick nicht auf die systemimmanente Perspektive des Schützens, Erziehens und Sozialisierens beschränkt bleiben. Die Art und Weise, wie unsere Gesellschaft mit Schutz- und Vorbereitungsmaßnahmen für Kinder auf die Entwicklungstatsache reagiert, ist vielmehr auch von außen zu betrachten und ist als Ausdruck der Machtverhältnisse zwischen den Generationen kritisch zu reflektieren. Im folgenden sei dies an einigen Aspekten verdeutlicht.

2.3 *Eigendynamik des gesellschaftlichen Ausschlusses*

Warum ist der Bezug der beiden Wahrnehmungsweisen aufeinander notwendig? Die Ausdifferenzierung moderner Kindheit als Schutz- und Vorbereitungsraum schreitet fort, denn gesellschaftliche Veränderungen lassen in immer neuen Bereichen besondere Maßnahmen für Kinder wichtig erscheinen. Wenn diese Prozesse allein aus der Binnenperspektive gesteuert werden - um Kinder immer besser zu schützen und vorzubereiten - entfalten diese Prozesse Eigendynamik. Werden die entstehenden Strukturen der Kindheit nicht auch kritisch in den Blick genommen, kann es geschehen, daß sie sich in Richtungen entwickeln, die ungewollt Abhängigkeiten der Kinder übermäßig verstärken. Die Kluft zwischen Kindheit und Erwachsenengesellschaft kann dann immer weiter aufreißen, Marginalisierung und strukturelle Rücksichtslosigkeit gegen die Interessen der Kinder können sich ungewollt und unbemerkt verstärken.

Im folgenden einige Beispiele für Eigendynamik in der Entwicklung der Wahrnehmung von Kindern und Kindheit, die aus der Beschränkung auf die Binnenperspektive des Schutz- und Vorbereitungsraums entstehen kann:

- *Kinder als Opfer.* Die Absicht, Kinder gegen unmittelbare Härten und Zumutungen der modernen Gesellschaft zu schützen und Kinder auf das spätere Leben in dieser erst vorzubereiten, unterstellt Unverträglichkeit, also einen Konflikt zwischen Kindern und moderner Gesellschaft. Indem das Engagement Erwachsener für Kinder sich auf Schutzmaßnahmen konzentriert, kann diese Unverträglichkeit sich in der Wahrnehmung vergrößern. Kinder erscheinen dann vor allem als Opfer, als schwach, verletzlich, wehrlos; die Wahrnehmung der Kinder engt sich auf die Opferrolle ein. Das rechtfertigt eine besonders protektionistische Haltung, aus der heraus die Erwachsenen bestimmen, wodurch Kinder gefährdet sind, und was für Maßnahmen zu treffen sind, um die erkannte Unverträglichkeit zu beseitigen. Es liegt auf der Hand, daß die Lösungen nicht gegen die Interessen der Protektoren gerichtet sein werden, daß sie vielmehr auch mehr oder weniger auf „adultistisch verzerrten Vorstellungen vom Kindeswohl" (Liselotte Wilk und Helmut Wintersberger in diesem Band) gründen können.

  Anklagen, rücksichtslos gegen die Schwäche und Verletzlichkeit der Kinder zu sein, pflegen gegen Umstände außerhalb des Schutz- und Vorbereitungsraums gerichtet zu werden, und es wird verlangt, auch dort Maßnahmen zum Schutz der Kinder zu ergreifen. Auf diese Weise wird Schutzraum für Kinder in immer neuen Bereichen etabliert. Es ist nicht leicht zu entscheiden, wieweit Ausweitungen der Schutzmaßnahmen sich übermäßigem Protektionismus verdanken oder wieweit sie durch neue Gefährdungssituationen tatsächlich notwendig werden. Stadtentwicklung und Medienentwicklung sind Bereiche, in denen sich solche Prozesse beobachten lassen. Für die Protektoren der Kinder erweist es sich in diesen Bereichen immer wieder als außerordentlich schwierig, gegen ökonomische und politische Interessen und Machtpositionen besonderen Schutz für Kinder durchzusetzen. (In diesem Band gibt Klaus Neumann-Braun ein Beispiel dafür.)

- *Defizitäre Kinder.* Kindern fehlen viele Kompetenzen, die die Gesellschaft von Erwachsenen verlangt. Das Bildungswesen hat den erklärten Zweck, diese Defizite zu beheben. Es fragt sich jedoch, inwieweit seine enorme Expansion, insbesondere die Vermehrung der Menge an vermittelten Qualifikationen und der Zahl der Lebensjahre, die die Kinder darin beschäftigt werden, allein dem anwachsenden gesellschaftlichen Qualifikationsbedarf entspricht, oder ob nicht auch Eigendynamik in der Entwicklung von

Institutionen und Professionen das Wachstum zeitweise übermäßig vorangetrieben hat.

Die Defizite der Kinder und die individuellen Prozesse des Abbaus der Defizite - Entwicklung, Sozialisation und Lernen - werden von einer wachsenden Zahl von Experten immer genauer studiert. Spezialaspekte werden ausdifferenziert, und diese werden in Entwicklungsstufen zerlegt. Es entstehen altersgestufte Normen, mit deren Hilfe im individuellen Kindheitsverlauf Defizite diagnostiziert und mit spezialisierten Maßnahmen behandelt werden. Doris Bühler-Niederberger (1991) hat am Beispiel der Legasthenie eindrucksvoll vorgeführt, wie auf solche Weise spezifische Defizite von Kindern bisweilen erst erzeugt und gesellschaftlich konstruiert werden. Die besondere Akzentuierung der Entwicklungstatsache in der Wahrnehmung des defizitären Kindes führt dazu, daß Definitionen von immer spezifischeren Defiziten entstehen. Normierung, Pathologisierung und Therapeutisierung der Kindheit sind damit verbunden ebenso wie Expertisierung, Professionalisierung und Institutionalisierung - und die daran arbeitenden Experten profitieren davon. Denn deren Interessen sind nicht zu übersehen: Die gesellschaftliche Konstruktion der Kindheit als Schutz- und Vorbereitungsraum wird zu einem beachtlichen Teil in einem Dienstleistungssektor realisiert, der einer großen Zahl Erwachsener Erwerbsarbeit gibt. Je mehr die Kinder als gesellschaftlichen Anforderungen nicht gewachsen wahrgenommen werden und je mehr solche Differenzen als Defizite definiert und von Experten bearbeitet werden, ein desto gewichtigerer Bestandteil der Arbeitsgesellschaft der Erwachsenen wird Kindheit.

Gesamtgesellschaftlich gesehen sind Kinder ökonomisch sehr bedeutsam für den öffentlichen und privaten Dienstleistungssektor wie auch für den Konsumgütermarkt. In der Binnenperspektive erscheinen sie jedoch als ökonomisch nutzlos. Innerhalb des Schutz- und Vorbereitungsraums sind Kinder Objekte der Arbeit Erwachsener. Kinderschutz, Scholarisierung und Familiarisierung haben Kinder als Erwerbsarbeit Leistende aus der Arbeitsgesellschaft befreit. Das ist ein wichtiger Erfolg in der Geschichte der Humanisierung der Kindheit. Es bedeutet aber Ausschluß. Was Kinder tun, erscheint nicht als gesellschaftlich nützliche Arbeit. Kindheit wird als Bildungsmoratorium verstanden, in dem Spielen, kulturelle Aktivitäten und Lernen nur der eigenen Person dienen. Insofern bringen Kinder ökonomisch nichts ein, sie kosten nur. In langfristiger Perspektive wird die Selbstqualifikationsarbeit der Kinder zwar als Reproduktion von gesamtgesllschaftlich notwendigem Humankapital verstanden. Doch die Konsequenz daraus ist bis jetzt erst sehr unzureichend gezogen: nämlich die Lebenshaltungskosten der Kinder dementsprechend auch gesamtgesellschaftlich zu finanzieren. In der Binnenperspektive auf Kindheit hält sich vielmehr ein Finanzierungsmodus, der nicht auf Kinder als Gesellschaftsmitglieder bezogen ist, sondern der die Hauptlast der Institution zuweist, in die Kindheit vor allem eingebettet ist, der Familie. Das kommt gegenwärtig in die öffentliche Kritik, weil Eltern heute immer weniger in der Lage sind, das Leben ihrer Kinder zu bezahlen.

Auch die spezifische Konstellation der Institutionen des Schutz- und Vorbereitungsraums ist im Hinblick auf die darin vorherrschenden und möglicherweise eigendynamisch sich entwickelnden Wahrnehmungen von Kindern und Kindheit zu untersuchen. Familie und sozialstaatliche Instanzen teilen sich die Aufgaben, Kinder zu schützen, zu versorgen, zu erziehen und zu bilden. Insofern hat der gesellschaftliche Schutz- und Vorbereitungsraum zwei aufeinander bezogene Teilbereiche. Im historischen Prozeß dieser Teilung - im Prozeß der Familialisierung und der Scholarisierung der Kindheit - ist die Familie zum Ort des Natürlichen, des Privaten und des individuell Besonderen geworden. Indem Kinder vor allem in die Familie eingebettet sind, ist die Vorstellung vom Kind als einem von Natur aus gesellschaftsfremden und von der Sphäre des Öffentlichen abgetrennten Wesen auch institutionell verfestigt. In den Bildungs- und Betreuungsinstitutionen leben Kinder zwar ebenfalls von anderen arbeitsgesellschaftlichen Bereichen abgetrennt. Diese Kinderinstitutionen sind jedoch - anders als die Familie - selbst arbeitsgesellschaftlich organisiert. So spiegelt die institutionelle Differenzierung der beiden Teilbereiche die Dichotomisierung von Kind und Gesellschaft, die in der entwicklungsbezogenen Wahrnehmung der Kindheit - die die Binnenwahrnehmung beider Teilbereiche des Schutz- und Vorbereitungsraums ist - angelegt ist.

In der historischen Entwicklung der Zuständigkeitsverteilungen und Abgrenzungen zwischen Familie und öffentlichen Instanzen im 20. Jahrhundert ist das Ineinandergreifen von institutioneller Differenzierung und Entwicklung der Kindheitsvorstellungen deutlich zu beobachten. Wahrnehmungen von Kindern und Kindheit wurden vorherrschend, die dazu dienten, das spätbürgerliche Familienmodell ideologisch zu stützen, das Kinder in hohem Maß gegen außerfamiliale Einflüsse abzuschirmen suchte (dazu z.B. Lasch 1977; Riedmüller 1981; Schütze 1989).

Wie sehr die Wahrnehmung des naturbedingten gesellschaftlichen Außenseitertums der Kinder mit der realen Entwicklung der Beziehungen zwischen Familie und öffentlichen Instanzen verbunden ist, zeigt auch die gegenwärtige Debatte. Drei unterschiedliche Auffassungen seien im folgenden exemplarisch herausgestellt, in denen Gegensätzlichkeiten zwischen entwicklungsbedingter Besonderheit der Kinder und Strukturen der modernen Gesellschaft je anders wahrgenommen werden:

- Das Bild vom Kind, das von Natur aus, eben weil es sich noch in Entwicklung befindet, in der modernen Gesellschaft notwendig in einer Außenseiterposition ist, hat Kaufmann (1980) gezeichnet. Seine Analyse geht von naturgebundenen Bedürfnissen aus und prüft deren Realisierungsmöglichkeiten. Kinder seien auf „Konsistenz ihrer Lebenswelt", auf sozialintegrative, nicht allzu heterogene Situationen und auf „anschaulich-symbolische Sinnwelten" angewiesen. Das könne ihnen in der modernen funktionsdifferenzierten, systemintegrativen Gesellschaft „nur um den Preis einer Abkapselung von der Gesellschaft verschafft werden" (S. 771). Die Familie, die als gesellschaftliche Gegeninstanz darauf spezialisiert sei, den genannten Bedürfnissen der Kinder zu entsprechen, sei aber eben dadurch überfordert. Sie brauche zunehmend Entlastung und finde diese in formal organisierten Einrichtungen. Dort aber seien Kinder den Prinzipien moderner Vergesellschaftung, insbesondere Trennungen ihrer Lebenssphären nach rationalen Gesichtspunkten, ausgesetzt, was ihren Bedürfnissen nicht entspreche. „Aufgrund ihrer spezifischen Bedürfnisse stellen Kinder in allen Lebensbereichen eine Komplikation dar, die dem herrschenden Muster der Rationalisierung zuwiderläuft." (S. 771)

- Einige neue Forschungsarbeiten (dazu z.B. Sommer/Langsted 1994) weisen solche Entgegensetzungen von Kind und Gesellschaft zurück. Die Familie sei in ihrer Funktion als Ort emotionaler Stabilisierung heute eher gestärkt, vor allem aber seien Kinder keineswegs so verletzlich und mutterabhängig und so wenig den Anforderungen außerfamilialer rational organisierter Zusammenhänge gewachsen, wie es die bis vor kurzem vorherrschende Familienideologie behauptet habe. In der Realität des täglichen Wechselns der Kinder zwischen Familie und Betreuungseinrichtung (Dencik 1989) zeigten Kinder sich eher robust, resistent und anpassungsfähig, den vielfältigen und widersprüchlichen Anforderungen aktiv und flexibel begegnend, ihre soziale Welt selbst konstruierend.

- Auch dieser Versuch einer Überbrückung des Gegensatzes muß sich der Ideologiekritik stellen. In diesem Band fragt Jens Qvortrup, in wessen Interesse die moderne institutionelle Kinderversorgung eigentlich liege. Diese sei offensichtlich eine Reaktion darauf, daß Kinder in der Erwachsenengesellschaft stören und durch ihre Existenz deren Funktionieren bedrohen. Die Einrichtung öffentlich organisierter Kleinkindbetreuung und mit ihr die aktuellen Vorstellungen vom robusten Kind zielten darauf, die Strukturen der Erwachsenengesellschaft zu erhalten. Sie seien also aufgrund von Interessen der Erwachsenen zustandegekommen. In bezug auf ihre eigenen Interessen würden Kinder gesellschaftlich nicht beachtet. In dieser Hinsicht haben sie den Status einer Minorität, also Außenseiterstatus. Qvortrup fordert deshalb, die Gesellschaft müsse sich so ändern, daß die Interessen beider, der Kinder wie der Erwachsenen, berücksichtigt werden könnten.

2.4 Individualitätsprinzip und Generationenverhältnis

Was ist das Motiv dafür, daß Kindheitsvorstellungen, die an der Entwicklungstatsache orientiert sind, heute ergänzungsbedürftig erscheinen? In der Art und Weise, wie Kinder in unserer Gesellschaft wahrgenommen werden, ist neben der Naturtatsache der Entwicklung ein weiteres Moment von Bedeutung: das neuzeitliche Individualitätsprinzip. In bezug auf Kinder ist dieses Moment historisch sehr spät hervorgetreten. Lange Zeit war die Vorstellung vom Kind, das seiner Natur wegen notwendig unmündig und abhängig sei, allein bestimmend. Denn in der Entwicklungsperspektive ist die volle Entfaltung der Individualität ebenso wie die volle Zugehörigkeit zur Gesellschaft ja auch das Ziel, wenn auch ein Ziel, das erst am Ende der Lebensphase Kindheit steht. Explizite Beachtung fand die Individualität des Kindes zuerst in pädagogischen Konzepten. Das reformpädagogische Programm, das zu Beginn des 20. Jahrhunderts formuliert wurde, meinte mit Pädagogik „vom Kinde aus" sowohl die Unterstützung der allmählichen Individualitätsentfaltung in zukunftsbezogener Sicht wie auch die Anerkennung der Person des Kindes im gegenwärtigen Kindheitsmoment (Key 1905). Aber erst im letzten Drittel des 20. Jahrhunderts wird Kindern in der Praxis der Familien und im Bildungswesen Individualitätsentfaltung im Sinne von Selbstbestimmung und Eigenständigkeit mehr und mehr ausdrücklich zugestanden, von ihnen erwartet und für sie beansprucht (Büchner 1983; Preuss-Lausitz/Rülcker/Zeiher 1990). In den heutigen Erziehungs-, Sozialisations- und Entwicklungstheorien sind Subjektivität, Individualität und Selbstbestimmung der Kinder zentrale Konzepte (Hurrelmann/Ulich 1991; Leu 1996). Die theoretische Diskussion bewegt sich in dem außerordentlich komplexen Spannungsfeld zwischen Individualitätsprinzip, Entwicklungstatsache und Gesellschaft. Widersprüche zwischen dem Autonomiepostulat und dem Entwicklungsstand von Kindern werden in der Erziehungswissenschaft vielfach reflektiert, sowohl in der Auseinandersetzung mit Zielvorgaben wie auch mit Einflüssen und Anpassungszwängen, die von Gegebenheiten des Alltags auf Kinder ausgehen. In Theorie und Praxis der Auffassung vom Kind ist das Individualitätsprinzip mehr und mehr mit dem Entwicklungsprinzip verschmolzen. Das hat der Erwachsenenzentrierung, die, wie oben ausgeführt, der allein entwicklungsbezogenen Auffassung eigen ist, die Dominanz genommen, es hat diese zumindest im Selbstverständnis der Erwachsenen überdeckt.

Solange es allein an Personentwicklung und persönliche Interaktionen innerhalb der Schutz- und Vorbereitungsräume gebunden ist, bleibt die Geltung des Individualitätsprinzips für Kinder freilich auf diese Binnenräume beschränkt. Das Nachdenken richtet sich auf Subjektivität und Eigenwert, auf Persönlichkeitsentfaltung und Selbstbestimmung des Kindes allein innerhalb der pädagogischen Bezüge. Kindern auch außerhalb davon Subjekteigenschaft zuzugestehen, bedeutet, ihre Eingrenzung in Familie und Kinderinstitutionen aufzubrechen. Aus der Binnenperspektive heraus ist das schwerlich möglich. Die reformpädagogische Bewegung zu Beginn des Jahrhunderts ging mit dem Ausbau der Kinderinstitutionen und ihrer Verallgemeinerung für alle sozialen Klassen einher. So ist aus der Reformpädagogik keine Bewegung für die Anerkennung der Kinder als Personen mit eigenen Rechten in anderen als den pädagogischen Bezügen entstanden. Vielmehr kann der reformpädagogische „Mythos Kind" (Honig 1996) als Ausdruck einer Eigendynamik des Individualitätsprinzips gesehen werden, die die Grenzen der Binnenräume nicht überwinden konnte und deshalb vor der gesellschaftlichen Realität auswich. Kindheit wurde in eine gesellschaftsfremde, irreale „Eigenwelt" verwiesen und dadurch der Ausschluß der Kinder aus der Gesellschaft in der Wahrnehmung von Kind und Kindheit betont und verstärkt. „Eigenwert" und „Eigenwelt" wurden idealisierend überhöht, „das Kindliche" wurde sentimentalisiert. Die dialektische Spannung zwischen Individualitätsprinzip, kindlicher Natur und Gesellschaft mußte in solcher Überhöhung auseinanderreißen. Ein romantisch verklärtes Bild vom Kind wurde ideologisch gegen das Bild einer prinzipiell kinderfeindlichen Gesellschaft gehalten. Honig (1996, 15) hat darauf hingewiesen, daß bis in die neue sozialwissenschaftliche Kindheitsforschung hinein Momente der reformpädagogischen Überhöhung der „Eigenwelt des Kindes" nachwirken.

Erst jetzt, gegen Ende des Jahrhunderts, sind einerseits individualitätsbezogenes Denken, andererseits die gesellschaftliche Realität der Kinder so weit entwickelt, daß Kindern nicht länger vorenthalten werden kann, als Personen mit eigenen Rechten und als Bevölkerungsgruppe mit eigenen Bedürfnissen, Interessen und Teilhabeansprüchen an Lebensstandard und wohlfahrtsstaatliche Leistungen behandelt zu werden. Innerhalb der Kindheitsinstitutionen haben Entwicklungen stattgefunden, die das Leben der Kinder vermehrt in die historischen Prozesse der Institutionalisierung und Individualisierung einbezogen haben. Zu verweisen ist hier auf Fragmentierungen und formale Organisation in den Alltagsgegebenheiten wie auch auf den Wandel der familialen Alltagsverhältnisse und die Enthierarchisierung der Eltern-Kind-Beziehungen (Näsman 1994; Zeiher 1996, 33f.). Daneben sind es immer auch marktwirtschaftliche Prozesse gewesen, die Individuen aus tradierten Sozialbindungen freigesetzt haben. Auf dem Medien- und Konsumgütermarkt werden Kinder heute in hohem Maß direkt angesprochen. Heinz Hengst zeigt in seinem Beitrag in diesem Band, wie der Markt Freiheitsspielräume der Kinder jenseits des Schutz- und Vorbereitungsraums aufgreift, erzeugt und manipuliert. Als Konsumenten haben Kinder durchaus Eigenständigkeit gegenüber Eltern und Erziehern. Die aktuellen politischen Emanzipationsbestrebungen für Kinder haben ihre reale Basis sowohl in den Umbrüchen der Institutionen der Kindheit wie auch in der Ausbildung von Kinderkultur, die im Zusammenhang mit Marktprozessen eigenen gesellschaftlichen Raum findet, und die nicht mehr durch Erziehungsabsichten steuerbar ist.

Die neuen Forderungen werden nicht von den traditionell mit Kindern befaßten Instanzen artikuliert, die Kindheit von der Entwicklungstatsache her und innerhalb der Binnenräume begreifen, sondern im Zusammenhang gesellschaftlicher Emanzipationsbewegungen. Aus der internationalen Menschenrechtebewegung ist die UN-Konvention für die Rechte des Kindes von 1989 hervorgegangen, die neben Schutz (protection) und Versorgung (provision) auch Teilhabe (participation) der Kinder zum politischen Ziel erklärt (zur historischen Entwicklung Therborn 1996). Und aus der Frauenbewegung kommen Anstöße zu kritischer Analyse der Machtverhältnisse zwischen den Generationen, analog zu und verknüpft mit feministischen Untersuchungen des Geschlechterverhältnisses (z.B. Alanen 1992; 1994; Oakley 1994; Thorne 1987).

Die Diskussion ist kontrovers. Dem Partizipationsanspruch wird dessen Begrenzung durch die Entwicklungstatsache entgegengehalten. Kinder seien noch nicht reif und nicht kompetent genug. Dazu kommt eine weitere Argumentation, die in der Entwicklungsperspektive naheliegt: Da die Zugehörigkeit zur Altersgruppe der Kinder zeitlich begrenzt sei, sei es auch die Einbindung der Individuen in die gesellschaftlichen Kindheitsverhältnisse. Wenn die Individuen in absehbarer Zeit Kindheit verlassen, würden sie ohnehin alle Erwachsenenrechte erlangen. In der Entwicklungsperspektive erscheint Kindheit als gesellschaftliche Aufstiegsphase. Weil alle Menschen in ihrem Lebensverlauf zunächst Kinder sind, gilt ein Gleichberechtigungsanspruch, wie er für die Frauen und für die Angehörigen unterprivilegierter sozialer Klassen erhoben wird, für die Bevölkerungsgruppe der Kinder nicht als angemessen. Da Emanzipation ohnehin als Ziel der kindlichen Entwicklung gilt, gibt es in der Entwicklungsperspektive kein soziales Ungleichheitsproblem zwischen Kindern und Erwachsenen. Ein solches kann nur erkennbar werden, wenn Kindheit als gesellschaftliche Konstruktion und diese im Machtverhältnis der Generationen gesehen wird.

Zu einem Teil meinen Partizipationsforderungen die aktive Rechtsausübung durch Kinder, von Aussagen vor Gericht über die Mitsprache darüber, bei welchem Elternteil sie nach Scheidung der Eltern wohnen, bis hin zur politischen Vertretung ihrer Interessen, insbesondere im kommunalpolitischen Bereich und im Wahlrecht (Salgo 1993; Stein-Hilbers 1994; Sünker 1993). Hier geht es um die Revision von Übermaß in der gesellschaftlichen Reaktion auf die naturbedingte Abhängigkeit der Kinder: um übermäßig lange Dauer bestimmter Aspekte von Unmündigkeit im Kindheitsverlauf. Solche Kritik am Übermaß stellt sich der oben beschriebenen eigendynamischen Verstärkung des Schützens und des Abtrennens der Kinder von der Erwachsenengesellschaft entgegen. Es ist eine Kritik an den Binnenstrukturen der gesellschaftlichen Konstruktion der Kindheit, die als solche die Binnenperspektive durchbricht.

Die aktuellen Forderungen, Kinder als Mitglieder der Gesellschaft ernstzunehmen, bleiben nicht bei der Revision von Übermaß in den Abhängigkeitsstrukturen stehen. Hinzu kommt die kritische Betrachtung und entsprechende Revisionsforderungen für die Prinzipien, die die Generationenordnung bestimmen. Diese betreffen das Verhältnis von Kindern zu Erwachsenen unabhängig vom Entwicklungsverlauf in der Kindheitsphase: im rechtlichen Bereich zum Beispiel die prinzipielle Grundrechtsträgerschaft der Kinder, die sich seit den achtziger Jahren in der deutschen Rechtsauffassung durchgesetzt hat (Salgo 1990); und in der Ökonomie die Sicht auf die Position der Kinder in der gesamtgesellschaftlichen Arbeitsteilung sowie die Forderung, die junge Generation in die Vergesellschaftung des ökonomischen Generationenvertrags einzubeziehen, wie es gegenwärtig diskutiert wird (Wintersberger 1994). In mehreren Beiträgen dieses Buchs (Qvortrup; Wilk/Wintersberger) wird die Notwendigkeit einer Kindheitspolitik deutlich, die in umfassender Weise die Regelung des gesellschaftlichen Verhältnisses der Generationen im Blick hat. Denn gerade in der gegenwärtigen Wirtschaftssituation zeigt sich, wie ungeschützt die ökonomische Teilhabe der Kinder ist, solange Kinderbelange nur partikular und nachrangig behandelt werden. Und auch zur Implementation von Kinderrechten in der Praxis fehlt eine eigengewichtige Kinderpolitik.

3. Zu den einzelnen Beiträgen

In den Beiträgen dieses Buchs werden Fragen nach der gesellschaftlichen Wahrnehmung der Kinder und der Kindheit aus unterschiedlichen Perspektiven und für unterschiedliche Praxisbereiche gestellt. Den dargestellten Aspekten wären noch viele weitere hinzuzufügen, um das Bild von den aktuellen Prozessen des Umbruchs der Kindheitswahrnehmungen und von deren realer Wirkungsmacht und -ohnmacht zu vervollständigen. So fehlt insbesondere eine Darstellung der Umwälzungen, die gegenwärtig in den Rechtsauffassungen von Kindheit, in der rechtlichen Wahrnehmung und Bewertung der Kinder, stattfinden (z.B. Salgo 1993; Stein-Hilbers 1994; Sünker 1993; Therborn 1996).

Im Rückblick auf das 20. Jahrhundert kommt die „Erfolgsgeschichte der Kindgerechtheit" in den Blick, von der eingangs die Rede war. Der Beitrag von *Liselotte Wilk* und *Helmut Wintersberger* ist als deren Fortsetzung auf einer anderen Ebene zu lesen. Es wird von einem neuen Kapitel dieser Geschichte berichtet, das jetzt, am Ende des Jahrhunderts gerade beginnt: von den Anfängen einer neuen Kindheitspolitik, die Kindheit als eigene Bevölkerungsgruppe wahrnimmt, die die gerechte Verteilung gesellschaftlicher Ressourcen zwischen den Generationen anstrebt, die „Kinderinteressen dieselbe Priorität wie Interessen anderer Bevölkerungsgruppen" und Kindern „aktive Teilnahme an allen sie betreffenden Entscheidungsprozessen" zugesteht. Die Autoren rekonstruieren die allmähliche Ablösung des traditionellen durch das neue Paradigma der Kindheitswahrnehmung in zwei Bereichen, in der Kindheitsforschung und in der kinderbezogenen Politik in Österreich. Die Frage ist: „Wie hat Politik auf Entwicklungen in der Forschung reagiert?" Nur ein Aspekt sei hier hervorgehoben: Solange Kinder nicht als eigenständige Bevölkerungsgruppe wahrgenommen wurden, waren ihre Belange auf viele Ressorts und Verwaltungsebenen aufgespalten. Sie wurden dort nachrangig behandelt, hin- und hergeschoben, gegenseitig abgeblockt und in Konflikten der Parteien und anderer gesellschaftlicher Gruppen für andere Interessen instrumentalisiert. Erst die von der Kindheitsforschung sehr deutlich explizit formulierte neue

Sichtweise, unterstützt durch die Notwendigkeit, die UN-Konvention für die Rechte des Kindes zu erfüllen, hat in jüngster Zeit Impulse zur Formierung eines eigenständigen Zusammenhangs „Kindheitspolitik" gegeben. Das Verhältnis zwischen Forschung und Politik sei seither „interaktiver" geworden.

In den nordischen Ländern ist die Erfolgsgeschichte der Versorgung und des Schutzes für Kinder besonders erfolgreich: Beteiligung der Kinder am Wohlstand und die Kinderbetreuungsdichte sind sehr hoch und die persönlichen Verhältnisse sind unautoritär. Wie in den meisten modernen Gesellschaften - so *Jens Qvortrup* in seinem Beitrag - gehe jedoch auch hier zunehmende individuelle Kinderfreundlichkeit mit struktureller Kinderfeindlichkeit einher. Eine gedankenlose Selbstzufriedenheit damit, wieviel für Kinder getan werde, verhindere die gesellschaftliche Berücksichtigung der Kindheit, und somit auch der Kinder als einer Bevölkerungsgruppe mit eigenen Interessen gegenüber denen der Erwachsenen. Wie die Gesellschaft Kindheit tatsächlich wahrnehme, zeige sich bei Interessenkonflikten. Ein „sensitiver Indikator" sei das generative Verhalten, wenn in Entscheidungen zur Elternschaft erwogen werde, ob man sich Kinder - wie Konsumgüter - leisten könne und wolle. Auf gesamtgesellschaftlicher Ebene kommen Kinder in den aktuellen ökonomischen Verteilungskonflikten zu kurz - ein Zeichen, wie wenig Kindheit selbst in den so kinderfreundlichen nordischen Ländern strukturell verankert sei, wie ungeschützt Kinder seien. Die Frage nach den Interessen der Kinder stelle sich auch an die „immensen Schutzmaßnahmen". Qvortrup charakterisiert sie als fürsorgliche Belagerung, als sich bewegend zwischen „Herabsetzen und Beschützen, zwischen Sentimentalisierung und Instrumentalisierung" der Kinder. Der Beitrag mündet in die Forderung, Kinder nicht bloß dann zu berücksichtigen, wenn es gerade passe, sondern ganz in die Gesellschaft einzubeziehen, auch wenn dadurch die „Erwachsenenordnung in Gefahr gerate, verändert zu werden".

Der Beitrag von *Andreas Lange* zielt ausdrücklich nicht auf strukturimmanente Kindheitswahrnehmungen und nicht auf Ideologiekritik. Es geht um „Kindheitsrhetorik", um „Inhalte, Wirkungsmechanismen und Konsequenzen öffentlichen Redens und Schreibens über die Kindheit und die Kinder", wobei durchaus auch offengelegt wird, wie sich gewisse Interessen bestimmter Kindheitsinterpretationen und bestimmter rhetorischer Methoden und „Manöver" bedienen. Andreas Lange untersucht öffentliche Diskurse in drei Bereichen: in den Massenmedien, in kinderbezogenen Professionen und in der sozialwissenschaftlichen Kindheitsforschung. Deren je besondere „Funktionsgesetzlichkeiten" und Darstellungsformate arbeitet er heraus: Zum Beispiel bedienten sich Journalisten einer Reihe von Thematisierungs- und Überzeugungsstrategien, mit denen skandalisierende Klischees und Problemkonjunkturen erzeugt werden; Pädagogen schöben Verantwortung aus ihren spezifischen Berufsbereichen hinaus in die Familie und in Medien; Experten vergrößerten die von ihnen bearbeiteten Problemlagen; und Sozialwissenschaftler steckten Arbeitsfelder neu ab, indem sie diese gegen bisherige Themenbereiche scharf abgrenzen.

Doris Bühler-Niederberger geht es um bestimmte Wahrnehmungen der Kinder und der Kindheit, die implizit in der Konstruktion des Schutz- und Vorbereitungsraums enthalten sind. Sie untersucht, wie ökonomische und emotionale Wertzuschreibungen für Kinder aufeinander bezogen werden. Der Beitrag setzt historisch an bei Prozessen, die ihre Dynamik aus Funktionsabgrenzungen und Auseinandersetzungen zwischen der Institution Familie und dem kinderbezogenen öffentlichen Dienstleistungssektor beziehen. Mit der Ausgrenzung der Kinder aus dem ökonomischen Nutzenkalkül blieb für die Familie allein der emotionale Wert übrig. Diese Wertverlagerung in der Wahrnehmung der Kindheit führte schließlich zu der heutigen Entgegensetzung von ökonomischem und emotionalem Wert, die auf zwei Weisen ideologisch abgestützt sei. Einerseits werde Kindern jede ökonomische Bedeutung abgesprochen, und ihre Nutzlosigkeit werde zum Ideal erhoben. Denn die Wahrnehmung der Kinder als sich Entwickelnde und zu Erziehende erlaube keine entlohnte Kinderarbeit, und selbst Mithilfe im Haushalt brauche die Legitimation als Teil der Erziehung. Die andere Seite der Ideologisierung bestehe in der Sentimentalisierung und Sakralisierung der Kinder. Deren wichtigster Ort sei die Familie. Um diese zu unterstützen und zu kontrollieren, entwickelte sich der öffentliche Dienstleistungssektor mit Experten für Entwicklung, Erziehung, Sozialisation. Doris Bühler-Niederberger vertritt die These, daß die Entgegensetzung von ökonomischer und emotionaler Bewertung Kinder und Kindheit an den Rand der Gesellschaft dränge und sie insgesamt gesellschaftlich abwerte. Dieses zum einen, weil infolge der Expertisierung ehemals elterlicher Aufgaben den Eltern abgesprochen werde, ohne professionelle Anleitung richtig für Kinder sorgen zu können und Kinder auf die richtige Weise zu lieben. Diese Enteignung - die Autorin spricht wie Lasch (1977) von „Proletarisierung" - der Elternschaft kritisiere und reduziere auch noch den einzigen verbliebenen Wert der Kinder, den emotionalen. Auch den Kindern gegenüber werde deren emotionaler Wert geschmälert, indem der Nutzlosigkeit und der liebevollen Verwöhnung, die sie genießen, dann doch das heimlich fortbestehende Ideal entgegengehalten werde, alles in dieser Gesellschaft habe ökonomisch nützlich zu sein. Und nicht zuletzt habe der nur im Privaten angesiedelte emotionale Wert nur „beschränkten Verpflichtungscharakter für die Öffentlichkeit". In der geringen Berücksichtigung von Belangen der Kinder in der Politik, in jüngster Zeit auch in der zunehmenden relativen Armut der Kinder komme deren Wahrnehmung als nutzlos, deren minoritäre Position zum Ausdruck.

Heinz Hengst analysiert einen Bereich, in dem Kinder keineswegs ökonomisch nutzlos sind: den Zusammenhang von Kinderkultur und Markt. In der historischen Entwicklung seien Verschiebungen in der Orientierung des Marktes weg vom Erziehungsprojekt der Erwachsenen und hin zu den Kindern selbst zu beobachten. Der Markt konstruiere heute eine Welt, in der Kinder sich auf Kinder beziehen, unabhängig von traditioneller Erwachsenenkontrolle.

Indem seine Vorgaben aufgreifen, was bei Kindern ankomme, würden Kinder als freie Akteure ernst genommen - sie „kommen an die Macht" - und zugleich durch ständige Neuinszenierung manipuliert. In diesem Beitrag wird deutlich, wie Kinderkultur sich heute zunehmend in Prozessen zwischen Markt und Kindern jenseits der Kindheitskonstruktion des Entwicklungs- und Erziehungsprojekts herstellt, dieses unterlaufend und so die Krise erkennbar machend, in der es sich befindet.

Von Schwierigkeiten bei der Bemühung, zum Schutz der Kinder und in pädagogischer Absicht den direkten Zugriff des Markts auf Kinder einzuschränken, berichtet *Klaus Neumann-Braun*. Unterschiedliche Wahrnehmungen der Kinder stoßen aufeinander: Einerseits werden Kinder als potentielle Konsumenten von Waren, also in der Rolle vollwertiger Gesellschaftsmitglieder behandelt, andererseits als Noch-nicht-Erwachsene, die vor sie überfordernden gesellschaftlichen Einwirkungen zu schützen seien. Träger dieser Wahrnehmungen sind einerseits die Betreiber kommerziellen Fernsehens, andererseits auf der Seite des Kinderschutzes Sozial- und Rechtswissenschaftler. Öffentliche Kontrollinstanzen stehen irgendwo dazwischen, und Eltern erscheinen eher inkompetent. Die Wissenschaftler argumentieren für Kinderschutz, und zwar auf der Grundlage ihrer psychologischen und soziologischen Forschungsergebnisse sowie eines Rechtsgutachtens. Letzteres hat damit zu tun, daß auch die Rechtslage von konfligierenden Wahrnehmungen bestimmt ist: von Konflikten zwischen der Grundrechtsträgerschaft des Kindes einerseits und seinem Schutzbedarf andererseits, sowie von Konflikten zwischen der Schutzpflicht der Eltern und der des Staates. Als schwierig erweist sich nicht zuletzt die Wahrnehmung von Gefährdung der Kinder, zu der Sozialwissenschaftler Informationen und Interpretationen produzieren.

Maria-Eleonora Karsten befaßt sich mit einem Bereich, den die gesellschaftliche Ausdifferenzierung von Schutz- und Unterstützungsmaßnahmen hervorgebracht hat, der zusammenfassend als Kinder- und Jugendhilfe bezeichnet wird. Sie fragt nicht nach der - dort wie in anderen pädagogischen Bereichen intensiv betriebenen - professionellen Reflexion und Wahrnehmung der Kinder und der Kindheit und auch nicht nach den expliziten Zielbestimmungen für kinderbezogene Maßnahmen. Vielmehr geht es um den Blick auf Kindheit, den die Strukturen dieses Bereichs formen und lenken. An zwei Aspekten wird das in diesem Beitrag deutlich gemacht. Zum einen sei Kinder- und Jugendhilfe familienergänzend angelegt und schmiege sich daher in ihrer Praxis eng den kinderbezogenen Vorstellungen, Formen und akuten Problemen der Institution Familie an. Das wird an der Tendenz zur „Feminisierung der Kindheit" gezeigt. Zum anderen formten Aufgabenstellung wie Institutionsstrukturen eine Wahrnehmungsweise, die Kinderleben in raumzeitliche, personale und sachliche Fragmente zerlege.

Der andere öffentlich organisierte Bereich der gesellschaftlichen Kindheitskonstruktion, die Schule, behandelt Kinder ebenfalls auf eine partikulare Weise. Das führt *Peter Büchner* in seinem Beitrag aus. Kinder würden dort in ihrer Rolle als Schülerinnen und Schüler wahrgenommen, und Kindheit werde in einer reduzierten Weise wahrgenommen, die vom gesellschaftlichen Generationenverhältnis nur das in dieses eingelassene Bildungsverhältnis zwischen Heranwachsenden und Erwachsenen sehe. Diese Sicht, ausgestattet mit gesellschaftlicher Macht, greife „mit langem Arm" über die Schule hinaus. An Ergebnissen empirischer Forschungen zeigt der Autor, wie die elterlichen Wahrnehmungen ihrer Kinder, das elterliche Verhalten sowie das Freizeitleben der Kinder selbst davon erreicht werden. Und er kritisiert den reduzierten Blick der gängigen Schul- und Bildungsforschung, die ihre Wahrnehmung der Kinder und der Kindheit ebenfalls an gesellschaftlich definierten Bildungsnormen orientierten, und die diese Wahrnehmung auch in außerschulische Lebensbereiche der Kinder übertrügen, indem - in der sozialschichtbezogenen Chancengleichheitsforschung - Familien daraufhin untersucht werden, inwieweit sie den schulischen Bildungsanspruch unterstützen. Auf solcher Reduktion der Wahrnehmung beruhe auch die gegenwärtig beobachtbare Trennung von Schulforschung und Kindheitsforschung.

Ein ganz anderes Licht wirft der letzte Beitrag auf das Problem der gesellschaftlichen Wahrnehmung der Kinder und der Kindheit. Ging es zuvor in den Darstellungen und Erörterungen darum, wie Kinder und Kindheit von Erwachsenen wahrgenommen werden, so fragt *Ulf Preuss-Lausitz* nach gesellschaftlichen Selbstdefinitionen der Kinder. Er untersucht diese an der Herausbildung der Rollen als Jungen und als Mädchen. Die heutigen Kinder übernähmen nicht mehr einfach die polaren Geschlechtermuster, die die ältere Generation ihnen vorlebe und an sie herantrage, und ebenso wenig folgten sie einfach den bewußt betriebenen Versuchen, Geschlechterdifferenzierung aufzulösen. Aus einer Vielfalt geschlechtsbezogener Bilder, die die Gesellschaft bereithält, griffen sie vielmehr situationsbezogen und je nach Befindlichkeit Elemente auf und fügten sich daraus „imitatorisch und spielerisch" ihren eigenen, durchaus auch in sich widersprüchlichen Set von Geschlechterbildern - Jungen die ihren und Mädchen die ihren, und in der Abgrenzung voneinander nach wie vor wichtig genommen. Daß solche Auflösung des adultistischen Sozialisationsdrucks durch die Kinder selbst heute möglich ist, sei im Zusammenhang gesellschaftlichen Wandels zu sehen. Ulf Preuss-Lausitz weist darauf hin, daß es die für Kinder wahrnehmbare Pluralisierung der Geschlechterbilder sei, die Kinder zur Individualisierung ihrer Selbstbilder herausfordere.

Zur gesellschaftlichen Wahrnehmung der Kinder und der Kindheit gehört auch deren Wahrnehmung durch die Sozialwissenschaften. In diesem Buch erfährt diese keine eigenständige Behandlung (dazu z.B. Alanen 1992; Honig/ Leu/ Nissen 1996a; Honig 1996; Kelle/ Breidenstein 1996; Zeiher 1996; Zinnecker 1996), sie wird aber in allen Beiträgen angesprochen. Alle Autorinnen und Autoren befassen sich mehr oder weniger auch mit Kindheitsforschung, sei es sich gegen bisherige Ansätze kritisch wendend und in neue Richtungen weisend, sei es über praktisch-politische Wirkungsmöglichkeiten von Forschungsergebnissen berichtend und reflektierend. Die Ergänzung der gewohnten „Binnenperspektive" des Schutz- und Vorbereitungsraums durch eine „Außenperspektive" auf die gesamtgesellschaftliche Organisation des Generationenverhältnisses ist zunächst durch die Sozialwissenschaften zu leisten. Sozialwissenschaftliche Analysen können im Bereich der Wahrnehmung der Kinder und der Kindheit beitragen, Voraussetzungen zu schaffen, damit die bisherige Erfolgsgeschichte der Kindheit gesellschaftspolitisch weiterentwickelt werden kann - damit Kinder als vollwertige Mitglieder der Gesellschaft erkannt und behandelt werden.

Literatur

Alanen, Leena (1992): Modern Childhood? Exploring the „Child Question" in Sociology. Jyväskylä: University of Jyväskylä, Institute for Educational Research. Publication Series A).

Alanen, Leena (1994): Zur Theorie der Kindheit. Die „Kinderfrage" in den Sozialwissenschaften. In: Sozialwissenschaftliche Literatur Rundschau, 17. Jg., H. 28, S. 93-112.

Bernfeld, Siegfried (1925): Sisyphos oder die Grenzen der Erziehung. Leipzig u.a.: Internat. Psychoanalytischer Verlag.

Büchner, Peter (1983): Vom Befehlen und Gehorchen zum Verhandeln. In: Preuss-Lausitz, Ulf u.a.: Kriegskinder, Konsumkinder, Krisenkinder. Zur Sozialisationsgeschichte seit dem Zweiten Weltkrieg. Weinheim: Beltz, S. 196-212.

Bühler-Niederberger, Doris (1991): Legasthenie, Geschichte und Folgen einer Pathologisierung. Opladen: Leske + Budrich.

Chisholm, Lynne u.a. (Hrsg.) (1995): Childhood in Europe: a New Field of Social Research. Berlin und New York: de Gruyter.

Dencik, Lars (1989): Growing Up in the Post-Modern-Age: On the Child's Situation in the Modern Family, and on the Position of the Family in the Modern Welfare State. In: Acta Sociologica, 32. Jg., S. 155-180.

Honig, Michael-Sebastian (1996): Normative Implikationen der Kindheitsforschung. In: Zeitschrift für Sozialisationsforschung und Erziehungssoziologie, 16. Jg., H. 1, S. 9-25.

Honig, Michael-Sebastian/ Leu, Hans Rudolf/ Nissen, Ursula (Hrsg.) (1996a): Kinder und Kindheit. Soziokulturelle Muster - sozialisationstheoretische Perspektiven. Weinheim und München: Juventa.

Honig, Michael-Sebastian/ Leu, Hans Rudolf/ Nissen, Ursula (1996b): Kindheit als Sozialisationsphase und als kulturelles Muster. Zur Strukturierung eines Forschungsfeldes. In: Dies. (Hrsg.): Kinder und Kindheit. Soziokulturelle Muster - sozialisationstheoretische Perspektiven. Weinhein und München: Juventa, S. 9-29.

Hurrelmann, Klaus/ Ulich, Dieter (Hrsg.) (1991): Neues Handbuch der Sozialisationsforschung. Weinhein und Basel: Beltz.

Kaufmann, Franz-Xaver (1980): Kinder als Außenseiter der Gesellschaft. In: Merkur, 34 Jg., S. 761-771.
Kelle, Helga/ Breidenstein, Georg (1996): Kinder als Akteure: Ethnographische Ansätze in der Kindheitsforschung. In: Zeitschrift für Sozialisationsforschung und Erziehungssoziologie, 16 Jg., H. 1, S. 47-67.
Key, Ellen (1905): Das Jahrhundert des Kindes. Berlin: S. Fischer.
Lasch, Christopher (1977): Haven in a Heartless World. The Family Besieged. New York: Basic Books.
Leu, Hans Rudolf (1996): Selbständige Kinder - ein schwieriges Thema für die Sozialisationsforschung. In: Honig, Michael-Sebastian/ Leu, Hans Rudolf/ Nissen, Ursula: Kinder und Kindheit. Soziokulturelle Muster - sozialisationstheoretische Perspektiven. Weinheim und München: Juventa, S. 174-198.
Maydall, Berry (1994): Introduction. In: Maydall, Berry (Hrsg.): Children's Childhoods: Observed and Experienced. London und Washington, DC: The Falmer Press, S. 1-12.
Näsman, Elisabet (1994): Individualization of Childhood in Today's Europe. In: Qvortrup, Jens/ Bardy, Marjatta/ Sgritta, Giovanni/ Wintersberger, Helmut (Hrsg.): Childhood Matters. Social Theory, Practice and Politics. Aldershot et al.: Avebury, S. 165-187.
Oakley, Ann (1994): Women and Children First and Last: Parallels and Differences between Children's and Women's Studies. In: Maydall, Berry (Hrsg.): Children's Childhoods: Observed and Experienced. London und Washington, DC: The Falmer Press, S. 13-32.
Preuss-Lausitz, Ulf/ Rülcker, Tobias/ Zeiher, Helga (Hrsg.) (1990): Selbständigkeit für Kinder - die große Freiheit? Kindheit zwischen pädagogischen Zugeständnissen und gesellschaftlichen Zumutungen. Weinheim und Basel: Beltz.
Prout, Alan/ James, Allison (1990): A New Paradigma for the Sociology of Childhood? Provenance, Promise and Problems. In: James, Allison/ Prout, Alan (Hrsg.): Constructing and Reconstructing Childhood. London u.a.: The Falmer Press, S. 7-34.
Qvortrup, Jens (1993): Die soziale Definition von Kindheit. In: Markefka, Manfred/Nauck, Bernhard (Hrsg.): Handbuch der Kindheitsforschung. Neuwied u.a.: Luchterhand, S. 109-124.
Qvortrup, Jens (1995): Childhood in Europe: a New Field of Social Research. In: Chisholm, Lynne et al.: Growing up in Europe. Berlin und New York: de Gruyter, S. 7-19.
Qvortrup, Jens/ Bardy, Marjatta/ Sgritta, Giovanni/ Wintersberger, Helmut (Hrsg.) (1994): Childhood Matters. Social Theory, Practice and Politics. Aldershot et al.: Avebury.
Riedmüller, Barbara (1981): Hilfe, Schutz und Kontrolle. Zur Verrechtlichung der Kindheit. In: Hengst, Heinz u.a.: Kindheit als Fiktion. Frankfurt a.M.: Suhrkamp, S. 132-190.
Salgo, Ludwig (1990): Das Verhältnis von Eltern, Kind und Staat in der Verfassungsordnung der Bundesrepublik Deutschland. In: FuR, 6 Jg., S. 363-366.
Salgo, Ludwig (1993): Der Anwalt des Kindes. Die Vertretung von Kindern in zivilrechtlichen Kindesschutzverfahren - eine vergleichende Studie. Köln: Bundesanzeiger.

Schütze, Yvonne (1986): Die gute Mutter. Zur Geschichte des normativen Musters „Mutterliebe". Bielefeld: B. Kleine.
Sgritta, Giovanni/ Wintersberger, Helmut (Hrsg.): Childhood Matters. Social Theory, Practice and Politics. Aldershot et al.: Avebury, S. 213-247.
Sommer, D./ Langstedt, O. (1994): Modern Childhood: Crises and Disintegration, or a New Quality of Life? In: Childhood, 2. Jg., S. 129-144.
Stein-Hilbers, Marlene (1994): Wem „gehört" das Kind? Neue Familienstrukturen und veränderte Eltern-Kind-Beziehungen. Frankfurt a.M.: Campus.
Sünker, Heinz (1993): Kinderpolitik und Kinderrechte. Politische Strategien im Kontext der UN-Konvention für die Rechte des Kindes. In: Neubauer, Georg/ Sünker, Heinz (Hrsg.): Kindheitspolitik international. Opladen: Leske + Budrich, S. 44-58.
Therborn, Göran (1996): Child Politics. Dimensions and Perspectives. In: Childhood, 3. Jg., S. 29-44.
Thorne, Barry (1987): Re-visioning Women and Social Change. Where are the Children? In: Gender and Society, 1. Jg., S. 85-109.
Wintersberger, Helmut (1994): Costs and Benefits - The Economics of Childhood. In: Qvortrup, Jens/ Bardy, Marjatta/ Sgritta, Giovanni
Zeiher, Helga (1996): Kinder in der Gesellschaft und Kindheit in der Soziologie. In: Zeitschrift für Sozialisationsforschung und Erziehungssoziologie, 16. Jg., H. 1, S. 26-46.
Zinnecker, Jürgen (1996): Soziologie der Kindheit oder Sozialisation des Kindes? Überlegungen zu einem aktuellen Paradigmenstreit. In: Honig, Michael-Sebastian/ Leu, Hans Rudolf/ Nissen, Ursula (Hrsg.): Kinder und Kindheit. Soziokulturelle Muster - sozialisationstheoretische Perspektiven. Weinheim und München: Juventa, S. 31-54.

Liselotte Wilk und Helmut Wintersberger

Paradigmenwechsel in Kindheitsforschung und -politik.

Das Beispiel Österreich

Im Zusammenhang mit den in der modernen Gesellschaft ablaufenden Veränderungen der Lebensbedingungen von Kindern vollzieht sich auch ein Paradigmenwechsel in der wissenschaftlichen und politischen Perzeption von Kindheit und Kindern.

Im vorliegenden Aufsatz werden auf der Grundlage von Entwicklungen, die in jüngerer Zeit in Österreich in den Bereichen Forschung und Politik vor sich gegangen sind, die Thesen aufgestellt,

- daß es im Verlauf der letzten Jahre zu einer positiv interpretierbaren Verschiebung der politischen Wahrnehmung von Kindheit und Kindern gekommen ist;
- daß diese Veränderung über die Sozialberichterstattung mit den neueren Entwicklungen im Bereich Kindheitsforschung im Zusammenhang steht;
- daß das UN-Übereinkommen über die Rechte des Kindes als Katalysator für die Etablierung eines neuen kindheitspolitischen Paradigmas gewirkt hat;
- daß jedoch auch Konstellationen und Restriktionen (z.B. ökonomischer Natur) auftreten können, die geeignet sind, die erzielten Fortschritte in Frage zu stellen.

Beim Versuch, diese Thesen zu begründen, werden wir folgendermaßen vorgehen: In einem ersten Abschnitt werden wir uns kritisch mit dem traditionellen Paradigma der Kindheitspolitik auseinandersetzen und schlagwortartig auf den Wandel des Paradigmas in der Kindheitsforschung hinweisen. Abschnitt 2 ist der Entwicklung der Kindheitsforschung sowie der Sozialberichterstattung über Kinder in Österreich im Verlauf der letzten 25 Jahre gewidmet. In Abschnitt 3 werden wir in großen Zügen aufzeigen, wie Politik auf die jeweiligen Forschungsergebnisse reagiert bzw. nicht reagiert hat, welche Impulse vom UN-Übereinkommen über die Rechte des Kindes und seiner Diskussion in Österreich ausgegangen sind, und wie die Perspektiven für die (Weiter-)Entwicklung der Kindheitspolitik unter den gegenwärtigen Bedingungen ökonomischer Restriktionen in Österreich aussehen.

1. Umbrüche in Kindheitsforschung und Kindheitspolitik

Nicht nur die objektiven Lebensbedingungen für Kinder, sondern auch die gesellschaftlichen Bilder von Kindern bzw. Kindheit befinden sich in der modernen Gesellschaft im Umbruch. Damit einher gehen Paradigmenwechsel sowohl in der Kindheitsforschung als auch in der Kindheitspolitik. In Deutschland, in den USA und in einer Reihe von anderen Ländern beginnt sich neben den anerkannten Kinderwissenschaften sozialwissenschaftliche Kindheitsforschung zu etablieren. Auf internationaler Ebene sind Initiativen im Rahmen der Internationalen Soziologischen Assoziation, der nordischen Länder und des Europäischen Zentrums zu nennen. Die neueren Ansätze der Kindheitsforschung profilieren sich vor allem in zwei Richtungen: Kinder werden zunehmend als Subjekte (nicht Objekte) gesehen und Kindheit wird als soziale Kategorie (nicht als defizitäres Stadium menschlicher Entwicklung) verstanden. Gleichzeitig (oder möglicherweise zeitlich geringfügig verzögert) bahnt sich auch in der politischen Sphäre eine Veränderung an: ansatzweise kommt es zu einem Übergang von einer vorparadigmatischen zu einer paradigmatischen Stufe der Kindheitspolitik. Im nachfolgenden Abschnitt werden wir ganz kurz auf den Wandel des Paradigmas in der Kindheitsforschung eingehen. Sodann werden die wesentlichen Elemente dieses Übergangs in der Kindheitspolitik und die wichtigsten Defizite, die es dabei zu überwinden gilt, behandelt.

1.1 Wandel des Paradigmas in der Kindheitsforschung

Die lange Zeit vorherrschende wissenschaftliche Betrachtungsweise des Kindes, so wie sie im Bereich der Kindheitsforschung zum Ausdruck kommt, sah das Kind vorwiegend als ein „Sich entwickelndes", einen „unfertigen defizitären Erwachsenen". Aufgabe der Kindheitsforschung war es demnach, die Art und Weise, wie aus diesem Unfertigen ein Fertiges wird, welche Bedingungen dafür bedeutsam sind, welche Umstände dies hemmen und fördern oder gar verhindern, aufzuzeigen. Dabei stand nicht das Kind im Mittelpunkt des Interesses, sondern das erwachsene Individuum, das es einmal sein wird. Kindheit wurde demzufolge eigentlich als Mangelsituation, als ein defizitärer Zustand gesehen. Sie stellte eine Übergangsphase dar, die überwunden werden muß, und die den Zweck hat, aus unfertigen Individuen sozialisierte Gesellschaftsmitglieder zu erzeugen. Daher galt in der Kindheitsforschung nicht den aktuellen Problemen des Kindes, seinem Wohlbefinden und seinen jeweiligen Handlungsmöglichkeiten die vordringliche Aufmerksamkeit, sondern seiner Erwachsenenzukunft. Nicht die aktuellen Lebenschancen des Kindes bestimmten die Problemsicht, sondern die Lebenschancen, die es als Erwachsener haben wird. Kindsein hatte dabei nur Indikatorqualität für die als problematisch erachteten Aspekte des Erwachsenendaseins (Engelbert 1986, S. 22).

Entwicklungspsychologie und Pädagogik wurden folgerichtig zu den zentralen Wissenschaften vom Kind. Auf dem Gebiet des Rechtes fand diese Sichtweise ihren Niederschlag darin, daß Kinder vorwiegend im Rahmen des Kindschaftsrechtes als von den Eltern zu versorgende, und im Rahmen des Kindes- und Jugendwohlfahrtrechtes, als des Schutzes der Gesellschaft bedürftige Objekte zum Gegenstand wurden. Im Bereich der Medizin stand die von Krankheit unbehinderte Entwicklung im Vordergrund. Im Rahmen der Soziologie galt das Hauptaugenmerk dem Kind als zu Sozialisierendem (Bossard/Boll 1966, Fürstenau 1967, Liegle 1987, Preuss-Lausitz et al. 1983, Ritchie/Koller 1964).

Dieses traditionelle Paradigma der Kindheitsforschung scheint allmählich durch ein neues wenn auch nicht abgelöst, so zumindest ergänzt zu werden. Zwei Merkmale kennzeichnen unter anderem das diesem neuen Paradigma zugrunde liegende Verständnis von Kindern und Kindheit: Der Status der Kinder als Objekte wird zunehmend durch jenen als Subjekte ersetzt, und Kindheit wird vorrangig als gesellschaftlich geschaffene und bestimmte soziale Kategorie verstanden.

Kinder als Subjekte der Forschung: Diese Sicht von Kindern, wie sie in einer Vielzahl neuerer Arbeiten zum Ausdruck kommt (du Bois-Reymond et al. 1994, Engelbert 1986, Qvortrup 1990, 1994), betrachtet Kinder nicht als „Werdende", sondern als hier und jetzt so „Seiende", als Subjekte. Kindern gebührt demnach wissenschaftliches Interesse als Kindern und nicht als zukünftigen Erwachsenen, als zu sozialisierenden Objekten. Die aktuellen Probleme des Kindes, seine Bedürfnisse, Wünsche und Interessen, sein aktuelles Wohlbefinden und seine Möglichkeiten als realitätsverarbeitendes Subjekt entsprechend seinen Bedürfnissen zu handeln und diese Realität zu verändern (Hurrelmann 1986), stehen im Mittelpunkt der Analyse von Kind-sein. Das Kind wird als Kind ernst genommen, als Subjekt wahrgenommen.

Kindheit als gesellschaftlich bestimmte soziale Kategorie: Der Konzeption des Kindes als einem hier und jetzt so Seienden entspricht auf der Makroebene die Konzeption der Kindheit als soziale Konstruktion (Qvortrup 1990). Dies beinhaltet die Vorstellung, daß Kindheit eine permanente Struktur in jeder Gesellschaft darstellt, auch wenn ihre Mitglieder ständig ersetzt werden. Kindheit ist eine integrierte strukturelle Komponente im organisierten sozialen Leben (Saporiti/Sgritta 1990). Kindheit wird in einem permanenten gesellschaftlichen Prozeß geschaffen und rekonstruiert, erhält in diesem Prozeß ihre spezifischen Merkmale und Charakteristika, die das alltägliche Leben von Kindern und ihre jeweiligen Lebenswelten prägen und gestalten. Kindheit wird als eigenständiger sozialer Status verstanden (Honig 1990). Damit rückt das Verhältnis dieser sozialen Kategorie zu den anderen sozialen Kategorien der Gesellschaft in den Mittelpunkt der Betrachtung, und solche Fragen, wie die Verteilung der Ressourcen, Macht und Chancen zwischen den Alterskategorien einer Gesellschaft werden zum Thema.

Der hier kurz angesprochene und an zwei Dimensionen exemplarisch aufgezeigte Wandel der Sichtweise findet in unterschiedlichen Disziplinen seinen Niederschlag. Er lenkt das Interesse auf die Teilhabe von Kindern an den gesellschaftlichen Ressourcen, auf ihre Mitbestimmung in verschiedenen gesellschaftlichen Bereichen, sowie auf ihre Sicht (und nicht jene der Erwachsenen) der für sie bedeutsamen Lebenswelten, auf ihre Interessen und Wünsche, auf ihre psychosoziale Befindlichkeit, auf ihre Möglichkeiten des Handelns.

Ziel der folgenden Ausführungen soll es sein, zu fragen und exemplarisch aufzuzeigen, ob und wie diese neue Sicht des Kindes und der Kindheit einerseits in der Entwicklung der Kindheitsforschung, andererseits in jener der Kindheitspolitik in den letzten 25 Jahren in Österreich zum Ausdruck kommt.

1.2 Merkmale und Defizite traditioneller kindbezogener Politik und Erfordernisse eines neuen kindheitspolitischen Paradigmas

Traditionelle Kindheitspolitik bzw. die traditionelle politische Antwort auf Herausforderungen und Problemstellungen, welche sich aus dem Spannungsverhältnis von Kindheit und moderner Gesellschaft ergeben, werden in Österreich wie in der überwiegenden Mehrzahl hochentwickelter Industrieländer durch eine Reihe von Unzulänglichkeiten charakterisiert (siehe auch Wintersberger 1994b):

- *Kindbezogene Politiken sind hochgradig fragmentiert:* Anliegen der Kindheit sind über zahlreiche Ressorts und Verwaltungsebenen verteilt: Steuerwesen, Familienlastenausgleich, Bildung, Gesundheit, Justiz, soziale Sicherheit, soziale und Gesundheitsdienste gehören wohl zu jenen Materien, in denen Kindheit unmittelbar angesprochen wird. Daneben ist jedoch zu berücksichtigen, daß es eine ganze Reihe von anderen Materien gibt, die zwar keinen ausdrücklichen Bezug auf Kindheit nehmen; dennoch ergeben sich (erwünschte oder unerwünschte) Nebenwirkungen für die Lebensbedingungen von Kindern. Denken wir an die Bereiche Wirtschaft, Verkehr, Arbeitsmarkt, Stadt- und Regionalpolitik usw. Wo viele verantwortlich sind, fühlt sich letztlich niemand wirklich verantwortlich. Wir haben es also zunächst mit einem System „organisierter Nichtverantwortlichkeit" zu tun. Verschiedene Länder sind bei der Lösung dieser Frage verschiedene Wege gegangen. Norwegen, welches übrigens schon bei der Einrichtung des Kinderombudsmannes eine Pionierleistung erbracht hat (Borgen 1994), hat als erstes Land auch ein Ministerium für Kindheit eingerichtet. In Deutschland hingegen wurde ein parlamentarischer Mechanismus geschaffen, im Rahmen dessen jedes neue Gesetz vor seiner Verabschiedung hinsichtlich seiner Auswirkungen auf Kindheit zu überprüfen ist. Ferner ist in diesem Zusammenhang auf die Einrichtung von Kinderbeauftragten und Kinder- und Jugendanwaltschaften hinzuweisen, insoweit diese über die Bearbeitung von Einzelfällen hinaus zu grundsätzlichen legistischen und politischen Fragen Stellung nehmen. In Österreich gibt es weder ein Ministerium für Kindheit (die ministerielle Zuständigkeit liegt auf Bundesebene vor allem bei zwei Ministerien: dem Ministerium für Jugend und Familie sowie dem Ministerium für Unterricht und kulturelle Angelegenheiten) noch eine ständige parlamentarische Kinderkommission (allerdings wurde im Zuge der parlamentarischen Behandlung des UN-Übereinkommens vorübergehend ein Unterausschuß des Familienausschusses eingerichtet, auf welchen wir später noch zurückkommen werden). Die Einrichtung von Kinder- und Jugendanwaltschaften auf der Ebene der Länder ist hingegen gesetzlich festgelegt, und diesem Gebot wurde inzwischen bereits in allen österreichischen Ländern Rechnung getragen. Es bedarf wohl keiner Erwähnung, daß mit der Einrichtung solcher Strukturen lediglich der erste Schritt gesetzt wurde; ob sich diese bewähren, hängt letztlich nicht nur von der Art ihrer Handhabung sondern auch von den gegebenen Möglichkeiten (finanzielle und gesetzliche Rahmenbedingungen, Freiräume, Unabhängigkeit) ab (Jäger 1994).

- *Bedürfnisse von Kindern und daraus resultierende politische Forderungen werden zumeist nachrangig behandelt:* Verschiedene politische und gesellschaftliche Anliegen stehen häufig in einem Wechselverhältnis von Dominanz und Subordination zueinander. Wirtschaftspolitik tendiert stets dazu, Sozial- und Umweltpolitik zu dominieren. Jedoch ist es verschiedenen Interessengruppen - wie der Arbeiterbewegung oder der Umweltbewegung - mittlerweile gelungen, soziale und ökologische Anliegen relativ fest im Bewußtsein der Bevölkerung und der politischen Entscheidungsträger zu verankern. Kindheitspolitik befindet sich gegenüber anderen politischen Bereichen in einer Position von Subalternität. Während die große Politik von Großen und vorrangig für Große gemacht wird, sind die Anliegen der Kleinen noch von vergleichsweise untergeordneter Bedeutung. Deutlichstes Kennzeichen von Subalternität der Kindheitspolitik in Österreich war und ist die Unterordnung kindheitspolitischer Anliegen unter die taktischen Kalküle der Parteisekretariate. Bei Auseinandersetzungen um vorgebliche Kinderinteressen geht es oft weniger um das Auffinden von Lösungen zum Besten der betroffenen Kinder sondern um ideologische Stellungskriege, die mit der eigentlichen Sache nur wenig zu tun haben.

- *Kindheitspolitik steht insbesonders in einem Dilemma zwischen Familien- und Frauenpolitik:* Von Vertretern einer wertkonservativen Orientierung wird häufig die Behauptung aufgestellt, die beste Kindheitspolitik sei eine gute Familienpolitik. In dieser Aussage steckt viel Wahrheit. Dasselbe gilt sinngemäß aber auch für das Verhältnis zwischen Kindheits- und Frauenpolitik. Daß viel Wahrheit in diesen Aussagen enthalten ist, heißt jedoch nicht, daß es sich um die volle Wahrheit handelt. Richtig ist, daß die Interessen von Eltern und Kindern bzw. von Frauen und Kindern, und vor allem die jeweiligen Erwartungen gegenüber der Gesellschaft, in einem hohen Ausmaß übereinstimmen; sie sind jedoch keinesfalls deckungsgleich (Hieden-Sommer 1994). Grundlegend falsch wäre es jedoch, Kindheits- und Jugendpolitik in direkter Konfrontation gegen Eltern- oder Fraueninteressen durchziehen zu wollen. Die dabei entstehenden Friktionen wären vermutlich groß genug, die bisher erzielten bescheidenen Erfolge der Kindheitspolitik in den Schatten zu stellen. Unseres Erachtens wäre es vordringlich, eine konsequente und gute Kindheitspolitik durchzusetzen, und die Vertreter von Familien- oder Fraueninteressen davon zu überzeugen, daß eine solche Politik auch in hohem Ausmaß den Familien bzw. Frauen zugute kommt.

- *Traditionelle kindbezogene Politik ist zumeist durch eine verengte Sichtweise charakterisiert, die auf Kinder als Individuen oder spezielle Gruppen von Kindern orientiert ist, nicht jedoch Kinder in generationaler Perspektive als eigene Bevölkerungsgruppe begreift* (Qvortrup et al. 1994). Konzeptuelle Autonomie der Kindheit und die Herstellung wissenschaftlicher und statistischer Grundlagen, ein Vorhaben, das in den Sozialwissenschaften erst im Verlauf der letzten Jahre in Angriff genommen wurde, stellen eine Voraussetzung für eine derartige Restrukturierung kindheitsbezogener Politiken dar. Erst auf dieser Grundlage wird es möglich, jenem Phänomen, welches von Kaufmann (1990) als „strukturelle Rücksichtslosigkeit der Gesellschaft gegenüber Kindern" und von Qvortrup (1994) mit der Diskriminierung von Minderheiten gleichgesetzt wird, politisch gestaltend entgegenzutreten. Dabei geht es nicht primär darum, daß zu den bestehenden Forderungsprogrammen für verschiedene Bevölkerungs- und Altersgruppen in additiver Weise ebensolche Forderungen für Kinder und Jugendliche hinzugefügt oder gar die Kinder gegen die Alten ausgespielt werden. Es erscheint uns vielmehr dringend erforderlich, die Debatte um die intergenerationale Verteilung von Ressourcen zu beleben, die Interessen von Kindern in diese Debatte einzubringen sowie die Grundlagen für einen neuen, kohärenten und erfüllbaren Generationenvertrag zu erarbeiten.

- *Kindheitsbezogene Maßnahmen, auch wenn sie vordergründig auf Kinder abzielen, beruhen meistens auf adultistisch verzerrten Vorstellungen vom Kindeswohl:* Kinder werden von den Erwachsenen im allgemeinen als unreif eingestuft. Daraus wird abgeleitet, daß Kinder nicht in der Lage sind, ihre Interessen zu erkennen und zu vertreten, und daher das Kindeswohl von den Erwachsenen (Eltern, Lehrern, Sozialarbeitern, Richtern, Experten usw.) bestimmt werden muß. Diese Auffassung deckt sich allerdings nicht mit den Erkenntnissen der modernen Pädagogik und Psychologie, wonach in der herkömmlichen Auseinandersetzung von Erwachsenen mit Kindern Reife und Kompetenz von Kindern generell unterschätzt werden (vgl. Hermans 1993). Daraus leiten sich die sowohl auf der Mikroebene wie auf der makropolitischen Ebene auftretenden Diskrepanzen zwischen der subjektiven Perzeption von Erwachsenen, alles mögliche für die Kinder zu tun, und der in die Richtung struktureller Benachteiligung tendierenden objektiven Lage und subjektiven Wahrnehmung von Kindern ab.

- *Kindheitsbezogene politische Perzeption und Aktion ist überwiegend auf Sozialisation, d.h. auf Kinder als zukünftige Erwachsene und nicht auf seiende Kinder ausgerichtet:* Hinter dieser Orientierung steht die Annahme, Kinder müssten gleichsam als asoziale, unzivilisierte Wesen in die Mechanismen der modernen Gesellschaft eingeweiht werden. Völlig vernachlässigt wird dabei der Preis, den die moderne Gesellschaft für den Ausschluß von Randgruppen - wie z.B. Kindern - zu bezahlen hatte, aber auch die positiven Einflüsse, die Kinder noch immer auf die Erwachsenen-Gesellschaft ausüben. In Hinblick auf die durch den Industrialisierungs- und Modernisierungsprozeß direkt und indirekt verursachten gegenwärtigen Dilemmata, wie Nord-Süd-Konflikt und ökologische Krise, könnte es durchaus erlaubt sein, das Sozialisationsmodell für einen Augenblick auf den Kopf zu stellen. Möglicherweise sind nicht Kinder sondern Erwachsene die Asozialen, und Kindheitspolitik müßte daher auch auf die Resozialisierung der Erwachsenen abzielen.

- *Kindbezogene Politik, insbesondere im Zusammenhang mit dem Problem des Kindesmißbrauchs, befindet sich in einem permanenten Spannungsverhältnis zwischen den Vorwürfen staatlicher Untätigkeit einerseits und staatlicher Bevormundung bzw. Intrusion in die private Sphäre der Familie andererseits:* Dieser Konflikt zwischen den Positionen von Familialisierung und Professionalisierung von Kindheit geht schon auf das letzte Jahrhundert zurück. Er wurde von Lea Shamgar-Handelman (1994) mit der Frage „Wem gehört Kindheit?" in die Diskussion eingebracht. Im Zuge der Beantwortung dieser Frage hat sie aufgezeigt, daß die Verantwortung für Kinder immer Gegenstand eines Verhandlungsprozesses zwischen Eltern und Staat, und die Lösung für jede Epoche eine andere war. Sie hat aber auch darauf hingewiesen, daß im Streit zwischen Staat und Familie zumeist vergessen wurde, wem die Kindheit eigentlich gehören sollte, nämlich den Kindern selbst. Der Wert eines neuen kindheitspolitischen Paradigmas wird also auch daran zu messen sein, inwieweit es gelingt, den Kindern die Kindheit zurückzugeben.

- *Moderne Kindheitspolitik hat sich in proaktiver Weise mit den Herausforderungen zu befassen, welche sich aus dem UN-Übereinkommen über die Rechte des Kindes ergeben:* Während es für kindheitsbezogene Politik auf der vorparadigmatischen Stufe charakteristisch ist, die Bestimmungen des Übereinkommens defensiv und minimalistisch auszulegen, kommt es auf einer sukzessiven paradigmatischen Stufe darauf an, diese Bestimmungen sowohl zur Konsolidierung bereits erzielter sozialer Erfolge zu nutzen als auch offen zu interpretieren und damit auch Wege für den weiteren Ausbau der Kindheitspolitik aufzuzeigen. Auch das Verhältnis zwischen verschiedenen Rechten - protektiven und emanzipatorischen, zivilen, politischen, wirtschaftlichen, sozialen und kulturellen Rechten - ist im Auge zu behalten. Bei der Inhaltsanalyse des UN-Übereinkommens hat sich weitgehend eine Dreiteilung in die drei Ps - protection, provision und participation (in deutscher Übersetzung: Schutz, Bereitstellung von Ressourcen und Partizipation) - durchgesetzt. Der Gedanke des Kinderschutzes hat sich bereits im 19. Jahrhundert angesichts der katastrophalen Lage der Kinder insbesonders aus der Arbeiterklasse weitgehend etabliert. Die Bereitstellung von Ressourcen durch die Gesellschaft ist überwiegend mit den Bedingungen von Kindheit und mit dem Ausbau wohlfahrtsstaatlicher Leistungen im 20. Jahrhundert verbunden. Der Gedanke der Partizipation von Kindern ist hingegen eher neu. Nach Aussage des französischen Richters Rosencveig (1989) stellen daher die die Partizipation von Kindern betreffenden Artikel 12-16 der Konvention einen Vorgriff auf das 21. Jahrhundert dar. Es ist folglich nicht überraschend, daß sich die Mehrzahl der Gegner der Konvention an ihren partizipatorischen Bestimmungen (Meinungsfreiheit, Gedanken-, Gewissens- und Religionsfreiheit, Versammlungsfreiheit sowie Schutz der Persönlichkeit des Kindes) stößt. Umso größer wird der Widerstand, wenn - wie dies bisweilen der Fall ist - die Ausdehnung dieser Rechte auch auf die politische Willensbildung gefordert wird. Damit sind wir schon bei der letzten These angelangt.

- *Traditionelle kindheitsbezogene Politik schließt Kinder als politische Akteure im allgemeinen aus:* Was für andere Personengruppen gilt, gilt sinngemäß auch für Kinder und Jugendliche: Kindheits- und Jugendpolitik bedarf der aktiven Teilnahme von Kindern und Jugendlichen. Ohne den Beitrag der Arbeiterbewegung hätte es mit Sicherheit keine ähnlich umfassende und nachhaltige Verbesserung der Lage der Arbeiterklasse gegeben. Ohne Frauenbewegung wären die Gesetze einer patriarchalischen Männergesellschaft so wie vor hundert Jahren noch in Kraft. Ohne die unmittelbare Beteiligung von Behindertenorganisationen wären zahlreiche Reformen, vor allem die in Österreich kürzlich erfolgte Einführung des Pflegegelds, nicht zustandegekommen. Und es kann auch keine echte Kindheits- und Jugendpolitik ohne direkte Beteiligung der Betroffenen geben. Daher ist die Herstellung einer Kultur der Kinder- und Jugendpartizipation in Österreich eine vordringliche Aufgabe. Daß dies keine leichte Aufgabe sein wird, ergibt sich daraus, daß weder Kinderfreundlichkeit noch Partizipation zu den herausragenden österreichischen Tugenden zählen (Ferner 1994, Natschläger 1993, Wintersberger 1994a, Bundesministerium für Jugend und Familie/Amt der Tiroler Landesregierung 1995).

Zusammenfassend läßt sich neue Kindheitspolitik durch folgende Eigenschaften charakterisieren: sie ist umfassend insoweit, als sie neben den expliziten kindbezogenen Politiken auch die Auswirkungen anderer Politikbereiche miteinbezieht. Sie erkennt Kinderinteressen mindestens dieselbe Priorität zu wie den Interessen anderer Personengruppen. Der Ansatz ist generational in dem Sinn, als er die intergenerationale Verteilungsgerechtigkeit im Auge behält. Kindheitspolitik ist universell; sie wendet sich primär allen Kindern als Bevölkerungsgruppe zu und sondert erst sekundär spezifische Gruppen von Kindern zu selektiver Intervention aus. Moderne Kindheitspolitik anerkennt Kinder so wie sie sind und nicht nur in ihrer Funktion als zukünftige Erwachsene. Schließlich steht sie grundsätzlich zur Subjektivität von Kindheit und stellt sich somit auch der „Gretchenfrage" der aktiven Teilnahme von Kindern in allen sie betreffenden Entscheidungsprozessen, auf individueller wie gesellschaftlicher Ebene.

2. Schwerpunkte und Wandel der Kindheitsforschung und der Sozialberichterstattung über Kinder in den letzten 25 Jahren in Österreich

Geht man von der Prämisse aus, daß es die Aufgabe sozialwissenschaftlicher Forschung ist, die Lebensverhältnisse von Kindern und ihr Wohlergehen zu untersuchen, um so politischen Handlungsbedarf aufzuzeigen, so ist zugleich zu fragen, mit Hilfe welcher Instrumente diese Vermittlung von Forschung und Politik erfolgen kann und in der Vergangenheit vorwiegend erfolgte. Eine wichtige Form dieser Vermittlung stellen Sozialberichte dar.

Bis heute gibt es in Österreich so wie in den meisten europäischen Ländern keine eigenständige Sozialberichterstattung für Kinder. Auch amtliche Statistiken, in denen Kinder die zentrale Betrachtungseinheit darstellen, stehen noch immer aus. Kinder wurden bisher überwiegend in ihrem Status als Familienmitglieder im Rahmen der Familienberichte „mitbedacht". In der zweiten Republik, also seit dem zweiten Weltkrieg, wurden bisher drei Familienberichte, 1969, 1979 und 1989 erstellt. Erst der Expertenbericht (Rauch-Kallat/ Pichler 1994), den das Bundesministerium für Umwelt, Jugend und Familie im Auftrag des Parlaments 1994 aus Anlaß der Ratifizierung der UN-Konvention über die Rechte des Kindes erstellen ließ, kann als eine Art Kinderbericht mit dem Focus der Betrachtung auf der rechtlichen Situation des Kindes gesehen werden.

Im vorliegenden Artikel soll daher versucht werden, anhand der Schwerpunkte der Kindheitsforschung und ihres Niederschlages in der Sozialberichterstattung in Form von Familienberichten und der in der darauffolgenden Legislaturperiode gesetzten politischen Maßnahmen für Kinder einige Hinweise für das Zusammenwirken von Kindheitsforschung und -politik in Österreich aufzuzeigen.

Der Schwerpunkt der *Kindheitsforschung* in den *60er Jahren* lag einerseits bei entwicklungspsychologischen Arbeiten, zum anderen bei Studien, die sich mit der Bedeutung unterschiedlicher Sozialisationsinstanzen für Kinder, insbesondere für deren Bildungskarriere, beschäftigten. Hinzu treten eine Reihe von Studien, welche die wirtschaftliche Situation von Familien zum Thema haben und auf die Benachteiligung der Kinder in Mehrkind- und Einelternfamilien verweisen (Bodzenta 1960, Hacker/Rieger 1964).

Die entwicklungspsychologische Forschung in den 60er Jahren beschäftigte sich vor allem mit dem Bereich Schule: Kinder wurden in ihrer Rolle als Schüler hinsichtlich psychologischer Merkmale untersucht. Schulische Leistungsfähigkeit, faule Schüler, Schulreife, die Sprachentwicklung, Lesen, Schreiben und die entsprechenden Störungen (Legasthenie) waren herausragende Themen ebenso wie die Untersuchung des pädagogischen Werts des Spielens und des Spiels.

Im Bereich der Sozialisationsforschung finden sich einmal Arbeiten zur institutionellen Betreuung und Erziehung von Klein- und Vorschulkindern (Kuhn 1969, Niegl 1976) und zur Bedeutung außerfamilialer Einflüsse für die Sozialisation des Kindes (Rosenmayr/Kreutz 1968, Scharmann/Scharmann 1968). Insbesondere aber stellen Probleme der Bildungskarriere und Bildungschancen von Kindern und deren Bestimmungsfaktoren einen Schwerpunkt der Kindheitsforschung in den 60er Jahren dar (Bildungsplanung in Österreich 1963, Bodzenta 1967, Rosenmayr et al. 1966, Scharmann 1969), wobei der Situation von Mädchen besondere Aufmerksamkeit gewidmet wird (Gaudart 1968, Rosenmayr et al. 1969).

Es wurde aber auch schon auf dem Gebiet der Medienwirkung geforscht: Der Einfluß der Printmedien (v.a. „Schmutz und Schund") und die aufkommenden elektronischen Medien - die Wirkung des Fernsehens auf Kinder - waren Forschungsthemen. Kinder wurden als zu erziehende, schulischen Einflüssen ausgesetzte Menschen gesehen, deren Verhalten man untersuchen wollte.

Die ausführliche, durch differenziertes Zahlenmaterial belegte Darstellung der gesundheitlichen Situation von Kindern (wobei insbesondere dem Problem der Säuglingssterblichkeit und Maßnahmen zu deren Bekämpfung viel Raum gegeben wird) verweisen auf eine rege Forschungstätigkeit über Kinder im medizinischen Bereich.

Im *ersten Familienbericht 1969* (Bundeskanzleramt 1969), der unter Federführung des Bundeskanzleramtes unter Mitwirkung verschiedener Wissenschaftler entstand, wird in allen drei Hauptteilen, die die Rechtslage, eine Situationsanalyse sowie einen Leistungsbericht darstellen sollen, in irgendeiner Form, zumindest ansatzweise, auf Kinder Bezug genommen. So werden die Rechtsverhältnisse zwischen Eltern und Kindern aufgezeigt, wobei im Mittelpunkt die elterlichen Pflichten, die Ausübung der väterlichen Gewalt und die unterschiedlichen Rechtsverhältnisse zwischen Eltern und ihren ehelichen bzw. unehelichen Kindern stehen. Zugleich werden Reformvorhaben zur Neuordnung der Rechte unehelicher Kinder und deren Eltern vorgestellt. Ein eigenes

Kapitel wird dem Thema Erziehung und Ausbildung gewidmet. Dabei wird der Zusammenhang zwischen Familie und Bildungsweg der Kinder analysiert, das Problem der sozialen Bildungsauslese - vor allem bei Mädchen - aufgezeigt und auf Institutionen zur Ergänzung der Familienerziehung eingegangen. Als eines der großen Probleme wird die rasante Zunahme der Erwerbstätigkeit von Müttern gesehen. Beispielhaft für die Betrachtungsweise des Kindes als zu Erziehendes und die damit verbundene Verantwortung des Staates ist dabei die Forderung, trotz des von der Bevölkerung geltendgemachten Bedarfs an Krippenplätzen diese zu beschränken für Notfälle, da das Kleinkind bis zum vollendeten 3. Jahr, um in seiner Entwicklung nicht geschädigt zu werden, die ungeteilte liebevolle Betreuung durch seine Mutter (eine Dauerbezugsperson) braucht (S. 85), den Kindergartenbesuch jedoch aus pädagogischen Gründen, allerdings nur halbtags, zu fördern. Auch Elternberatung und -schulung wird im Hinblick auf eine höhere Sozialisationskompetenz der Eltern verstärkt gefordert. Im Rahmen des Kapitels „Gesundheitszustand und Gesunderhaltung der Familie" wird ausführlich vor allem auf das Problem der Säuglingssterblichkeit und Maßnahmen zu deren Bekämpfung (Schwangeren- und Mütterberatung) eingegangen. Bezüglich der wirtschaftlichen Situation wird auf die starke Benachteiligung von Familien mit mehr als 2 Kindern sowie von Einelternfamilien verwiesen.

Betrachtet man die *Kindheitsforschung* in den 70er Jahren, scheint die Analyse der gesundheitlichen Situation von Kindern einen zentralen Platz einzunehmen. Dabei gilt das Interesse sowohl Kindern als sozialer Alterskategorie, wie jene Arbeiten zeigen, die die Gesundheitsverhältnisse der Kinder in Österreich analysieren (Czermak 1970) als auch kindlichen Problemgruppen, wie Behinderten und Verhaltensgestörten (Berger/ Friedrich 1977). Eine Mehrzahl von Studien zeigt Risikofaktoren der kindlichen Entwicklung auf und trachtet, eine Charakterisierung der Kinder mit Verhaltens- und Entwicklungsstörungen zu ermöglichen. Dazu zählen Arbeiten über den Einfluß der sozialen Schicht oder des Rooming-in auf die Säuglingssterblichkeit ebenso wie solche über den Zusammenhang zwischen bestimmten familialen Merkmalen und der Häufigkeit kindlicher Erkrankungen und Verhaltensauffälligkeiten.

Auch erste Studien zur Kindesmißhandlung von Czermak/ Pernhaupt (zit. nach Bundeskanzleramt 1979, Heft 6, 84) werden durchgeführt. In diesen Arbeiten wird auf die vorgefundenen Einstellungen zu körperlicher Strafe, das tatsächliche Verhalten sowie notwendige und bereits gesetzte Maßnahmen zur Bekämpfung dieses Phänomens eingegangen. Bildeten also einmal Gesundheit und Krankheit, vorwiegend, aber nicht ausschließlich aus medizinischer Perspektive betrachtet, in den 70er Jahren einen der Forschungsschwerpunkte, so ist wiederum ein weiterer im Bereich der Entwicklung, Erziehung und Sozialisation festzumachen. Der Focus der entwicklungspsychologischen Forschung in den Siebzigerjahren lag vor allem auf den Gebieten der kognitiven Entwicklung, wobei insbesondere die Auswirkungen von Umweltbedingungen - etwa des Medienkonsums - und der Eltern-Kind-Beziehung auf diese thematisiert wurden. Vor allem stand die kognitive Entwicklung der 3- bis 6jährigen im Mittelpunkt. Diese Forschung diente zur stützenden Begleitung der Frühförderung im Kindergarten und zur Reform des schulischen Mathematikunterrichts. Weitere Spezialfragen befaßten sich mit der Schulreife und Schulreifediagnostik sowie mit der Intelligenzförderung und den Auswirkungen der kognitiven und emotionalen Bedingungen auf die (Schul-)Leistung und die Lehrer-Schüler-Interaktion.

Das zentrale Thema in der Erforschung der Eltern-Kind-Beziehung war die Erziehungsstildiskussion, wie sich elterliche Erziehungsstile auf Leistung und Verhalten der Kinder auswirken. Über Erziehungsverhalten, Erziehungsnormen und Züchtigungsverhalten liegen Surveystudien (IFES 1978b, IMAS 1973) vor, eine Mikrozensuserhebung (ÖSTZ 1973) gibt Auskunft darüber, wer in und außerhalb der Familie bestimmte Betreuungsaufgaben wahrnimmt. Eine Studie setzt sich ausführlich mit der Rolle des Vaters auseinander (Scharmann/Scharmann 1975).

Einen weiteren Focus bildet bereits das Fernsehverhalten von Kindern, wobei nicht diese selbst, sondern deren Eltern befragt werden (IFES und FESSEL+GfK Institut 1978), aber auch das Leseverhalten von Kindern wird analysiert (Bamberger et al. 1977).

Zugleich finden sich zahlreiche Arbeiten, die sich mit den pädagogischen Funktionen verschiedener Institutionen oder solcher von Bildungsprogrammen beschäftigen. Beispielhaft seien hier nur angeführt die Arbeit von Niederle et al. (1975) über Bildung und Erziehung im Kindergarten, jene von Köckeis et al. (1978) über Vorschulerziehung oder jene des IFES (1978a) über Schule als Spannungsfeld zwischen Schülern, Eltern und Lehrern. Aber auch familienersetzende Institutionen werden thematisiert, so das Kinderdorf oder das Kinderheim als sozialpädagogische Institution (Kliment 1977, Leirer et al. 1976).

Im *zweiten Familienbericht* (Bundeskanzleramt 1979), der neben seiner Zielstellung, ein Bericht über die Situation der Familie und politische Entscheidungshilfe zu sein, ausdrücklich als ein Beitrag der Bundesregierung zum internationalen Jahr des Kindes verstanden wurde, werden Kinder großteils in denselben thematischen Zusammenhängen sichtbar wie im ersten Familienbericht. Allerdings wird auf die veränderte rechtliche Situation des Kindes aufgrund der Veränderung des Kindschaftrechtes hingewiesen. Der Begriff der „väterlichen Gewalt" wurde beseitigt und das neue Recht vermeidet jeden Begriff, der das Eltern-Kind-Verhältnis als ein Gewaltverhältnis umschreibt Es wird nur mehr von den „elterlichen Rechten und Pflichten" gesprochen (§ 172 und 176 ABGB). Das Problem und das Ausmaß der Kindesmißhandlung wird demzufolge ausführlich diskutiert, wobei auf mehrere empirische Studien über Einstellung zu körperlicher Strafe und das tatsächliche Verhalten sowie auf Maßnahmen des Bundeskanzleramtes anläßlich des Jahres des Kindes (1979) zur Bekämpfung derselben eingegangen wird. Der Gesundheitssituation von Kindern wird ein ausführliches Kapitel gewidmet, ein weiteres befaßt sich mit der Situation der Familie mit einem entwicklungsgestörten Kind. Politische und praktische Forderungen werden in diesem Zusammenhang jedoch kaum erhoben.

In Heft 1, das einen Überblick über Struktur und Bedeutungswandel gibt, ist ein Kapitel der Sozialisationsfunktion von Familie gewidmet. Vor allem anhand einiger österreichischer Studien sowie einer Mikrozensuserhebung wird die „Sozialisationsschwäche" der Kleinfamilie, insbesondere die des Vaters diskutiert. Zusammenfassend wird der Schluß gezogen, daß zwar die dargestellten Befunde eine Unterstützung der Erziehungsfunktion der Familie besonders in der frühkindlichen Phase nahelegen, daß aber ein Hinzutreten öffentlicher Institutionen wie Kindergarten oder Vorschule nicht nur die schichtspezifischen Benachteiligungen relativieren, sondern auch die allgemeine Sozialisationsschwäche der Familie ausgleichen könnte. Hiermit ist eindeutig die öffentliche Hand aufgefordert, Maßnahmen zu ergreifen, um eine angemessene Sozialisation der Kinder sicherzustellen, das Interesse am Kind ist an seine Rolle als zukünftiger Staatsbürger geknüpft. Darauf weist auch die Tatsache hin, daß ein umfangreiches Heft des insgesamt 6 Hefte umfassenden Berichts dem Thema Erziehung und Ausbildung gewidmet ist. Die Aussagen der Einleitung dieses Heftes sind vorerst überraschend. Es wird darauf hingewiesen, daß die gesellschaftliche Klassifikation der einzelnen Lebensalter historischen und gesellschaftlich kulturellen Schwankungen unterliegt. Als Resümee der Auseinandersetzung mit drei Modellen menschlichen Heranwachsens, nämlich Entwicklung, Erziehung und Sozialisation, wird deren grundlegender „Ethnozentrismus" um nicht zu sagen: „Imperialismus" (Heft 3, S. 16) festgestellt, der sich in der Haltung von Erwachsenen gegenüber Kindern zeigt. Kinder sind noch nicht „in der Gesellschaft", sie sind „Randgruppen" bzw. „Randpersonen" (Heft 3, S. 17). „Gewissermaßen sind die Heranwachsenden unvollständige oder defekte Erwachsene, die je nach ihrem Randgruppenstatus, d.h. ihrem Alter, nur beschränkte Mitgliedschaftsrechte in der Gesellschaft haben." (Heft 3, S. 17). Diese „absurde" Charakterisierung der Kinder bedarf nach Ansicht der Autoren einer Korrektur, die darin zu bestehen hat, daß der Sozialisationsprozeß nicht länger als organisches Hineinwachsen in eine Gesellschaft gesehen wird, „sondern als ein Bündel struktureller Beziehungen zwischen zwei oder mehr Gruppen dieser Gesellschaft, nämlich den Altersgruppen" (Heft 3, S. 17). Zugleich wird jedoch betont, daß es nicht darum gehe, abstrakte Rechte für Kinder zu fordern, sondern darum, sich bewußt zu sein, daß das Sozialisationsmodell die umfassende Frage nach dem Verhältnis zwischen Erwachsenen und Kindern vernachlässigt. Hier wird bereits ein Bewußtsein der bisher vorherrschenden erwachsenenzentrierten Sicht von Kindern und deren Randständigkeit offenbar. Das eingangs dargestellte Merkmal eines neuen Paradigmas der Kindheitsforschung, nämlich Kindheit als soziale Kategorie zu verstehen, wird hier bereits vehement eingefordert. Diese, im einführenden Kapitel des Heftes pointiert dargestellten Überlegungen finden jedoch im gesamten Bericht keinerlei Berücksichtigung oder Bezugnahme. Ausführlich wird hingegen die innerfamiliäre Versorgung und Sozialisation von Kindern geschildert und die Bedeutung der Herkunftsfamilie für den Bildungsweg von Kindern demonstriert. Auch außerfamiliäre Einrichtungen zur Betreuung der Kinder werden ausführlich dargestellt, außerfamiliäre nichtschulische Erziehungseinflüsse, wie Kinderorganisationen und Medien, werden diskutiert. Zudem wird gefragt, welche Bildungsmöglichkeiten Kinder unterschiedlicher sozialer Herkunft wahrnehmen und wie sich die Maßnahmen der Bildungsförderung auf die Bildungschancen der Kinder auswirken. Es werden keine konkreten politischen Forderungen formuliert.

Betrachtet man die *Studien der frühen 80er Jahre*, so findet man auch hier wiederum eine Schwerpunktsetzung im Bereich Entwicklung und Erziehung, wobei jetzt auch die Kinder zu Wort kommen und selbst z.B. zum Erziehungsverhalten ihrer Eltern befragt werden (ÖAKT 1988). Mehrere Studien thematisieren die Situation der Kinder in spezifischen Familienformen (Eineltern-, Pflegefamilien), andere analysieren die Auswirkungen bestimmter psychosozialer Charakteristika und Dynamiken der Familie auf Verhaltensauffälligkeiten und psychosomatische und psychische Erkrankungen von Kindern. Ein Schwerpunktthema bildet das Medienverhalten von Kindern und die damit verbundenen Auswirkungen. Im Bereich der Sozialisationsforschung bildet geschlechtsspezifische Sozialisation einen Focus. Eine umfangreiche empirische Studie widmet sich dem Kinderwunsch und seinen Determinanten (Münz 1985).

Im *dritten Familienbericht*, der 1990 (Gisser et al. 1990) erschienen ist, beschäftigt sich ein umfangreiches Kapitel mit „Familie als kindliche Lebenswelt". In diesem wird einerseits auf die gesellschaftliche Bestimmtheit der innerfamiliären Beziehungen von Kindern sowie auf spezifische familiale Strukturen und Dynamiken, die Kinder belasten, eingegangen. Dabei wird zumindest der Tendenz nach versucht, das Kind und nicht die Familie in den Mittelpunkt der Betrachtung zu stellen, wobei, vorwiegend mangels empirischer Daten, diesem Vorhaben sehr enge Grenzen gesetzt sind. Darüber hinaus wird im Kapitel Familie und Schule die bei mehreren Studien festgestellte häufige Schulangst der Kinder thematisiert, und in jenem über Familie und Freizeit auf den Fernsehkonsum von Kindern sowie auf Konflikte zwischen Eltern und Kindern bezüglich der Freizeitgestaltung eingegangen. Im Abschnitt Scheidung werden die Scheidungsfolgen für Kinder problematisiert, wobei jedoch für Österreich kaum auf empirische Studien zurückgegriffen werden kann, die diese aus der Perspektive des Kindes erfassen. Auf Basis einer einzigen Studie wird im Abschnitt über ArbeitsmigrantInnen und AsylwerberInnen auf die Kinder dieser Bevölkerungsgruppen insofern Bezug genommen, als auf ihre eingeschränkten Kontakte zu Kindern außerhalb ihrer eigenen ethnischen Netzwerke verwiesen wird. In einem Beitrag zur ökonomischen Situation der Familie wird auf das Armutsrisiko von Familien, insbesondere solcher mit mehreren Kindern hingewiesen (Badelt 1990). Zusammenfassend läßt sich feststellen, daß auch in diesem dritten Familienbericht auf die Situation von

Kindern als soziale Kategorie meist nur am Rande eingegangen wird. Zugleich aber fällt auf, daß Kinder nicht mehr vorwiegend auf ihren Status als zu Sozialisierende verwiesen, sondern zusehends als eigenständige Subjekte behandelt werden. Familie wird beispielsweise nicht mehr vorrangig als Sozialisationsinstanz gesehen, sondern als Lebenswelt des Kindes.

Eine Reihe der politischen Maßnahmen, die in diesem Bericht gefordert werden, stellt die Interessen der Kinder in den Mittelpunkt. So wurden Maßnahmen eingemahnt, die die Lebenschancen von Kindern, die in Mehrkindfamilien aufwachsen, erhöhen. Die objektive kinderfeindliche Struktur unserer Gesellschaft wird angeklagt und die Forderung erhoben, in verschiedenen gesellschaftlichen Bereichen, wie z.B. bei Verkehrskonzepten, bei der Städteplanung, im Wohnbau, aber auch bei einer Reform des Familienrechts auf die Interessen der Kinder vermehrt Rücksicht zu nehmen. Bei der Gestaltung der Arbeitswelt bedeutet dies unter anderem die Möglichkeit längeren Pflegeurlaubs für Eltern, sowie Recht auf Reduktion der Arbeitszeit zur Betreuung von Kindern. Eine Erweiterung der Angebote an unterschiedlichen Betreuungsangeboten für Kinder erscheint notwendig. Darüber hinaus wird die Forcierung von Studien über Entwicklungschancen und Einschränkungen von Kindern, die nicht bei beiden leiblichen Eltern aufwachsen, Studien zur Qualität der Eltern-Kind-Beziehung und der Bedeutung anderer Familienmitglieder wie der Großeltern oder Geschwister für die psychosoziale Entwicklung des Kindes verlangt.

Seit den späteren 80er Jahren ist, wie aus einem gerade abgeschlossenen Forschungsbericht über Kindheitsforschung in Österreich 1985-1995 hervorgeht (Beham et al. 1995) eine deutliche Zunahme von Studien zu Kindern und Kindheit feststellbar, die 1992 ihren Höhepunkt fand. Analysiert man die Studien der späten Achtziger- und frühen Neunzigerjahre, so ist auch hier noch ein eindeutiges Überwiegen solcher aus dem Bereich der Gesundheit einerseits, der kindlichen Entwicklung sowie der Bildung und Erziehung andererseits festzustellen. Arbeiten zur Förderung von Kindern sowie zu deren Unterstützung durch sozialarbeiterische und sozialpädagogische Maßnahmen nehmen einen breiten Raum ein. Auch Kinder mit spezifischen Lebenserfahrungen, wie sie die Trennung von den Eltern oder schwere Krankheit darstellen und die kindliche Verarbeitung dieser Ereignisse werden zum Thema gemacht. Kinder in ihrem familialen Lebenszusammenhang bilden im Vergleich zu früheren Jahren seltener den Gegenstand von Studien. Besonderes Interesse wird den neuen Medien, vorwiegend ihrer Wirkung, entgegengebracht.

In mehreren Arbeiten wird erstmals umfassend die Situation von Kindern, so wie sie sie selbst in den für sie wichtigen Bereichen erleben, erforscht. Kinder werden in diesen Studien zu Subjekten gemacht, ihre Wahrnehmung, ihr Erleben und ihr Befinden wird in den Mittelpunkt gestellt und ist Gegenstand der Analyse. Ein Anstoß zu diesen Arbeiten kann in der Internationalen Studie „Childhood as a Social Phenomenon" des Europäischen Zentrums, zu der Österreich selbst allerdings keinen Beitrag leistete, gesehen werden. Zu diesen in den letzten Jahren entstandenen Arbeiten, die dem in der oben erwähnten Studie vertretenen neuen Paradigma der Kindheitsforschung folgen, wäre zu zählen: das am Institut für Soziologie der Universität Wien durchgeführte Projekt „Mit Kindern leben" (Richter et al. 1994), das mit 70 Kindern zwischen 9 und 12 Jahren durchgeführt wurde, wobei Methoden wie Gruppendiskussionen, projektive Rollenspiele, Aufsätze und Zeichnungen eingesetzt wurden. Mit Hilfe dieser Methoden sollten vier „Kinderwelten", nämlich räumliche, soziale, Freizeit- und mediale sowie interkulturelle erfaßt werden. Einer ähnlichen Fragestellung ging die Studie „Kindsein in Österreich" (Wilk/Bacher 1994) nach, die vom soziologischen Institut der Universität Linz durchgeführt wurde und in die ca. 3000 Zehnjährige, eine repräsentative Stichprobe, einbezogen waren. Eine standardisierte schriftliche Befragung zu den Lebenswelten Familie, Wohnen und Wohnumgebung, Freunde und Freizeit sowie Schule und Medien, die die Wahrnehmung dieser Welten und deren Bewertung durch die Kinder sowie das Wohlbefinden der Kinder in diesen Bereichen erfassen sollte, wurde durch mündliche Interviews und Netzwerkspiele sowie durch von den Kindern angefertigte Aufsätze, Zeichnungen und Fotografien ergänzt. Eine erst 1995 am Institut für Pädagogik und Psychologie der Universität Linz fertiggestellte Studie (Eder 1995) hat das Befinden von Schülerinnen und Schülern der öffentlichen Schulen zum Thema, wobei ca. 4500 Schülerinnen und Schüler mit einem standardisierten Fragebogen befragt wurden. Von einem Teil der über 14jährigen wurde darüber hinaus ein Befindenstagebuch geführt. Zudem ist derzeit eine Studie am Institut für Jugendforschung zu den Lebenswelten der 11-14jährigen im Laufen. All diesen Studien ist gemeinsam, daß das Kind als hier und jetzt so Seiendes, als Subjekt im Mittelpunkt steht, und nicht als Objekt oder zukünftiger Erwachsener, daß nach seiner Wahrnehmung und Bewertung seiner Lebenswelten gefragt, und daß sein Befinden zur zentralen Forschungsfrage gemacht wird. Darüber hinaus wird Kindheit als soziale Kategorie, als Konstrukt, das von der jeweiligen konkreten Gesellschaft geschaffen wird, verstanden. Allen diesen Arbeiten ist zudem gemeinsam, daß sie politischen Handlungsbedarf orten und auf diesen aufmerksam machen möchten.

Ein Themenbereich, der in den letzten Jahren zunehmend Beachtung fand, ist die Stellung des Kindes in Recht und Politik. Dabei reicht die Bandbreite von Abhandlungen über den zentralen Begriff des Kindeswohls bis zu solchen über die rechtliche Stellung des Kindes und Fragen der Politik für Kinder und mit Kindern. Insbesondere ist hier der sogenannte Expertenbericht zu nennen. Anläßlich der Ratifikation des „UN-Übereinkommens über die Rechte des Kindes" am 16. August 1992 beauftragte der Österreichische Nationalrat die Bundesregierung unter „Einbeziehung unabhängiger Experten alle kinderrelevanten Gesetzesmaterien auf ihre Übereinstimmung mit dem Übereinkommen über die Rechte des Kindes zu überprüfen und dem Nationalrat .... über entsprechende Reformerfordernisse Bericht zu erstatten und allenfalls konkrete Gesetzesvorschläge zu verfassen." Dieser sogenannte Expertenbericht (Rauch-Kallat/ Pichler 1994) ist sehr breit angelegt und gibt einen Einblick nicht nur in die rechtliche Stellung des Kindes in Österreich, sondern versucht auch die Frage zu beantworten, ob und in welchem Ausmaß die in der Konvention zum Ausdruck gebrachte Intention, Kinder als Subjekte zu betrachten, denen als solche *Protection*, *Provision* und *Participation* zukommt, in den verschiedenen Lebensbereichen der Kinder verwirklicht wird. Daraus ergab sich, daß als Experten nicht nur Juristen, sondern auch Vertreter anderer relevanter Disziplinen wie Medizin, Psychologie, Ökonomie, Pädagogik und Soziologie aus Wissenschaft und Praxis zu Wort kamen und neben vorwiegend rechtlichen Themen Problemstellungen wie Diskriminierung von Kindern gegenüber Erwachsenen oder die Situation von Kindern in Familie, Schule und Politik behandelt wurden. Zudem wurde spezifischen Gruppen von Kindern wie behinderten oder ausländischen ein eigenes Kapitel gewidmet und auf das Problem der Gewalt gegen Kinder und der sexuellen Ausbeutung von Kindern näher eingegangen. Außerdem wird die Arbeitsweise spezifischer Einrichtungen für Kinder, wie die Kinder- und Jugendanwaltschaft, deren Aufgabe es ist, die Rechte und Bedürfnisse von Kindern als soziale Kategorie zu vertreten sowie die Interessen des einzelnen Kindes zu wahren und durchzusetzen, vorgestellt. Damit kann dieser Expertenbericht im weitesten Sinn als ein erster Kinderbericht verstanden werden, in welchem versucht wird, wenn auch unter einer generellen rechtlichen Fragestellung, einen Überblick über die Situation von Kindern in einigen, für die Gestaltung ihres Lebens wichtigen Bereichen zu geben.

Die Gemeinsamkeit der Beiträge liegt darin, daß sie das Kind als Kind, seine Rechte und seine Interessen in den Mittelpunkt stellen. Damit wird das Kind zum Subjekt der Betrachtung und die bisherige Stellung der Kinder als Objekte, für die insbesondere die Eltern, aber auch der Staat zu sorgen hat, wird ersetzt oder zumindest ergänzt. Von dieser Perspektive aus wird die Situation von Kindern als soziale Kategorie nicht nur im Recht, also Kindheit als Institution, sondern auch in deren realen alltäglichen Lebenssituation - also Kindsein - analysiert, und auf den sich aus dieser Betrachtung ergebenden politischen Handlungsbedarf verwiesen. Dieser bezieht sich in erster Linie auf das Fehlen einer Kultur der Partizipation, auf die verschiedenen Formen der strukturellen Benachteiligung von Kindern in deren wichtigsten Bereichen wie Schule und Familie sowie auf deren Vernachlässigung in anderen Bereichen wie Wirtschaft, Politik und Wissenschaft (Wintersberger 1994b). Konkret wird davon die Forderung nach einem Grundeinkommen für Kinder, nach mehr politischen Rechten wie z.B. Stimmrecht bei Wahlen ab einem früheren Alter und mehr Mitbestimmung in der Schule abgeleitet (Eder 1994). Aber auch eine größere konzeptionelle Autonomie der Kindheit im Bereich der Wissenschaft und Forschung wird eingemahnt. Im familiären Bereich wird ein Defizit an Zeit festgestellt, das Eltern ihren Kindern widmen (können), insbesondere wenn ein Elternteil nicht mit dem Kind zusammenlebt, auf die mangelnde Berücksichtigung der Meinung des Kindes in einer Mehrzahl der es berührenden ganz zentralen Angelegenheiten (wie z.B. im Fall einer Scheidung der Eltern) sowie das Fehlen von außerfamilialen Betreuungseinrichtungen (Wilk/ Kränzl-Nagl

1994). Insbesondere wurde auf die nach wie vor vorhandene innerfamiliäre Gewaltanwendung gegen Kinder (Rudas 1994) sowie deren sexuellen Mißbrauch (Perner 1994) verwiesen. Gefordert wird aufgrund dieser Befunde unter anderem der Ausbau außerfamiliärer Betreuungsformen sowie Maßnahmen im Bereich der Arbeitswelt der Eltern, die mehr verfügbare Zeit für Kinder ermöglichen. Als ebenso wichtig wird der Ausbau der Elternschulung und -beratung, Begleitung von Kindern in Krisensituationen und Rechtsanspruch der Kinder auf psychosoziale Hilfe angesehen, aber auch Öffentlichkeitsarbeit im Sinne multimedialer Aufklärung und der Aufbau eines Multiplikatorennetzwerkes sowie eine stärkere legistische Verankerung der Eigenpersönlichkeit von Kindern und deren Schutz vor Gewalt wird gefordert.

Bezüglich der politischen Partizipation von Kindern wird darauf verwiesen, daß die Möglichkeit der Mitwirkung und Mitbestimmung an kommunalpolitischen Kommunikations- und Informationsprozessen wesentlich vom Wahlalter abhängt. Daher wären neben der Senkung des Wahlalters andere Partizipationsmöglichkeiten auf der Ebene der Gemeinde(selbst)verwaltung in Erwägung zu ziehen (Giese 1994, S. 534). Als solche haben sich bereits „Kindergemeinderat"-Beiräte sowie Stadtteilarbeit mit Kindern bewährt. Der Sinn kommunaler Kinderbeteiligungsformen kann darin gesehen werden, die spezifischen Lebens- und Entwicklungsbedingungen von Kindern sichtbar und begreifbar zu machen, Kindern die Möglichkeit zu geben, in ihre Lebensbedingungen aktiv einzugreifen und somit beachtet und ernst genommen zu werden (Ferner 1994, S. 564).

3. Wie hat die Politik auf Entwicklungen in der Forschung reagiert?

3.1 Periodisierung kindheitsbezogener Politik in Österreich - Chronologie eines politischen Paradigmenwechsels

Bis Ende der 80er Jahre befand sich kindheitsbezogene Politik in Österreich noch auf einer vorparadigmatischen Stufe; d.h. es gab keine explizite Kindheitspolitik, jedoch kinderrelevante Maßnahmen aus anderen Politikfeldern, insbesondors Familienpolitik und Bildungspolitik. Der politische Zugang zu Kindern war vornehmlich sozialisationsorientiert. Allerdings ist diese vorparadigmatische Stufe keineswegs gleichförmig zu sehen; sie zerfällt vielmehr in zwei relativ klar abgrenzbare Phasen: die erste (von den 50er Jahren bis Anfang 1970) charakterisiert durch die Hegemonie der Österreichischen Volkspartei, d.h. im wesentlichen durch konservative und christlich-soziale Ordnungsvorstellungen; die zweite hingegen geprägt durch die Hegemonie der Sozialistischen Patei Österreichs und sozialdemokratische sowie (links)liberale Ordnungsvorstellungen. Gegen Ende der 80er Jahre hat in der Kindheitspolitik der

Übergang zu einer paradigmatischen Stufe eingesetzt, ein Prozeß der jedoch bis heute keineswegs abgeschlossen ist.

Während der Phase der Hegemonie der ÖVP zwischen den 50er Jahren und Anfang 1970 befanden sich die beiden kindheitspolitischen Schlüsselbereiche, Finanzministerium (welches damals auch für den Familienlastenausgleichsfonds zuständig war) und Unterrichtsministerium, in der politischen Verantwortung der ÖVP. Die horizontale Umverteilung von kinderlosen Familien zu Familien mit Kindern im Wege von Familienbeihilfen wurde damals weitgehend losgelöst von der Sozialpolitik gesehen, welche traditionell ein sozialistischer Schlüsselbereich war. Im Steuersystem gab es damals einen Steuerfreibetrag, welcher dem Grundsatz der „standesgemäßen Erziehung" Rechnung trug. Kinderreiche Familien wurden durch eine Mehrkindstaffel begünstigt. Konservative Ordnungsvorstellungen wurden grundsätzlich verteidigt; so wurde laut Familienbericht 1969 (Bundeskanzleramt 1969) ein von der Bevölkerung artikulierter Bedarf an zusätzlichen Krippenplätzen seitens der Regierung aus grundlegenden Erwägungen nicht oder nur für Notfälle anerkannt. Wichtige kindheitsrelevante Politikfelder waren damals Familie, Bildung, Bevölkerung.

Am Anfang der 70er Jahre (bis 1987) kam es zu einer sozialdemokratischen Wende. Deutlichstes Merkmal dafür war die Unterordnung des Familienlastenausgleichs unter sozialpolitische Gesichtspunkte (Münz/ Wintersberger 1984). Mehrkindstaffel und Steuerfreibeträge wurden nach dem Grundsatz „jedes Kind ist dem Staat gleich viel wert" abgeschafft. Zusätzlich zu Geldleistungen, wie Familienbeihilfen, kam es zur Einführung von Sachleistungen: Schülerfreifahrt, Gratisschulbuch, Mutter-Kindpaß; Hilfen für berufstätige Mütter etc. Als vorrangige Politikfelder etablierten sich in dieser Zeit Frauen, Familie, Soziales, Arbeitsmarkt und Gesundheit.

Mit der Neuauflage der großen Koalition kommt es zum Ende der 80er und Beginn der 90er Jahre erstmals zur Konfrontation und Integration familien- und frauenpolitischer Gesichtspunkte zum Wohle des Kindes. Zu nennen sind in diesem Zusammenhang das Arbeitsübereinkommen zwischen ÖVP und SPÖ von 1987; das Familienpaket 1990/91, welches die Einführung des Elternurlaubs wahlweise auch für Väter, das 2. Karenzjahr, die Wiedereinführung einer Mehrkindstaffel sowie die Eröffnung der Debatte über die Tagesbetreuung von Kindern, d.h. den Ausbau von Kindergärten und Ganztagsschulen brachte. War es bis zu diesem Zeitpunkt eher üblich, daß die beiden großen politischen Kräfte in Österreich die Vorschläge des anderen jeweils abblockten, so zeigt sich beim Familienpaket erstmals eine Wende, die einen beginnenden Übergang der Kindheitspolitik auf eine paradigmatische Stufe signalisiert.

Auch die Unterzeichnung und Ratifizierung des UN-Übereinkommens über die Rechte des Kindes hat an diesem Wandel teilgehabt. Bei der Lektüre der für die Verhandlung des UN-Übereinkommens durch den Österreichischen Nationalrat beigefügten Erläuterungen gewinnt man den Eindruck, daß anfänglich eine Nullösung geplant war. So wird dort ausgeführt, daß „die vorliegenden Bestimmungen größtenteils durch die österreichische Rechtsordnung bereits abgedeckt sind". In den Erläuterungen wird zwar mehrmals auf die Schutzbedürftigkeit von Kindern, fallweise auch auf die notwendige Bereitstellung von Ressourcen und Dienstleistungen für Kinder hingewiesen, die Dimension der Partizipation von Kindern bleibt jedoch unterbelichtet. Nur aus dieser mangelhaften Gewichtung heraus ist die in den Erläuterungen enthaltene Einschätzung zu erklären, daß die Ratifikation der Konvention durch Österreich „weniger der Sicherung der Rechte von Kindern in Österreich" sondern vielmehr der „Achtung dieser Rechte auf weltweiter Basis" diene (Übereinkommen über die Rechte des Kindes. Regierungsvorlage, BGBl. 1993).

Dennoch hat der Nationalrat anläßlich der Verhandlungen am 26. Juli 1992 die Bundesregierung ersucht, alle kinderrelevanten Gesetze auf ihre Kompatibilität mit dem Übereinkommen über die Rechte des Kindes zu überprüfen (Österreichischer Nationalrat 1992). Diesem Auftrag wurde seitens der Regierung durch Einsetzung eines vom Bundesministerium für Jugend und Familie und vom Salzburger Institut für Rechtspolitik koordinierten Expertenteams Rechnung getragen. In ihrem Bericht (Rauch-Kallat/ Pichler 1994) schlossen sich die Experten nicht der in den erwähnten Erläuterungen enthaltenen minimalistischen Position an. Zwar waren auch sie der Meinung, daß es keine harten Inkompatibilitäten zwischen dem Übereinkommen und der österreichischen Rechtsordnung gebe, sie wiesen jedoch nach, daß durch die Ratifikation des UN-Übereinkommens in einer ganzen Reihe von Kompetenzbereichen wie Schule, Kindergärten, Integration von Kindern mit Behinderungen und von ausländischen Kindern etc., sowie auf den verschiedenen Verwaltungsebenen Bund, Länder und Gemeinden sehr wohl Reformerfordernisse und Handlungsbedarf für Gesetzgebungs- und Verwaltungsinstanzen in Österreich entstünden. Der Bericht legt dem österreichischen Gesetzgeber ferner die Überlegung nahe, für eine Fortentwicklung der österreichischen Rechtordnung hin zu einer kinderfreundlich(er)en Gesellschaft zu sorgen.

Im Sommer 1993 wurde der Bericht seitens der Bundesministerin für Jugend und Familie an den Nationalrat weitergeleitet. Die Behandlung dieses Berichts wurde dem Familienausschuß zugewiesen, welcher sodann einen eigenen Unterausschuß einsetzte. Die Arbeiten dieses Unterausschusses waren umfangreich, sie beinhalteten auch ein *Hearing* mit den rund 20 Autoren des Berichts; die Verhandlungen verliefen zum Teil äußerst kontroversiell, fanden jedoch einen harmonischen Abschluß in der Vorlage einer von allen Fraktionen getragenen Entschließung, welche der Nationalrat am 14. Juli 1994 einstimmig beschlossen hat.

In dieser Entschließung (1994) hat sich das Parlament eindeutig der Auffassung der Experten angeschlossen und die Regierung aufgefordert, eine Reihe von Reformen insbesonders im Bereich der Partizipation von Kindern und Jugendlichen auf individueller und gesellschaftlicher Ebene, des Familienrechts, der Medienpolitik, der Integration von behinderten und ausländischen Kindern, des

Asylrechts, des Jugendstrafrechts sowie der Kinder- und Jugendanwaltschaften einzuleiten. Das Zustandekommen und die Inhalte der Entschließung stellen unseres Erachtens ein weiteres Signal für einen Paradigmenwechsel in der Kindheitspolitik in Österreich dar.

Es kann jedoch keinesfalls ausgeschlossen werden, daß bei Änderung äußerer Umstände Rückschritte eintreten können. Solche haben sich vor dem Bruch der Koalitionsregierung im Herbst 1995 beim Versuch der Budgetsanierung schon angekündigt. Einige kindheits- und familienpolitische Leistungen sind wieder zurückgenommen worden und es ist zu befürchten, daß noch weitere Kürzungen ins Haus stehen.

3.2 Das Verhältnis zwischen Forschung und Politik - Einige Schlußfolgerungen

Wie in jedem anderen Politikfeld haben einige Forschungsergebnisse in die politische Praxis Eingang gefunden, andere jedoch nicht. Im folgenden stellen wir in knapper Weise dar, wie die Politik auf Forschungsergebnisse reagiert hat. Es bedarf wohl kaum der Erwähnung, daß diese Zusammenstellung keineswegs vollständig ist.

In den 60er Jahren stellte Gesundheit einen wesentlichen Teil der Kindheitsforschung dar. Insbesonders mit den im internationalen Maßstab vergleichsweise hohen Raten der Säuglingssterblichkeit gab es in diesem Zusammenhang eine rege Auseinandersetzung. Auch der Familienbericht 1969 (Bundeskanzleramt 1969) widmete sich eingehend dieser Frage sowie den daraus ableitbaren politischen Schlußfolgerungen. Trotz Regierungswechsels im Jahr 1970 ging diesbezüglich die wissenschaftliche Debatte fast nahtlos in eine politische über und der damals eingeführte Mutter-Kind-Paß kann wohl als politische Antwort auf dieses Problem verstanden werden.

Etwas anders verhielt es sich mit der Frage der Tagesbetreuung von Kindern im Vorschulalter, welche zwar bis zum heutigen Tag ein politischer Dauerbrenner geblieben, ihrer Lösung jedoch noch nicht viel näher gekommen ist. Im ersten, noch von der ÖVP-Regierung in Auftrag gegebenen Familienbericht 1969 (Bundeskanzleramt 1969) wird nachdrücklich auf die steigende Erwerbsquote der Mütter hingewiesen, der Ausbau von Kindergärten und Krippen aus pädagogischen Erwägungen bis zum dritten Jahr gar nicht (bzw. nur in Notfällen) und ab dem dritten Jahr nur als halbtägige Einrichtung forciert: eine politische Weichenstellung, die viele junge Mütter und deren Kinder nachweislich in eine schwierige Position gebracht hat. Im zweiten, von der SPÖ-Regierung in Auftrag gegebenen Familienbericht 1979 (Bundeskanzleramt 1979) wird ausführlich über die Probleme der Kernfamilie nachgedacht und die Auffassung vertreten, öffentliche Institutionen wie Kindergarten oder Vorschule könnten nicht nur „die schichtspezifischen Benachteiligungen relativieren, sondern auch die allgemeine Sozialisationsschwäche der Familie ausgleichen". Insgesamt ist bei der ganzen Debatte um die Tagesbetreuung der Gesichtspunkt der Qualität zu kurz gekommen; denn sowohl die Frage der pädagogischen Zumutbarkeit der Betreuung als auch die nach der Kompensation von Sozialisationsschwächen der Familie durch öffentliche Einrichtungen ist wohl engstens mit der Betreuungsqualität verbunden.

In den 70er Jahren wurde von der Forschung vermehrt das Thema des Mißbrauchs und vor allem der körperlichen Züchtigung von Kindern durch Eltern und andere Erwachsene thematisiert. Auch der Familienbericht 1979 nahm sich dieser Thematik an. Die politische Umsetzung in eine gesetzliche Regelung erfolgte zwar nicht so prompt wie beim Mutter-Kind-Paß, jedoch wurde rund zehn Jahre später die körperliche Züchtigung als Erziehungsmittel gesetzlich untersagt. Es soll an dieser Stelle aber nicht verschwiegen werden, daß in dieser Hinsicht die Rechtsnormen dem subjektiven Rechtsempfinden der großen Mehrheit der erwachsenen Österreicher weit vorausgeeilt sind.

Ein seltsames Phänomen ist darin zu sehen, daß jener Bereich kinderrelevanter Maßnahmen, in welchem die gravierenden finanziellen Mittel flüssig gemacht werden (das System der finanziellen Transfers im Rahmen des Familienlastenausgleichs), abgesehen von einem längeren Beitrag zum Familienbericht 1989 (Gisser et al. 1990), in der Forschung und Sozialberichterstattung kraß unterrepräsentiert ist. Es handelt sich dabei um ein im internationalen Maßstab vergleichsweise großzügiges System, an dessen politischer Opportunität in Österreich grundsätzlich nicht gezweifelt wird. Die großen Reformen dieses Systems wurden offensichtlich jedoch weniger aufgrund wirtschafts- und sozialwissenschaftlich gesicherter Erkenntnisse, sondern eher aus der Auseinandersetzung mit bzw. Durchsetzung von gesellschaftspolitischen Ordnungsvorstellungen inspiriert. Die Wirkungen dieses Umverteilungssystems sind bis heute nicht einwandfrei festgestellt und auch die Frage, warum trotz relativ großzügiger kindbezogener Familienbeihilfen Kinderarmut in Österreich immer noch ein großes Problem darstellt, bleibt unbeantwortet.

In den 80er und 90er Jahren stehen zum Teil dieselben (z.B. Tagesbetreuung) und zum Teil neue Themen (z.B. Schule, Trennung der Eltern, sexueller Mißbrauch) auf der Tagesordnung der Forschung. Es wäre zu früh, schon eine politische Umsetzung der Ergebnisse dieser Forschungen zu erwarten. Allerdings ist zu beobachten, daß in den späten 80er sowie in den 90er Jahren das Verhältnis von Kindheitsforschung und -politik interaktiver geworden ist.

Insgesamt ist das Verhältnis von Kindheitsforschung und Politik in Österreich seit dem Zweiten Weltkrieg als eher distanziert und wenig interaktiv zu bezeichnen. Teilweise haben die Experten sogar in einigen von der Regierung eingeholten Berichten (z.B. Bundeskanzleramt 1979) davon Abstand genommen, politische Empfehlungen zu erarbeiten. In anderen Situationen wurden auf der Hand liegende politische Schlußfolgerungen bewußt nicht umgesetzt, da sie im Gegensatz zu den Vostellungen der politisch veranwortlichen Partei standen. Zweifellos gibt es auch Fälle, bei denen Forschung zur Legitimation ideologischer Positionen verwendet oder mißdeutet wurde. Es scheint jedoch, daß sich mit dem Familienbericht 1989 (Gisser et al. 1990) und vor allem dem Expertenbericht 1994 (Rauch-Kallat/ Pichler 1994) eine Wende in Richtung intensiverer Interaktion zwischen Forschung und politischer Praxis (jedoch nicht in negativer oder instrumentalisierender sondern durchaus konstruktiver Weise) angebahnt hat. Eine rasante Umsetzung der Forschung in die Politik wird jedoch deshalb nicht möglich sein, weil die Probleme (und damit auch deren Lösungen) seit dem Kampf gegen die Säuglingssterblichkeit komplexer geworden sind. Das Aufgreifen von Forschungsergebnissen im Rahmen der Sozialberichterstattung (Familienberichte und Expertenbericht) stellte zwar keine Garantie für die praktische Umsetzung dar, hat jedoch die Chancen für die politische Umsetzung jeweils erheblich erhöht.

Literatur

Badelt, Ch. (1990): Die ökonomische Situation der Familien in Österreich. In: Gisser, R./ Reiter, L./ Schattovits, H./ Wilk, L. (Hrsg.) (1990): Lebenswelt Familie. Familienbericht 1989. Wien, S. 143-228.

Bamberger, R. et al (1977): Zehnjährige als Buchleser. Wien.

Beham, M./ Janig, H./ Straßmeier, M./ Wintersberger, H./ Wilk, L. (1995): Kindheitsforschung in Österreich 1985-1995. Unveröffentlichter Forschungsbericht, Linz.

Berger, E./ Friedrich, H. M. (1977): Anamnesedokumentation zu einer neuropsychiatrischen Klinik für Kinder und Jugendliche. In: Zeitschrift für Kinder- und Jugendpsychiatrie. H. 5., S. 14-18.

Bildungsplanung in Österreich (1963): Erziehungsplanung und Wirtschaftswachstum 1965 bis 1975. Schriftenreihe des Bundesministeriums für Unterricht. Band 1. Wien, München: Österreichischer Bundesverlag.

Bodzenta, E. (1960): „Elend" in Wien. Soziale Welt, Heft 4, S. 339-357.

Bodzenta, E. (1967): Fahrschüler - ein soziales Problem. Beiträge zur Jugendkunde, Heft 12. Wien und München: Österreichischer Bundesverlag.

Borgen, M. (1994): Die Einrichtung des Kinderombudsmannes in Norwegen - Ein Beispiel für andere Länder? Filler, E. et al. (Hrsg.): Kinder, Kinderrechte und Kinderpolitik, Eurosocial Report 50, S. 75-90.

Bossard, J. H./ Boll, S. (1966): The Sociology of Child Development, 4. Aufl., New York: Harper & Row.

Bundesgesetzblatt für die Republik Österreich (BGBl.), Jahrgang 1993, ausgegeben am 8. Jänner 1993, 4. Stück (Übereinkommen über die Rechte des Kindes samt Vorbehalten und Erklärungen).

Bundeskanzleramt (Hrsg.) (1969): Bericht über die Lage der Familien in Österreich. Familienbericht 1969. Wien.

Bundeskanzleramt (Hrsg.) (1979): Bericht über die Situation der Familien in Österreich. Familienbericht 1979. Wien.

Bundesministerium für Jugend und Familie/ Amt der Tiroler Landesregierung (Hrsg.) (1995): Partizipationskonferenz. JugendFORUM, Alpbacher Fachgespräche, vorläufiger Bericht.

Czermak, H. (1970): Die Gesundheitsverhältnisse der Kinder in Österreich. Wien.
du Bois-Reymond, M./ Büchner, P./ Krüger, H./ Ecarius, J./ Fuhs, B. (1994): Kinderleben, Modernisierung von Kindheit im interkulturellen Vergleich. Opladen: Leske & Budrich.
Eder, F. (1994): Schule und „Rechte des Kindes". In: Rauch-Kallat, M./ Pichler, J. W. (Hrsg.): Entwicklung in den Rechten der Kinder im Hinblick auf das UN-Übereinkommen über die Rechte des Kindes. Wien, Köln, Weimar: Böhlau, S. 579-602.
Eder, F. (1995): Das Befinden von Schülerinnen und Schülern in den öffentlichen Schulen. Unveröffentlichter Forschungsbericht, Institut für Pädagogik und Psychologie der Universität Linz, Linz.
Engelbert, A. (1986): Kinderalltag und Familienumwelt. Eine Studie über die Lebenssituation von Vorschulkindern. Frankfurt, New York: Campus.
Entschliessung des Nationalrates vom 14. Juli 1994, anläßlich der Verhandlung des Berichtes des Familienausschusses über den Expertenbericht zum „UN-Übereinkommen über die Rechte des Kindes", vorgelegt von der Bundesministerin für Jugend und Familie (Kinderbericht 1993) (III-144 und 1760 der Beilagen). In: Rauch-Kallat, M./ Pichler, J. W. (Hrsg.): Entwicklung in den Rechten der Kinder im Hinblick auf das UN-Übereinkommen über die Rechte des Kindes. Wien, Köln, Weimar: Böhlau, S. 621-624.
Ferner, F. (1994): Kinder und Jugendliche am Wort - Kommunale Kinderpolitik. Notwendigkeit oder eine Modeerscheinung? In: Rauch-Kallat, M./ Pichler, J. W. (Hrsg.): Entwicklung in den Rechten der Kinder im Hinblick auf das UN-Übereinkommen über die Rechte des Kindes. Wien, Köln, Weimar: Böhlau, S. 539-578.
Fürstenau , P. (1967): Soziologie der Kindheit. Heidelberg: Quelle & Meyer.
Gaudart, D. (1968): Probleme der Mädchen- und Frauenbildung. Unveröffentlichtes Forschungsmanuskript der Universität Wien, Wien.
Giese, K. (1994): Die Partizipation von Kindern und Jugendlichen an den kommunal-politischen Kommunikations- und Informationsprozessen aus verfassungs- und verwaltungsrechtlicher Sicht. In: Rauch-Kallat, M./ Pichler, J. W. (Hrsg.): Entwicklung in den Rechten der Kinder im Hinblick auf das UN-Übereinkommen über die Rechte des Kindes. Wien, Köln, Weimar: Böhlau, S. 511-538.
Gisser, R./ Reiter, L./ Schattovits, H./ Wilk, L. (Hrsg.) (1990): Lebenswelt Familie. Familienbericht 1989. Wien.
Hacker, M./ Rieger, Ph. (1964): Lebensverhältnisse junger Familien in Wien. Verein „Gut haushalten". Wien.
Hermans, J. (1993): Care for the Young Child. In: Heilioö, P.-L. et al. (Hrsg.): Politics of Childhood and Children at Risk. Provision - Protection - Participation, Eurosocial Report 45.
Hieden-Sommer, H. (1994): Soziologische Forschung und politische Interessen. In: Österreichische Zeitschrift für Soziologie, Heft 2.
Honig, M. S. (1990): Kindheit in der Bundesrepublik Deutschland. Blätter der Wohlfahrtspflege, 137. Jg., Heft, 4, S.95-97.
Hurrelmann, K. (1986): Das Modell des produktiv realitätsverarbeitenden Subjekts in der Sozialisationsforschung. In: Hurrelmann, K. (Hrsg.): Lebenslage, Lebensalter, Lebenszeit. Weinheim, Basel: Beltz, S. 11-23.

IFES (1978a): Die Schulen im Spannungsfeld zwischen Schülern, Eltern und Lehrern. Wien.

IFES (1978b): Erziehungsnormen und Züchtigungsverhalten der Österreicher. Wien.

IFES/ FESSEL+GfK INSTITUT (1978): Kind und Fernsehen. Wien.

IMAS (1973): Erziehungsgrundsätze. Repräsentativerhebung der österreichischen Bevölkerung. Linz.

Jäger, L. (1994): Die österreichischen Kinder- und Jugendanwaltschaften. In: Rauch-Kallat, M./ Pichler, J. W. (Hrsg.): Entwicklung in den Rechten der Kinder im Hinblick auf das UN-Übereinkommen über die Rechte des Kindes. Wien, Köln, Weimar: Böhlau, S. 369-396.

Kliment, E. (1977): Die SOS-Kinderdörfer: Eine sozialpädagogische Institution. Dissertation. Universität Wien, Wien.

Köckeis, E./ Kutalek, N./ Weiss, R. (Hrsg.) (1978): Aspekte der Vorschulerziehung. Wien, München: Jugend und Volk.

Kuhn, D. (1969): Krippenkinder - eine empirische sozialpädagogische Studie über die Wiener Krippenkinder und ihre Familien. Wien: Eigenverlag.

Leirer, I./ Fischer, R./ Halletz, C. (1976): Verwaltete Kinder. Eine soziologische Analyse von Kinder- und Jugendlichenheimen im Bereich der Stadt Wien. Wien: Institut für Stadtforschung.

Liegle, L. (1987): Welten der Kindheit und Familie, Beiträge zu einer pädagogischen und kulturvergleichenden Sozialisationsforschung. Weinheim: Juventa.

Münz, R. (Hrsg.) (1985): Leben mit Kindern - Wunsch und Wirklichkeit. Wien: Franz Deuticke.

Münz, R./ Wintersberger, H. (1984): Der österreichische Wohlfahrtsstaat: Sozialpolitik und soziale Sicherheit in den 70er und 80er Jahren. In: Internationale Revue für Soziale Sicherheit, Heft 3.

Natschläger, B. (1993): Bericht zur Lage der Kinder: Partizipations- und Mitbestimmungsmöglichkeiten von Kindern. Wien.

Niederle, Ch./ Michelic, E./ Lenzeder, E. (1975): Bildung und Erziehung im Kindergarten. Wien.

Niegl, A. (Hrsg.) (1976): Grundlagen für eine lernzielorientierte Förderung durch den Kindergarten, mehrere Hefte.

Österreichischer Arbeiterkammertag (ÖAKT) (Hrsg.) (1988): Elternberufstätigkeit und Kindesentwicklung. Entwicklungspsychologische Determinanten und Konsequenzen der Frauenerwerbstätigkeit im Arbeitnehmerinnenbereich. Wien.

Österreichischer Nationalrat (1992): E 59-RR/XVIII. GP.

Österreichisches Statistisches Zentralamt (ÖSTZ) (Hrsg.) (1974): Mikrozensus. Jahresergebnis 1973, Heft 359.

Perner, R. (1994): Soll jugendliche Sexualität ausbeutbar bleiben? Präventiv und repressiv wirkende Maßnahmen gegen sexuelle Ausbeutung. In: Rauch-Kallat, M./ Pichler, J. W. (Hrsg.): Entwicklung in den Rechten der Kinder im Hinblick auf das UN-Übereinkommen über die Rechte des Kindes. Wien, Köln, Weimar: Böhlau, S. 461-477.

Preuss-Lausitz, U./ Rülcker, T./ Zeiher, H. (Hrsg.) (1990): Selbständigkeit für Kinder - die große Freiheit? Weinheim, Basel: Beltz.

Qvortrup, J. (1990): Childhood as a Social Phenomenon - An Introduction to a Series of National Reports, Eurosocial, Report 36.

Qvortrup, J. (1994): A New Solidarity Contract? The Significance of a Democratic Balance for the Welfare of both Children and the Elderly. In: Qvortrup, J. et al. (Hrsg.): Childhood Matters. Social Theory, Practice and Politics. Aldershot: Avebury, S. 319-334.

Qvortrup, J./ Bardy, M./ Sgritta, G. B./ Wintersberger, H. (Hrsg.) (1994): Childhood Matters. Social Theory, Practice and Politics. Aldershot: Avebury.

Rauch-Kallat, M./ Pichler, J. W. (Hrsg.): Entwicklung in den Rechten der Kinder im Hinblick auf das UN-Übereinkommen über die Rechte des Kindes. Wien, Köln, Weimar: Böhlau.

Richter, R./ Sanz, A./ Kern, J. (1994): Mit Kindern leben; räumliche, soziale und mediale Kinderwelten. Unveröffentlichter Forschungsbericht des Instituts für Soziologie der Grund- und Integrationswissenschaftlichen Fakultät der Universität Wien, Wien.

Ritchie, O. W./ Koller, M. R. (1964): Sociology of Childhood. New York: Appleton Century Crofts.

Rosencveig, J.-P. (1989): Droits de l'enfant. De l'amour au respect. Le Monde 22. November.

Rosenmayr, L. et al. (1969): Die junge Frau und ihre berufliche Zukunft. Unveröffentlichtes Forschungsmanuskript der Universität Wien, Wien.

Rosenmayr, L./ Kreutz, H. (1968): Eltern und Gleichaltrige als Faktoren sozialen Einflusses bei Jugendlichen und „jungen Erwachsenen". In: Wurzbacher, G. (Hrsg.): Familie als Sozialisationsfaktor. Stuttgart: Enke, S. 201-247.

Rosenmayr, L./ Kreutz, H./ Köckeis, E. (1966): Kulturelle Interessen von Jugendlichen. Wien, München: Juventa.

Rudas, St. (1994): Prävention und Schutz vor Gewalt - Nachbetreuung bei Gewalt gegen Kinder - Reaktion der Kinder auf Gewalt. In: Rauch-Kallat, M./ Pichler, J. W. (Hrsg.): Entwicklung in den Rechten der Kinder im Hinblick auf das UN-Übereinkommen über die Rechte des Kindes. Wien, Köln, Weimar: Böhlau, S. 445-460.

Saporiti, A./ Sgritta, G. B. (1990): Childhood as a Social Phenomen, National Report Italy, Eurosocial Report 36/2.

Scharmann, D. L./ Scharmann, Th. (1968): Das Verhältnis von Familie, Beruf und Arbeit in ihrer Sozialisationswirkung. In: Wurzbacher, G. (Hrsg.): Familie als Sozialisationsfaktor. Stuttgart: Enke, S. 248-307.

Scharmann, D. L./ Scharmann, Th. (1975): Die Vaterrolle im Sozialisations- und Entwicklungsprozeß. In: Neidhardt, F. (Hrsg.): Frühkindliche Sozialisation. Stuttgart: Enke, S. 230-269.

Scharmann, Th. (1969): Die Familie im Erwerbsleben. Unveröffentlichtes Forschungsmanuskript der Hochschule Linz, Linz.

Shamgar-Handelman, L. (1994): To Whom Does Childhood Belong? In: Qvortrup, J. et al. (Hrsg.): Childhood Matters. Social Theory, Practice and Politics. Aldershot: Avebury, S. 249-366.

Übereinkommen über die Rechte des Kindes. Regierungsvorlage. Beilagen zu den stenographischen Protokollen des Nationalrates, XVIII. GP.

Wilk, L./ Bacher, J. (Hrsg.) (1994): Kindliche Lebenswelten. Eine sozialwissenschaftliche Annäherung. Opladen: Leske & Budrich.

Wilk, L./ Kränzl-Nagl, R. (1994): Kindsein in der Familie. Eine Analyse der Situation von Kindern in der Familie aus der Perspektive der Konvention über die Rechte des Kindes. In: Rauch-Kallat, M./ Pichler, J. W. (Hrsg.): Entwicklung in den Rechten der Kinder im Hinblick auf das UN-Übereinkommen über die Rechte des Kindes. Wien, Köln, Weimar: Böhlau, S. 105-156.

Wintersberger, H. (1994a): Kinderpolitik in Österreich: Prinzipien, Prioritäten und Probleme. In: Filler, E. et al. (Hrsg.): Kinder, Kinderrechte und Kinderpolitik, Eurosocial Report 50, S. 107-123.

Wintersberger, H. (1994b): Sind Kinder eine Minderheitsgruppe? Diskriminierung von Kindern gegenüber Erwachsenen. In: Rauch-Kallat, M./ Pichler, J. W. (Hrsg.): Entwicklung in den Rechten der Kinder im Hinblick auf das UN-Übereinkommen über die Rechte des Kindes. Wien, Köln, Weimar: Böhlau, S. 73-104.

Wintersberger, H./ Riepl, B. (1996, in Druck): Kindsein in Wien — Für eine moderne kindheitsbezogene Kommunalpolitik. In: Europäisches Zentrum (Hrsg.): Lebensqualität in der Stadt. Wohlfahrtssteigerung ohne Kostenbelastung. Wien: Europäisches Zentrum.

Jens Qvortrup

Zwischen „fürsorglicher Belagerung" und ökonomischen Interessen.

Zur Wahrnehmung von Kindern und Kindheit in den nordischen Ländern

1. Einleitung

Für ausländische Beobachter vermittelt die Forschungsliteratur über die verschiedenen nordischen Länder zumeist den Eindruck, daß diese einander sehr ähnlich sind und daß es zwischen ihnen nur wenige Unterschiede gibt. Obwohl es viel über Unterschiede zu sagen gäbe, werde ich doch meistens dieser Ansicht folgen, um den Kontrast zu kontinentaleuropäischen Ländern besser herausarbeiten zu können.

Ein zweites Vorurteil außenstehender Beobachter ist, daß die nordischen Länder relativ fortschrittliche Gesellschaften sind, die über ein besonders weit entwickeltes wohlfahrtsstaatliches System verfügen, das weitgehend über Steuern finanziert wird, das ziemlich flächendeckend alle wichtigen Lebensbereiche abdeckt und dessen Transferleistungen sich auf einem vergleichsweise hohen und großzügigen Niveau bewegen. Ob dieser gute Ruf nun gerechtfertigt ist oder nicht, es ist eine Tatsache, daß die nordischen Länder - ebenso wie heutzutage alle europäischen Länder - in erster Linie kapitalistische, wachstumsorientierte Wirtschaftssysteme haben, die ihre Entwicklung prägen. Gleichzeitig stehen sie aber auch in der Tradition ihres protestantischen Erbes, und sie haben einen hohen gesellschaftlichen Individualisierungsgrad sowie einen vielleicht etwas mehr säkularisierte Moral. Die Kombination all dieser Merkmale hat ein Sozialstaatsmodell hervorgebracht, das sich in einigen Aspekten von dem der kontinentalen eher katholisch geprägten Länder unterscheidet, die stärker dem Subsidiaritätsprinzip verpflichtet sind.

Auch wenn ich diese Zusammenhänge hier nicht weitergehend erörtern kann, so denke ich doch, daß sie einen gewissen Einfluß auf die unterschiedliche Entwicklung der Kindheit im Verlaufe dieses Jahrhunderts hatten. Betrachtet man eine Auswahl relevanter Entwicklungsindikatoren, so mag es sein, daß viele von ihnen in den meisten westeuropäischen Ländern durchaus vergleichbar sind, dennoch haben die nordischen Länder in einer beachtlichen Anzahl von Bereichen deutlich Schrittmacher- bzw. Vorreiterfunktion. Deren Aufzählung muß keineswegs nur positive Elemente zutage fördern, wenn man diese aus der Sicht von Kindern betrachtet. Ich möchte hier nur den sinkenden Anteil von Kindern an der Gesamtbevölkerung, die Zweieinkommen-Familie, die Pluralisierung der Familienformen, die Zunahme der unehelich geborenen Kinder, die hohen Scheidungsraten, die Institutionalisierung der Kindheit usw. aufführen, und man könnte noch eine Anzahl gesetzlicher Regelungen hinzufügen, wie z.B. die Einführung eines Ombudsmann für Kinder.

2. Die Wahrnehmung der Kinder

Wenn man eine Umfrage über die Wahrnehmung von Kindern und Kindheit und darüber machen würde, wer sie wie wahrnimmt, würde man höchstwahrscheinlich Antworten bekommen, die, zumindest oberflächlich betrachtet, eher positiv ausfallen. Im allgemeinen werden Kinder in Nordeuropa mit wohlwollenden Attributen bedacht: Kindern muß höchste Priorität eingeräumt werden, und man wird kaum jemanden finden, der sich nicht positiv über Kinder äußern würde. Und trotzdem käme man, wenn man eine andere Ebene erforschen würde, wie z.B. weit verbreitete und volkstümliche Äußerungsformen, wie sie sich in Erzählungen, Sagen, Sprichwörtern oder beiläufigen Bemerkungen über Kinder finden, auf neue Varianten - positive wie negative -, die jedoch in irgendeiner Weise alle die Unschuldigkeit oder die Naivität des Kindes ansprechen würden. In Hans Christian Andersens berühmtem Märchen „Des Kaisers neue Kleider" wird das Kind mit Klugheit und Klarsicht dargestellt, und die Menge ruft: „Hört dem unschuldigen Kind zu". Andersens Kind hat die Fähigkeit, der Verlogenheit der Erwachsenen, deren Erfolgsstreben, deren Furcht, das Gesicht zu verlieren, und bürokratischen Entartungen in einem Ausmaß zu trotzen, durch das sogar die soziale Ordnung in Gefahr gerät. Die kindliche Naivität wird vor diesem Hintergrund sicherlich als etwas Positives gesehen, aber gleichzeitig ist sie etwas, das man rechtzeitig über Bord werfen sollte[1], Kinder müssen also sozialisiert und zivilisiert werden. Deshalb sind es auch eher die negativen Konnotationen der kindlichen Unschuld, die in den Vordergrund gerückt werden. Kindliche Unschuld wird in der Regel abgewertet, in-

---

[1] Merkwürdigerweise hat das Märchen „Des Kaisers neue Kleider" fast ausschließlich beispielgebende Symbolkraft für Erwachsene - nicht etwa für Kinder - bekommen, die allerdings nicht naiv, sondern mutig genug sind, mit dem Aussprechen der Wahrheit Kopf und Kragen zu riskieren; das dort gezeichnete Kinderbild wurde also von den Erwachsenen kolonisiert.

dem man sie mit unberechenbaren Erwachsenen in Verbindung bringt, wie z.B. in dem Sprichwort „Kinder und Narren sagen die Wahrheit". (Die dänische Version heißt „Kinder und Trunkenbolde sagen die Wahrheit".) Ähnliches gilt für die Feststellung, daß senile Menschen ihre 'zweite Kindheit' erleben.

Ich würde mich nicht so sehr mit diesen volkstümlichen Sichtweisen von Kindern beschäftigen - die gleichwohl sehr viele wichtige Einsichten liefern und auf jeden Fall interessante Studienobjekte sind -, wenn sie nicht auch symptomatisch für die meiner Meinung nach beunruhigenden Annahmen wären, von denen das wissenschaftliche Denken, aber auch bestimmte Gesellschaftsanalysen oder die Gesetzgebung ausgehen, wenn sie sich mit Kindern und Kindheit beschäftigen. Sie sind alle zumeist teleologisch und normativ auf das Erwachsensein bezogen, ja man könnte sagen, sie alle enthalten eine 'Erwachsenen'-Ideologie (Adultismus).

Erstens werden zur Definition von Kindern in der Psychologie hauptsächlich wenig positive Präfixe wie 'in-' oder 'un-' benutzt: Kinder werden zumeist als unfähig, inkompetent, verantwortungslos, unreif, uneinsichtig usw. bezeichnet, während Erwachsene aus irgendwelchen Gründen, die nicht immer leicht nachzuvollziehen sind, Eigenschaften monopolisieren wie Fähigkeit, Können, Kompetenz, Reife, Verstand und Verantwortungsbewußtsein. Der dänische Philosoph Kierkegaard sagte: "Ich spreche am liebsten mit Kindern; denn von denen darf man hoffen, daß sie Vernunftwesen werden möchten; diejenigen aber, die das schon geworden sind: Herre Jemini!" (Kierkegaard, 1962, S. 23)

Zweitens werden Kinder in Statistiken und Gesellschaftsanalysen als „Abhängige" dargestellt - ohne eigentlich die Chance zu haben, aufgrund ihrer eigenen Rechte anerkannt zu werden - eine Tatsache, welche man inzwischen zu korrigieren sucht.

Drittens werden Kinder in der Gesetzgebung (als bedeutsamer Ort der Reflexion von Ideologien) als Minderjährige behandelt. Ihr Status entspricht dem jener erwachsenen Menschen, die ihre Mündigkeit wegen Schwachsinn, Alkoholismus, Drogenabhängigkeit usw. verloren haben. Die Individualisierung im umfassenden Sinne hat Kinder vom Gesetz her noch nicht erreicht, zumindest nicht, was die Wahrnehmung von Kindern als Teil der Familie angeht, die ihren Eltern unterstehen.

Viertens schließlich werden Kinder im öffentlichen Diskurs in den Medien und in der alltäglichen Kommunikation einfach als teuer, zeitraubend und als eine Bedrohung der Karriere angesehen.

Alle diese kulturellen Ausdrucksformen lassen sich unterschiedlich interpretieren: Auf der einen Seite können sie böswillig als ultimativer Indikator für einen in der Gesellschaft vorherrschenden Adultismus verstanden werden, andererseits kann man sie wohlwollend als Sichtweise bezeichnen, mit der Erwachsene den Kinderschutzgedanken Ausdruck verleihen. Beide Betrachtungsweisen verlangen mehr Reflexion über die Qualitäten von Kindern.

3. Die Versorgung der Kinder

Trotz dieser tief im traditionellen Denken verankerten Reaktionen auf Kinder und Kindheit, die sich zwischen Herabsetzen und Beschützen, zwischen Sentimentalisierung und Instrumentalisierung bewegen, profitieren Kinder doch offensichtlich nachhaltig sowohl vom wirtschaftlichen Wohlstand als auch von der recht liberalen Art, wie Modernisierung in den nordischen Ländern vorangetrieben wird. Diese andere Variante der Wahrnehmung von Kindern betont den Versorgungsaspekt: Wie in allen anderen europäischen Ländern ist zum Beispiel die gesundheitliche Versorgung der Kinder überdurchschnittlich, und die Bildungschancen der Kinder sind ebenfalls als durchweg gut zu bezeichnen.

In diesem Zusammenhang möchte ich als herausragendes Charakteristikum der nordischen Länder die dort vorzufindende recht liberale Auffassung von Erziehung und Bildung erwähnen. Obwohl diese eigentlich dänischen Ursprungs ist, hat sie doch auch deutliche Spuren in den Nachbarländern hinterlassen. Der bedeutendste Name in diesem Zusammenhang ist Grundtvig, pädagogischer Philosoph, Priester, bekannter Psalmen-Autor, Historiker und Politiker des 19. Jahrhunderts, der im Ausland als Gründer der so genannten Volkshochschulen bekannt geworden ist, welche vor 150 Jahren, als die ersten Schulen entstanden, für junge Männer und Frauen vom Lande gedacht waren, die die Schule bestenfalls nach sieben Jahren verlassen hatten und deshalb noch eine Erweiterung ihres Horizonts benötigten. Man strebte keine Prüfungen an - ein Konzept, das bis heute gilt -, und noch nicht einmal eine 'richtige' Ausbildung wurde angestrebt, sondern 'dannelse', was mehr oder weniger dem deutschen Wort Bildung entspricht.

Grundtvig hatte einen enormen Einfluß auf die Entwicklung der Schulen in Dänemark und in den anderen skandinavischen Ländern. Für Kinder besteht in Dänemark zum Beispiel keine Schulpflicht - eine weitere geheiligte Idee -, sondern Kinder haben ein Recht auf Unterricht. Obwohl praktisch alle Kinder Schulen besuchen, ist es keine Haarspalterei, daß - der Idee nach - letzten Endes die Eltern und nicht der Staat für die ideologische Erziehung der Kinder verantwortlich sind. Dies ist auch der Hintergrund für die so genannte 'Freie-Schulen'-Gesetzgebung, was bedeutet, daß es in Dänemark neben den öffentlichen Schulen, welche bei weitem den größten Teil stellen, eine beachtliche Anzahl Freier Schulen gibt, für deren Kosten mit 85% der Staat aufkommt. Grundtvigs Einwand gegen die Schulpflicht war als Protest gegen eine miserable Unterrichtspraxis gedacht, bei der statt Lust am Lernen eher Auswendig-Lernerei und leere Paukerei an der Tagesordnung waren[2]. Allerdings waren die

---

[2] In der verfassunggebenden Reichsversammlung (vor 1849) hatte sich Grundtvig zu „einer grauenhaften Scheu vor allem, was Schulzwang genannt wird" bekannt. „Die ganze Schulknechtschaft macht die Schule zu einem verhaßten Zwangshaus, für Eltern wie für Kinder. ... Daß der Schulbesuch, wie er sich bis jetzt gestaltet, nirgends dazu

Freien Schulen während der letzten Jahrzehnte immer wieder mit der Kritik konfrontiert, daß dort nicht alle Kinder gleichermaßen zum Zuge kämen, sondern daß Kinder aus Familien mit einer besseren kulturellen und ökonomischen Ausstattung bevorteilt würden.

Tendenziell möchte ich zwar eher Shakespeares Hamlet zustimmen, daß etwas faul ist im Staate Dänemark. Aber eine der wenigen Aussagen, denen ich vollkommen zustimmen möchte, ist diejenige des dänischen Erziehungsministers, welcher erst im vergangenen Jahr erklärt hat, daß wir sehr darauf achten müssen, daß unsere Schulen nicht als nur *nützliche* Einrichtungen betrachtet werden - eine bemerkenswerte Äußerung für einen Politiker in Amt und Würden.

Ich nehme auf diese geistesgeschichtlichen Quellen Bezug, weil sie selbst im unmittelbaren Nachbarland nicht so bekannt sein werden. Außerdem können sie zum Verständnis dafür beitragen, daß das Verhältnis zwischen Erwachsenen und Kindern, Eltern und Kindern und Lehrern und Kindern in den nordischen Ländern vergleichsweise weniger autoritär erscheint als in Zentraleuropa. Allerdings möchte ich nicht übertreiben: Sicherlich werden Kinder auch bei uns Schulstreß empfinden, auch wir haben Leistungswettbewerb und auch wir haben Probleme mit der Schule wie andere europäische Länder auch. Aber ich denke, es ist plausibel zu behaupten, daß unsere Freie-Schul-Gesetzgebung eine Grundeinstellung geformt hat, die den Staat weniger autoritär erscheinen läßt und die das Elternrecht hoch hält. Immerhin können Eltern - in letzter Instanz - ihre eigenen Schulen nach eigenen Vorstellungen gestalten, wenn sie es wünschen, und der Staat muß dafür den Löwenanteil der Kosten finanzieren.

Das darin zum Ausdruck kommende entspanntere Verhältnis zwischen Kindern und Erwachsenen spiegelt sich auch in der Tatsache wieder, daß die nordischen Länder unter den ersten waren, die alle Formen der Gewaltanwendung durch Lehrer als disziplinarische Maßnahme verboten haben. Auch die Eltern haben kein Recht, gegen ihre Kinder körperliche Gewalt anzuwenden - auch wenn dies in den Gesetzen unterschiedlich formuliert wird und in Dänemark weniger deutlich festgelegt ist als in anderen skandinavischen Ländern.

Zur Versorgung der Kinder von berufstätigen Eltern haben die nordischen Länder große Anstrengungen unternommen. Wie es u. a. von Peter Moss und seinen Kolleginnen im Vergleich der EU-Länder (Child Care Network) herausgearbeitet wird, ist der Betreuungsgrad der Kinder in Dänemark auffallend höher als in anderen EU-Ländern. Und seit der Erweiterung der EU auf 15 Länder sind noch Schweden und Finnland mit einer ähnlich hohen Betreuungsdichte wie Dänemark hinzugekommen.

---

dient, das eigentliche Menschenleben zu wecken, zu nähren, zu stärken und zu erfreuen, sondern eher dazu da ist, es zu unterbinden, ... ist notwendigerweise mit dem wahren Sprichwort zu erklären, daß 'der Buchstabe tötet', denn unser ganzer Schulbesuch geht fast ausschließlich um Buchstaben" (Larsen 1984 (1899), S. 202-203).

	0-2 Jahre	3-6 Jahre	7-10 Jahre
Dänemark			
1978	24	40	10
1987	45	65	23
1991	47	67	41
1993	47	74	34
Finnland			
1978	15	30	1
1987	26	49	7
1991	28	58	6
1993	16	51	6
Norwegen			
1978	4	23	..
1987	8	50	3
1991	14	60	..
1993	19	64	..
Schweden			
1978	19	60	13
1987	31	79	38
1991	30	80	41
1993	32	77	39

Tab. 1: Kinder, die ganztags oder halbtags in Kindertagesstätten oder bei Tagesmüttern untergebracht sind oder an schulischen oder nachschulischen Betreuungsprogrammen teilnehmen. Anteil aller Kinder (in %) in den entsprechenden Jahren und Altersstufen.

Quelle: Nordic Statistical Yearbook, 1995, S. 321-322.

Wie Tabelle 1 verdeutlicht, war Norwegen ein Spätentwickler auf diesem Gebiet, aber es hat inzwischen aufgeholt, so daß alle nordischen Länder eine sehr hohe Betreuungsdichte aufweisen. Dänemark ist führend im Bereich der 0-2jährigen, was teilweise auf die weniger großzügige Dauer des Erziehungsurlaubs zurückzuführen ist, während Schweden im Bereich der 3-6jährigen Kinder führend ist. Im Vergleich mit mehreren kontinentaleuropäischen Ländern erscheint diese Betreuungsdichte weniger beeindruckend, aber es sollte hier berücksichtigt werden, daß zum Beispiel die école maternelle und ähnliche vorschulische Einrichtungen in anderen Ländern mit Unterricht verbunden sind, was in den nordischen Ländern definitiv nicht der Fall ist, denn die Schule beginnt erst im Alter von sieben Jahren. In Norwegen wird das Schuleintrittsalter 1997 auf sechs gesenkt und gleichzeitig wird der Erziehungsurlaub dort verlängert. Durch diese Maßnahmen erwartet man ein schnelles Gleichziehen dieses Landes mit Schweden und Dänemark im Hinblick auf die Versorgungsdichte der Kinder im Vorschulbereich.

Unsere politische Führung und andere Meinungsmacher sind in der Regel der festen Überzeugung, daß unsere Kinder gut versorgt sind. In gewisser Hinsicht ist dies richtig, aber Kritiker würden hinzufügen, daß es hier auf die gewählte Perspektive ankommt. Eine Beurteilung der aktuellen kindlichen Lebensbedingungen kann sich nicht auf einen Vergleich mit der Situation vor einem Jahrhundert beschränken; vielmehr muß auch ein Vergleich mit anderen Altersgruppen in der Gesellschaft berücksichtigt werden. Wenn man zum Beispiel Einkommensunterschiede betrachtet, dann sind die Ungleichheiten zwischen den Generationen in den nordischen Ländern nicht so groß wie dies in anderen Ländern, zum Beispiel in den angelsächsischen Ländern, der Fall ist. Aber es ist trotzdem eine Tatsache, daß Kinder häufiger als irgendeine andere Altersgruppe zu den unteren Einkommensklassen gehören. Und die Erfahrung in unserem wie auch in anderen Ländern zeigt, daß während der letzten beiden Jahrzehnte - also seit der ersten Ölkrise - die Alten einen größeren Anteil des Kuchens erhalten als die jüngeren Generationen. Aus Tabelle 2 sind die entsprechenden Daten ersichtlich (siehe auch Palmer u.a. 1988, OECD 1988; Hernandez 1993; Wintersberger 1994; Sgritta 1995; Ringen und Halpin 1995; Thomson 1996). Ich werde später noch einmal kurz auf die Diskussion über dieses Thema zurückkommen.

	-24	25-34	35-44	45-54	55-64	65-74	75+	Total
Kanada	22,7	13,1	11,8	9,5	10,6	11,2	12,1	12,1
(alte) BRD	14,5	7,2	4,2	4,5	7,3	12,7	15,2	7,2
Norwegen	16,8	5,5	3,5	3,5	3,3	7,3	4,8	4,8
Schweden	17,3	4,8	5,3	5,6	3,9	-	-	5,0
Großbritannien	11,6	7,9	7,3	5,2	5,6	16,2	22,0	8,8
USA	28,0	17,4	16,0	13,2	13,7	17,8	25,5	16,9

Tab. 2: Armutsrate nach Altersgruppe
* Die Armutsrate ist als Anteil (in Prozent) der Personen definiert, die in Familien leben, deren Nettoeinkommen geringer als die Hälfte des Durchschnittseinkommens aller Familien ist.

Quelle: Sgritta 1994, S. 349.

4. Die Interessen der Kinder

Ich glaube nicht, daß man im allgemeinen auf individueller Ebene - das heißt bei einzelnen Erwachsenen - eine tendenzielle Kinderfeindlichkeit feststellen kann. Vermutlich deuten viele Hinweise eher in die entgegengesetzte Richtung zum Beispiel, daß mehr Männer auch im Lebensalltag beginnen, 'Vater zu sein'. Trotzdem möchte ich nicht ausschließen, daß man gleichzeitig behaupten kann, daß die nordischen Länder nicht immer besonders kinderfreundlich sind. Dies mag paradox erscheinen, und der Grund für dieses Paradoxon ist auf unser Versagen zurückzuführen, zwischen dem Kind auf der einen Seite und Kindheit auf der anderen Seite zu unterscheiden. So kann z.B. eine zunehmende individuelle Kinderfreundlichkeit durchaus mit einer gleichzeitig zunehmenden strukturellen oder gesellschaftlichen Feindlichkeit gegenüber der Kindheit verbunden sein, und diese Tatsache charakterisiert genau jene Entwicklung, wie sie meiner Meinung nach in den meisten modernen Gesellschaften im berühmten 'Jahrhundert des Kindes' zu beobachten ist.

Ein Beispiel für die Ambivalenz dieser Entwicklung kann man im generativen Verhalten der Menschen entdecken. Wenn Zuneigung zu Kindern am Wunsch der Erwachsenen, ein Kind zu bekommen, gemessen würde, gäbe es viele Hinweise in unseren Ländern, daß der Wunsch, Vater oder Mutter zu werden, weit verbreitet ist. Dieses fast universelle Kinderwunsch-Denken steht im krassen Gegensatz zu einem sich über das ganze Jahrhundert erstreckenden abnehmenden Anteil an Kindern an der Gesamtbevölkerung, welche nur zum Teil auf die gleichzeitige Erhöhung der Lebenserwartung zurückzuführen ist. Vielmehr hat die durchschnittliche Anzahl der Kinder, die pro Frau geboren werden, abgenommen.

Es gibt gute Gründe für die Annahme, daß das generative Verhalten, wie es sich in den Altersstatistiken widerspiegelt, ein sehr sensibler Indikator für die Wahrnehmung *der Kindheit* in der Gesellschaft ist - wesentlich genauer als die Wahrnehmung von *Kindern* durch einzelne Männer und Frauen. Dies zeigt sich besonders dramatisch in Osteuropa und nicht weniger deutlich in der früheren DDR, wo sich die gesamte Geburtenrate halbiert hat.

Für Soziologen sind Paradoxien wie diese keine Überraschung. Für unsere Überlegungen bedeutet dies, daß sich die Bemühungen, Kindheit zu untersuchen und zu verstehen, nicht auf das Beziehungsverhältnis zwischen Kindern und ihren sogenannten Nächsten - wie Mütter, Väter, Geschwister, Altersgleiche, Lehrer usw. - beschränken darf. Vielmehr müssen wir auch das weitere gesellschaftliche Umfeld mit einbeziehen. Pointiert formuliert wäre zu empfehlen, daß Soziologen Kinder und Erwachsene statt Kinder und Eltern betrachten sollten; oder in anderen Worten: Kindheit und Erwachsensein oder Kindheit in der Gesellschaft anstelle von Kindern in Familie und Nahumwelt sollten der Fokus soziologischer Kindheitsforschung sein.

Diese Forderung beruht auch auf der Feststellung, daß alle Familienmitglieder mehr und mehr zu Akteuren in außerfamilialen Handlungszusammenhängen geworden sind, was wiederum zu einer neuen Interessenkonstellation geführt hat. Dies ist in den nordischen Ländern tatsächlich der Fall, und es läßt sich auch zeigen, daß wichtige Indikatoren dieser Entwicklung in diesen Ländern bereits relativ früh zu Tage traten. Neben - und in Zusammenhang mit - der abnehmenden Geburtenrate ist das Ansteigen der weiblichen Beschäftigungsquote äußerst wichtig für die *Wahrnehmung der Kinder und der Kindheit* - mit welchen Folgen diese Entwicklung auch immer verbunden sein mag: ob in den bereits erwähnten Richtungen, oder vielleicht sogar mehr noch in einem dritten Sinne, nämlich dem der Wahrnehmung der *Interessen* von Kindern oder der *Interessen*, die sich aus dem sozialen Tatbestand Kindheit ergeben.

Es mag für manche eine Überraschung sein, daß nicht die skandinavischen Länder, sondern ursprünglich Finnland durch die Kriegsfolgen die höchste weibliche Beschäftigungsquote hatte, und dies bereits zu einem Zeitpunkt, als das Land noch keine öffentlichen Betreuungsangebote für Kinder bereitstellen konnte. Norwegen hingegen war auch in dieser Hinsicht ein relativer Spätentwickler, während Dänemark und Schweden zu den ersten Ländern in Europa gehörten, die eine sehr hohe weibliche Beschäftigungsquote aufwiesen.

Von den Frauen (15 Jahre und älter) war in Finnland im Jahre 1960 jede zweite erwerbstätig, in Schweden und Dänemark war es jede dritte und in Norwegen jede vierte. Während der letzten dreißig Jahre bis heute sind die Quoten auf 65% in Norwegen und Finnland und auf 70% in Dänemark und Schweden gestiegen. 1960 war die Erwerbstätigkeit einer Frau noch sehr davon abhängig, ob diese Kinder hatte oder nicht, während dieser Faktor inzwischen wesentlich an Bedeutung verloren hat. In allen nordischen Ländern liegt die Beschäftigungsquote von Frauen im Alter zwischen 25 und 54 Jahren bei 80 bis 90%. Im Vergleich dazu lag diese Quote in Westdeutschland zum gleichen Zeitpunkt - kurz vor der Vereinigung - zwischen 50 und 60%, und sie war wesentlich deutlicher davon abhängig, ob es Kinder in der Familie gab oder nicht (siehe Qvortrup 1992, S. 34-35; Qvortrup 1994, S. 113-114).

Dänemark	Finnland	Norwegen	Schweden
86,6	84,4	79,4	87,6

Tab. 3: Anteil der erwerbstätigen Frauen im Alter zwischen 25 und 54 Jahren in den nordischen Ländern (in Prozent, 1993)

Quelle: Yearbook of Nordic Statistics, 1995, S. 82

Eur 12	B	DK	D	GR	E	F	IRL	I	L	NL	P	UK
62,5	59,0	84,4	68,7	48,4	48,4	69,6	50,2	49,0	53,6	60,6	66,4	71,5

Tab. 4: Anteil der erwerbstätigen Frauen im Alter zwischen 20 und 59 Jahren in der Europäischen Union (in Prozent, zirka 1993).
Quelle: Women and men in the European Union. A Statistical portrait. Brüssel, Luxemburg, 1995, S. 180

Zusätzlich zu den Männern und Vätern, die bereits berufstätig waren, verlassen nun auch Frauen und Mütter das Haus, um einer entsprechenden Erwerbstätigkeit nachzugehen. Diese Entwicklung führte offensichtlich zu der Frage, wer sich denn nun um die Kinder kümmern soll. Zur Lösung dieses Problems wurden während der 60er Jahre und besonders - wie bereits erwähnt - während der 70er und 80er Jahre große Anstrengungen unternommen, um Kindertagesstätten einzurichten. Sie sollte dem Wohl der Kinder dienen, und ich behaupte nicht, daß dies nicht der Fall ist. Wenn man aber der Chronologie der Ereignisse folgt und die Tatsache berücksichtigt, daß sie erst entstanden sind, nachdem Frauen erwerbstätig geworden sind, kann man nicht umhin zu sagen, daß Betreuungseinrichtungen für Kinder wohl eher den Eltern als den Kindern einen Nutzen bringen. Kinder wurden auch schon vor den Veränderungen auf dem Arbeitsmarkt versorgt - sogar in großer Anzahl - und wer weiß, wie die Kinder sich selbst entschieden hätten, wenn man ihnen dazu die Möglichkeit gegeben hätte?

Solche Fragen sind schwierig, wenn nicht sogar ketzerisch, weil sie nach der Vereinbarkeit der Interessen der Erwachsenen und der Kinder fragen, obwohl normalerweise angenommen wird, daß die einzige und beste Lösung für Kinder eine Ausweitung des Betreuungsangebots für Kinder sei. Wenn beide Eltern arbeiten, nehme ich an, daß es die beste Lösung ist. Aber man vergißt dabei zu fragen, ob es die einzige Lösung ist und sein muß. Diese Frage wird in den nordischen Ländern ernsthaft nicht gestellt; für Kinder bedeutet dies, daß sie, genau wie ihre Eltern, jeden Morgen das Haus verlassen müssen, um dann in einer völlig anderen Umgebung mit anderen Lebensformen zurecht zu kommen als es in früheren Zeiten der Fall war, und wie sie die Familie anbieten kann.

Die hiermit angesprochene Problematik wird dann am deutlichsten, wenn man von der Unvereinbarkeit von elterlicher Erwerbstätigkeit und außerhäuslicher Kinderbetreuung ausgeht, zumal dies nicht nur ein Zeitproblem, sondern auch ein Problem unterschiedlicher Interessen ist: Eltern haben natürlich ein Interesse daran, ihre Ausbildung in einen Job einzubringen und ihr individuelles Karrierestreben und ihre damit verbundenen Ambitionen zu verwirklichen. Keiner weiß allerdings, was die Kinder selbst wirklich *wollen* - auf jeden Fall werden ihre Wünsche nicht an erster Stelle beachtet, wenn es um die individuellen

Vorstellungen ihrer Eltern geht, auch wenn sie als Kinder von einem zusätzlichen Einkommen in ökonomischer Hinsicht profitieren, zumal dies natürlich einer der (wesentlichen) Gründe für Eltern sein kann, eine Erwerbstätigkeit aufzunehmen.

Es ist bezeichnend, daß der Koordinator des sogenannten 'Child Care Network' der EU, Peter Moss, über dessen Einrichtung bemerkte, daß es dem Netzwerk „auffälligerweise an jeglicher Interessenvertretung durch die Kinder fehle und deren Stellung als Bürger der Gemeinschaft nicht zum Ausdruck komme" (Moss 1991, S. 1). Dieses Versäumnis, welches zweifellos im Einklang mit den vorherrschenden kulturellen Selbstverständlichkeiten über die mütterliche Kinderversorgung steht, hat es erschwert, auch nur theoretisch über die Interessen der Kinder nachzudenken. Es ist tatsächlich so, wie die finnische Soziologin Alanen schreibt: „... das theoretische, feministische Projekt zur Befreiung der Frauen konnte nicht gleichzeitig auch noch die Befreiung der Kinder mit einbeziehen. Deshalb kam es nie zu einer eigenständigen Debatte über die 'Kinderfrage'" (Alanen 1992, S. 33).

In unseren nordischen Ländern herrscht eine gedankenlose Selbstzufriedenheit über das, was wir mit unseren Kindern anstellen. Die Wahrnehmung der Kinder als verletzlich führt zu immensen Schutzmaßnahmen, die man mit Heinrich Böll als *'fürsorgliche Belagerung'* bezeichnen könnte. Dies aber enthält Kindern in gewisser Weise ihr Menschsein vor und enthebt uns der Aufgabe, das Verhältnis zwischen Kindheit und Erwachsensein als ein dialektisches Verhältnis zu sehen. Auf diese Weise versäumen wir es, sowohl die Interessen der Kinder selbst zu untersuchen als auch wahrzunehmen, daß es vielleicht sogar die sehr komplexe, moderne Gesellschaft ist, die im Grunde so verwundbar ist, daß sie gegen ungehorsame und störende Kinder beschützt werden muß. Deshalb müssen Kinder in institutionalisierten und verhäuslichten Lebenszusammenhängen untergebracht werden, die dazu eingerichtet werden, um nicht nur Kinder vor Gefahren, sondern die Gesellschaft auch vor gefährlichen Kindern und Erwachsene vor ihrem schlechten Gewissen zu schützen. Es besteht kein Zweifel daran, daß die Betreuungseinrichtungen für Kinder fortbestehen werden, aber eine andere Sicht dieses Phänomens zwingt uns auch, danach zu fragen, ob diese primär im Interesse des Kindes existieren oder ob sie eher den Interessen der Wirtschaft und dem Ziel einer zunehmenden gesellschaftlichen Individualisierung zuträglich sind.

Der Glaube an die Überlegenheit dieses Systems ist bei den sogenannten fortschrittlichen Zeitgenossen so fest verwurzelt, daß er zu einem ideologischen Dogma werden konnte und daher kaum reflektiert wird. Auf die Kritik dieses Systems zum Beispiel von Seiten moralisierender Panikmacher aus Amerika, mancher christlicher Gruppen oder der konservativen politischen Fraktion soll an dieser Stelle nicht weiter eingegangen werden, weil sie meiner Meinung nach wesentlich mehr an der Familie als an Kindern interessiert sind. Auf der anderen Seite dient die Anerkennung dieses Systems durch Fortschrittliche unterschiedlicher Herkunft eher den sozialdemokratischen und feministischen Interessen als denen der Kinder. Wir brauchen daher Analysen, die sich in diesem Kreuzfeuer zwischen konservativem Familarismus auf der einen Seite und sozialdemokratisch-feministischem Individualismus auf der anderen Seite die *Interessen der Kinder* in den Blick nehmen.

Es gibt natürlich gute Gründe für ein solches Verhalten der modernen Erwachsenen. Was für einen exzellenten Ruf unser Wohlfahrts- und Sozialstaatsmodell auch haben mag, man muß dennoch zugeben, daß es - abgesehen von der Übereinstimmung mit persönlichen Wünschen - zu einer ökonomischen und normativen Notwendigkeit geworden ist, daß Väter und Mütter einer Erwerbstätigkeit nachgehen. Man kann sich kaum einen angemessenen Lebensstandard leisten, wenn man nicht über zwei Einkommen verfügt. Das bedeutet, daß Väter und Mütter wesentlich mehr Zeit außerhalb des Hauses für Erwerbsarbeit aufwenden müssen, um ein Konsumniveau zu erreichen, das dem von Familien ohne Kinder vergleichbar ist. Dies läßt den Schluß zu, daß Familien mit Kindern einer Gruppe angehören, welche einem sehr starken Zeitdruck unterliegt.

Familientyp	Land			
	Dänemark	Finnland	Norwegen	Schweden
verheiratet, kein Kind	100	100	100	100
Single	77	77	78	81
alleinerziehend, erwerbstätig 1 Kind, 6 Jahre alt	55	58	60	60
verheiratet, beide Eltern erwerbstätig 2 Kinder, 6 und 9 Jahre alt	58	59	59	59
verheiratet, Mutter nicht erwerbstätig, 2 Kinder, 6 und 9 Jahre alt	36	35	40	33

Tab. 5: Verfügbare Geldmenge pro Kopf in verschiedenen Familientypen und Ländern. Es wird das Einkommen von männlichen und weiblichen Erwerbstätigen berücksichtigt. (Index 1987)
Quelle: Qvortrup 1994, Tabelle 8.4, S. 158

Betrachtet man das verfügbare Familieneinkommen pro Konsument, so kann man feststellen, daß die Familien mit zwei Kindern und einem Alleinverdiener am schlechtesten gestellt sind. Aus diesem Blickwinkel werden Kinder unter der Hand als Konsumgut wahrgenommen, weil Eltern darüber nachdenken müssen, ob sie sich Kinder leisten können oder nicht, oder weil sie zwischen Kindern und einem bestimmten Lebensstandard wählen müssen. Diese Alternative wird als Wahlentscheidung bezeichnet - aber nota bene ist dies nur eine Wahlentscheidung der Eltern; die Kinder können nicht wählen.

Diese Feststellung unterstreicht nicht nur die geltende Familienideologie, indem Kinder als den Eltern gehörend betrachtet werden, obwohl sie mehr und mehr selbständig in Lebenszusammenhängen außerhalb der Familie agieren. Dieser Tatbestand hat auch, wie ich glaube, Auswirkungen auf andere ökonomische Zusammenhänge, die über die Familienökonomie hinausgehen. Die Anwesenheit von Kindern in vielen anderen Lebensbereichen ist nirgendwo kostenlos; und es gehört zur herrschenden Vorstellung über Kinder und Kindheit, daß die Eltern in letzter Instanz überall für den Unterhalt ihrer Kinder verantwortlich sind.

Die öffentlichen Ausgaben steigen ständig und das besonders in modernen Wohlfahrtsstaaten: Dies gilt für die Erziehung, das Gesundheitswesen und teilweise für Kinderbetreuungsangebote. Es wird deshalb von besonderem Interesse sein, die Entwicklung in den nordischen Ländern zu verfolgen und dies im Moment vor allem in Schweden und Finnland, wo die wirtschaftliche Rezession gerade deutliche Spuren hinterläßt. Wie werden Haushaltskürzungen zwischen den verschiedenen Haushaltsressorts aufgeteilt und ganz besonders zwischen den Generationen? Wie werden die Interessen von Kindern verteidigt?

Die definitive Antwort steht noch aus, aber gegenwärtig sieht es so aus, als ob Kinder und Familien mit Kindern ein unverhältnismäßig beliebtes Ziel solcher Kürzungen sein werden. Politiker versuchen normalerweise, die Konsequenzen zu trivialisieren, aber eine erste Studie aus Finnland zweifelt an, daß es für Familien mit Kindern nebensächlich sei, wenn Umfang und Qualität der Nahrung abnehmen, wenn Reparaturen von Gebäuden vernachlässigt werden, wenn Spielzeug und Mobiliar nicht erneuert werden, wenn die Familienhilfe und die Kinderbetreuung nach der Schule eingeschränkt werden, wenn die beaufsichtigten Spielplätze geschlossen werden usw. (siehe Salmi 1995a; Salmi 1995b). Die Abnahme der Versorgung mit Krippenplätzen in Finnland von 1991 bis 1993 stellt bereits eine solche Folge von Kürzungen dar (siehe Tabelle 1). Ein schwedischer Bericht aus dem Jahr 1993 konstatiert, daß die größten, absoluten Kürzungen im Bereich der Kinderbetreuungsangebote und der Grundschule vorgenommen wurden (siehe Hammarberg 1994). Björnberg bestätigt, daß die größten Kürzungen in den städtischen Haushalten während der Rezession (1990-1994) „ganz besonders auf Kosten der sozialen Fürsorge für Kinder gingen" (Björnberg 1995, S. 14). Vielleicht hätte man denken können, daß in einem klassischen Wohlfahrts- und Sozialstaat wie Schweden die Versorgung und Unterstützung von Kindern ein unanfechtbares Recht geworden ist, welches sogar ideologisch abgesichert und sakrosankt ist. Dies scheint aber keineswegs der Fall zu sein.

Meiner Meinung nach gibt es zwei Hauptgründe für den, sagen wir ungeschützten Status der Kindheit, sobald es um Verteilungskonflikte im Haushalt geht. Der erste Grund ist ein politisch-demographischer, der zweite ist ideologischer Natur. Politisch-demographisch gesehen beruht in demokratischen Gesellschaften die politische Macht auf Wahlen, die Macht gründet also prima facie auf den bloßen Zahlen der Wählerstimmen. Wenn es einen weiteren Anstieg des durchschnittlichen Alters nicht nur in der Gesamtbevölkerung, sondern besonders bei den Wahlberechtigten gibt, kann die Versuchung, den älteren Teil der Wähler zu bevorzugen, nicht übersehen werden. Außerdem ist es sehr interessant, die Geburtenrate zu beobachten - ganz besonders in Schweden, wo diese während der letzten Jahre angeblich aufgrund von guter Familienpolitik angestiegen ist. Wird sie weiter steigen oder wird sie wegen der härteren Zeiten rückläufig sein[3]?

Die politisch-ideologische Erklärung für die relativ großen Kürzungen bei der Versorgung von Kindern und Familien wurde bereits angedeutet. Da Kinder ihren Eltern gehören, hat das Gemeinwesen nur in Notfällen die Verpflichtung, Kinder zu unterstützen. Kinder haben als Personen keinen unmittelbaren Anspruch an den Staat. Kürzungen verstoßen also nur gegen normative Erwartungen, die sich während der Blütezeit des Wohlfahrts- und Sozialstaates aufgebaut haben, aber Staat und Gemeinden scheinen durch ein Wiedererstehen traditioneller Familienideologien gegen den Vorwurf, ihre Pflichten zu versäumen, geschützt zu sein. Letzten Endes sind Kinder die wirklich Verwundbaren, da ihnen unser System als solches keinen geschützten Lebensstandard bietet, auf welchen sie, als Kinder, einen Anspruch oder ein Recht haben - neben dem, was ihre Eltern leisten können.

Angesichts dieser Sachlage ist es hilft es wenig, daß die nordischen Länder berühmt geworden sind für ihre Initiativen zu neuen gesetzlichen Regelungen und Institutionen für Kinder. Der erste Ombudsmann für Kinder wurde vor 10 Jahren in Norwegen eingesetzt; auch in Schweden gibt es inzwischen einen, und 1994 beschloß Dänemark den sogenannten Kinderrat, welcher wahrscheinlich weniger politischen Einfluß als die Institution des Ombudsmann hat. Es ist die Aufgabe dieser Körperschaften, als Wachhund zu fungieren, besonders in bezug auf die Rechte der einzelnen Kinder. Das ist eine beschützende

---

[3] Ein nachträglicher Kommentar: Während ich eine schwedische Zeitung las, stach mir ein Artikel ins Auge, welcher aussagte: „Der Babyboom ist definitiv vorbei. Seit 70 Jahren ist die Geburtenrate nicht so rapide gesunken wie es 1995 der Fall war ... 8000 Kinder weniger wurden im letzten Jahr geboren und fast 20 000 weniger als vor fünf Jahren ... und dies ist gar nicht so befremdlich. Was werdende Mütter und Väter erwartet, sind geringes Kindergeld, Kürzungen für diejenigen, die mehrere Kinder haben, weniger Unterstützung der Eltern und geringere Hilfe für kranke Kinder". (*Dagens Nyheter* 29. Dezember 1995).

Funktion, aber es kann kaum die gesellschaftliche Partizipation der Kinder im Verhältnis zu der der anderen Generationen verbessern, vor allem können sie nicht größere Verteilungsgerechtigkeit herstellen.

Zusammenfassend und als Schlußfolgerung kann man sagen, daß es den nordischen Kindern in Zeiten des Wohlstandes vergleichsweise gut geht, jedenfalls bei der Betrachtung der traditionellen Indikatoren. Es gibt ein offensichtlich hohes öffentliches Bewußtsein für das Wohlergehen von Kindern, das sich zum Beispiel an der relativ guten Akzeptanz der UN-Konvention für die Rechte des Kindes zeigen läßt, auch wenn Dänemark weniger an diesem Papier interessiert war als seine Nachbarländer. Auf der anderen Seite muß immer noch auf den Durchbruch einer Wahrnehmung der Kinder als Bürger gewartet werden, die wie die erwachsenen Bürger Ansprüche an die gesellschaftlichen Ressourcen stellen können. Es wird viel über die Beteiligung der Kinder geredet, aber wenn es in härteren Zeiten zu einem wirklichen Test kommt, dann werden die öffentlichen Verpflichtungen - wie Beispiele aus Finnland und Schweden zeigen - wieder an die Privaten, an die Familien zurückgegeben, und Kinder werden ihrem jeweiligen Schicksal in ihrer Familie, in die sie hineingeboren wurden, überlassen.

Trotzdem hat das Wohlfahrts- und Sozialstaatsdenken nach wie vor einen festen Platz in allen nordischen Ländern, und deshalb ist nicht zu befürchten, daß die Kinder den direkten Marktkräften so ausgeliefert werden, wie es in den USA der Fall ist. Es besteht immerhin ein dringendes Bedürfnis danach, die Kindheit in die Zivilisationsdebatte einzubeziehen. Unter anderem will man Kinder davor bewahren, überproportional von den Kürzungsmaßnahmen im Zuge der Rezession getroffen zu werden. Kinder sollen auch nicht Opfer eines Fortschrittsdenkens werden, das die Kinder und ihre Belange unberücksichtigt läßt.

Das in den nordischen Wohlfahrts- und Sozialstaaten bereits Erreichte muß verteidigt werden: die Verbesserungen in der Bildung und Ausbildung, die positiven Seiten des Individualisierungsprozesses, der Säkularisierung, der Geschlechtergleichstellung, der Einbeziehung von Frauen in den Erwerbsprozeß etc. Was noch zu tun bleibt, ist dafür zu sorgen, daß auch Kindheit von Anfang an bei planerischen und politischen Maßnahmen mit in Betracht gezogen wird. Es gilt, Kindheit nicht nur als abhängige Variable in einer politisch-ökonomischen Gleichung zu verstehen, die man nur dann berücksichtigt, wenn es gerade paßt. Wir halten es in den nordischen Ländern nicht aus, daß Kinder verletzt oder beleidigt werden; ihnen aber Rechte zuzugestehen, die unsere ohnehin leicht verwundbare Erwachsenenordnung ins Wanken bringen würde, wäre für uns eine Zumutung.

Literatur

Alanen, Leena (1992): Modern Childhood? Exploring the „Child Question" in Sociology. Jyväskylä (University of Jyväskylä).

Björnberg, Ulla (1995): „Children's rights in dual earner family contexts in Sweden". Paper to International Seminar Children on the Way from Marginality towards Citizenship. Chateau Montebello, Kanada,16-20 Oktober 1995.

Hammarberg, Thomas (1994): „Rika länder sviker barnen" [Reiche Länder lassen Kinder im Stich]. Dagens Nyheter, 21.4.1994.

Hernandez, Donald J. (1993): America's Children. Resources from Family, Government and the Economy. Russell Sage Foundation: New York.

Kierkegaard, Søren (1962 [1843]): Diapsalmata in Enten - Eller. Samlede Værker, [Entweder - Oder. Gesammelte Werke] Band 2. Gyldendal: Kopenhagen.

Larsen, Joachim (1984 [1899]): Bidrag til den danske skoles historie [Beiträge zur Geschichte der dänischen Schule]. Band 3, 1818-1898. Unge Pædagoger: København.

Moss, Peter (1991): Paper (without title) presented at International Seminar, Florence, Februar 20-23, 1991. Published as „Lavoro e responsabilità familiari: i servizi per l'infanzia nella Communità Economica Europea" in Politiche Sociali per L'infanzia e L'adolescenza. Milano: Edizioni Unicopli.

OECD (1988): Ageing Populations: The Social Policy Implications. OECD: Paris.

Palmer, John L./ Timothy Smeeding/ Barbara Boyle Torrey (Hrsg.) (1988): The Vulnerable. The Urban Institute Press: Washington, D.C.

Qvortrup, Jens (1992): Børn og unge. En international perspektivering [Kinder und Jugendliche. Eine internationale Perspektivierung]. Sydjysk Universitetscenter/Socialforskningsinstituttet: København.

Qvortrup, Jens (1994): Børn halv pris. Nordisk barndom i samfundsperspektiv [Kinder zum halben Preis. Nordische Kindheit in gesellschaftlicher Perspektive]. Sydjysk Universitetsforlag: Esbjerg.

Qvortrup, Jens/ Marjatta Bardy/ Giovanni Sgritta/ Helmut Wintersberger (Hrsg.) (1994): Childhood Matters: Social Theory, Practice and Politics. Avebury: Aldershot.

Ringen, Stein/ Brendan Halpin (1995): The Standard of Living of Children. A study in the well being, family and measurement. Department of Applied Social Studies and Social Research, University of Oxford.

Salmi, Minna (1995a): „Depression och barn: kan man fråga barn om det som är svårt?" [Depression und Kinder: kann man Kindern fragen über das, was schwierig ist?] Paper to 8th Nordic Research Seminar on Social Policy. Hässelby, Stockholm 9-11 Februar, 1995.

Salmi, Minna (1995a): „ Barn i den ekonomiska depressionen „ [Kinder in der ökonomischen Depression]. Paper to 18th Nordic Congress of Sociology, Heksinki, 9-11 Juni, 1995.

Sgritta, Giovanni (1994): „The Generational Division of Welfare: Equity and Conflict", in Qvortrup et al. (1994).

Sgritta, Giovanni (1995): „New Forms of Social Organization and Interpesonal Relationships in Ageing Societies". Paper to European Population Conference, Milano, 4-8 September, 1995.
Thomson, David (1996): Selfish Generations? How Welfare States Grow Old. White Horse Press: Cambridge forthcoming.
Wintersberger, Helmut (1994): „Costs and Benefits - The Economics of Childhood" in Qvortrup et al. (1994).

Andreas Lange

Formen der Kindheitsrhetorik

Was erfährt man heute als interessierter Zeitgenosse, wenn man den Medien als zentralem "interdiskursivem System der Gesellschaft" (Brand 1995) Gehör schenkt, über das Kindsein, über die Kinder?[1] Ohne Übertreibung kann man sagen, daß in erster Linie negative Schlagzeilen und skandalisierende Formeln über diese Lebensphase transportiert werden. So wird in einem Beitrag des Spiegel (selbstkritisch?), konzediert, daß Radio, Fernsehen und Zeitungen jeden Tag neue Schreckensmeldungen produzieren, und zwar (a.a.O., 41):

- " von 'Monsterkindern', die ihre Eltern terrorisieren;
- von 'Kindergarten-Rambos', die am liebsten montags aggressionsgestaut Spielgefährten verprügeln;
- von 'Nazi-Kids', die wirklich das Fürchten lehren;
- von 'Nesthockern', die lebensuntüchtig und egoistisch das 'Hotel Mama' nicht verlassen wollen;
- von kindlichen 'Narzißten', die grandios tun, deren Selbstbewußtsein aber bei der geringsten Trübung auf Null fällt;
- Von 'Vermeider-Kindern', die sich allen Anforderungen entziehen, als könnte man die Probleme mit der Fernbedienung einfach wegzappen;
- von 'Eltern-Kindern', die so altklug und erwachsen auftreten, weil sie einen Elternteil den Partner ersetzen."

Noch eindeutiger und weniger medienselbstkritisch setzt die Journalistin Aanderud (1995) ein, um den Leser zu überzeugen, wie es um die heutige Kindheit bestellt ist. Unter der bezeichnenden Kapitelüberschrift "Die verlotterte Gesellschaft" bombardiert sie uns mit folgender Suada:

"Das Klima in unserer Gesellschaft wird kälter - und gewalttätiger. Eine wachsende Zahl von Kindesmißhandlungen und Aggressionen bereits der Kleinsten gegeneinander, rechtsradikale Tendenzen bei Jugendlichen und

---

[1] Für Ermutigungen, dieses Thema anzupacken, Hinweise auf Literatur und inhaltliche Kommentare möchte ich mich an dieser Stelle bei Kurt Lüscher (Konstanz), Michael Honig (München) sowie Helga Zeiher (Berlin) bedanken.

ein eklatanter Verfall verbindlicher Werte in allen Bereichen unserer Gesellschaft - das sind die extremen Eckdaten, innerhalb derer sich heute Erziehung vollzieht..."

Nach einer Reihe weiterer "Belege zur Zustandsbeschreibung" fragt sie: "Sind wir von allen guten Geistern verlassen? Wie gehen wir mit unseren Kindern um?"

1. Kindheitsrhetorik als Herausforderung für Wissenschaft und Alltagspraxis

Im vorliegenden Aufsatz werden explorative Überlegungen zu gesellschaftlichen Kommunikationen über Kinder und Kindheit vorgelegt, wobei wissenssoziologische und konstruktivistische Bezüge erkenntnisleitend sind. Es wird dazu das Konstrukt der Kindheitsrhetorik benutzt. Drei grundsätzliche Formen der Kindheitsrhetorik lassen sich unterscheiden: eine journalistische, eine professionsgestützte sowie eine spezielle sozialwissenschaftliche Kindheitsrhetorik.

Abschließend werden mögliche Erträge einer Beschäftigung mit Kindheitsrhetorik, vor allem an der Schnittstelle von Sozialwissenschaft und Öffentlichkeit aufgezeigt und Perspektiven der weiteren Erforschung von Kindheitsrhetorik skizziert.

Der pragmatische Hintergrund für eine Analyse der Diskurse über Kinder und Kinderleben mittels des Konzeptes der Kinderrhetorik liegt in folgendem Sachverhalt: Das Thema Kindheit steht derzeit hoch im Kurs. Eine Flut von Veröffentlichungen, mit teilweise schon bilanzierendem und kodifizierendem Charakter, sowie öffentlichen Anhörungen, Enquêtekommissionen, beispielsweise in Baden-Württemberg (Institut für Stadtplanung und Sozialforschung Weeber & Partner 1995) und Symposien zeugt davon. Ich möchte an dieser Stelle das Handbuch der Kindheitsforschung (Markefka/ Nauck 1993) und das populärwissenschaftliche Pendant des Deutschen Jugendinstitutes (DJI 1993) nennen. Dazu kommt eine Reihe von empirischen Monographien, die sich in erster Linie dem kindlichen Alltagshandeln in unterschiedlichen Kontexten zugewandt haben (Fölling-Albers et al. 1995; Du Bois-Reymond et al. 1994; Zeiher/ Zeiher 1994) sowie umfassende Ansätze zu einer Sozialberichterstattung über Kindheit (Nauck 1995). Und nicht zu vergessen, eine stattliche Anzahl von journalistisch geprägten Texten und schließlich eine Mischung aus wissenschaftlicher Analyse und Professionspolitik. Sie alle zeichnen Bilder von Kindern und Kindheit und tragen so zur gesellschaftlichen Wahrnehmung von Kindern und Kindheit bei. Versucht man eine explizit zeitdiagnostisch angelegte Skizze der Situation von "Kindheit heute", kommt man nicht daran vorbei, sich auch mit den Inhalten und Wirkungsmechanismen auseinanderzusetzen, welche das öffentliche Argumentieren und das ihm zugrundeliegende Wissen prägen, und die Wahrnehmung der Kindheit durch Individuen, sei es als Eltern, als Lehrer oder Sozialpädagogen, bestimmen.

Das Konstrukt der Kindheitsrhetorik ist eine Anwendung und Analogie zu demjenigen der "Familienrhetorik", welches im Zusammenhang von Arbeiten am Forschungsschwerpunkt "Gesellschaft und Familie" entwickelt wurde. Die Idee zur Familienrhetorik ihrerseits war in lockerer Anknüpfung an Vorarbeiten in der angloamerikanischen Literatur (Gubrium/ Holstein 1990) erarbeitet worden. Eine förmliche Definition von Familienrhetorik wurde von Lüscher (1995a) vorgelegt. Sie dient als Anregung für die folgende Definition:

Das sozialwissenschaftliche Konstrukt "Kindheitsrhetorik" bezeichnet Texte, Bilder und Reden über Kinder, Kindheit und spezifische Phänomene des Kinderlebens, welche

- in expliziter, teilweise impliziter, teilweise verdeckter Form Kindheit bewerten,

- indem sie beschreiben, wie Kinder leben, leben sollten und leben könnten,

- und damit direkt und indirekt zu Interventionen aufrufen.

Zur Operationalisierung und Konzeptualisierung von Kindheitsrhetorik ist, in enger Anbindung an das Konzept der Familienrhetorik, zweierlei festzuhalten:

Nicht jedes Reden über Kindheit und Kinder soll als Kindheitsrhetorik bezeichnet werden, dies gilt in besonderer Weise für Unterhaltungen im privaten Bereich. Diese Kommunikationsform kann allerdings von Kindheitsrhetorik beeinflußt sein. Studien zur Rezeption und Nutzung von Erziehungs-/Sozialisationswissen im Alltag (Lüders 1994) könnten vor diesem konzeptuellen Hintergrund re-interpretiert werden.

Auch das wissenschaftliche Schreiben und Reden über Kindheit ist vorab nicht als Kindheitsrhetorik zu verstehen, solange es nicht in erster Linie darauf abzielt, normative Vorgaben zu machen. Wissenschaftliche Texte werden jedoch oftmals selektiv rezipiert und vor allem instrumentalisiert.

Das wissenschaftliche Schreiben über Kindheit kann dennoch unter rhetorischen Gesichtspunkten analysiert werden. Allerdings bedarf es dazu des Rückgriffs auf eine spezifische wissenschaftliche Sichtweise, die "rhetorics of science", welche eine konsequente Weiterentwicklung wissens- und wissenschaftssoziologischer Überlegungen darstellt. Sie wird am Ende des Beitrags als analytisches Instrument zur Decodierung des wissenschaftlichen Schreibens und Argumentierens im Diskursfeld "Kindheitsforschung" vorgestellt.

Die beiden zu Beginn angeführten Beispiele zeigen in diesem Sinne einen wichtigen Ansatz- und Begründungspunkt zur Analyse von Kindheitsrhetorik auf: Die direkten, lebensweltlich fundierten Erfahrungen der Generationen miteinander werden in der "Multioptionsgesellschaft" (Gross 1994), oder auch "Wissensgesellschaft" (Stehr 1994) und, speziell für unser Thema wichtig, in der "Dynamik der Kommunikationsgesellschaft" (Münch 1995) ergänzt um massenmedial vermittelte Diagnosen und Bewertungen des Kindes und des Jugendlichen, aber auch des Erwachsenen. Diese stehen ihrerseits in einem engen Verhältnis zu spezifischen sozialen Konstruktionen des Kindes, die von Erwachsenen geschaffen wurden und werden.

Die potentiellen Konsequenzen, also die Handlungsmächtigkeit von Konstruktionen ist von Scholz (1994: 9) treffend umschrieben worden:

> "Das Kind ist zumeist Adressat von Zumutungen, da mit ihm die Chance eines jeweiligen Neubeginns verbunden scheint. Auf Kinder wird die Hoffnung übertragen, jene Aufgaben zu übernehmen, deren Bewältigung die Generation der Erwachsenen sich im Rahmen ihrer Sinngebung vornimmt."

Ich werde im folgenden zwei eng miteinander verwandte Theoriebausteine benutzen, um etwas über die Inhalte, Wirkungsmechanismen und Konsequenzen öffentlichen Redens und Schreibens über die Kindheit und die Kinder aussagen zu können, und zwar zuerst bezogen auf die offensichtliche journalistische Form der Rhetorik. Denn das war der eigentliche Auslöser zur Beschäftigung mit Kindheitsrhetorik: Das gewaltige, teilweise dramatische Auseinanderklaffen zwischen den Diagnosen in den Massenmedien und Populardarstellungen und dem mir jeweils zugänglichen Stand der Forschung in einigen ausgewählten inhaltlichen Sachgebieten. Insbesondere was die Behauptungen über die Auswirkungen veränderter familiärer Formen und Bedingungen des Aufwachsens, die Folgen neuer Medien und das veränderte Muster individualisierter Lebensführung von Kindern angeht, lassen sich viele der populären Aussagen über Kindsein heute, wie sie oftmals in Form von Überbietungsspiralen anzutreffen sind, zumindest nicht in dieser Eindeutigkeit aufrechterhalten (Lange 1995a, b).

Das Instrumentarium, das es uns erlauben soll, etwas über die Mechanismen des öffentlichen Redens über Kindheit zu erfahren, ist einerseits die Wissenssoziologie und die mit ihr eng verknüpfte neue sozialwissenschaftliche Rhetorikanalyse, andererseits eine Theorie der Wahrnehmung und Produktion sozialer Probleme in der modernen, von Kommunikationstechniken geprägten Öffentlichkeit. Im Verbund auf den gegenwärtigen Diskurs um Kindheit in der (postmodernen) Gesellschaft angewendet, eröffnen diese theoretischen Perspektiven Zugänge zu ansonsten implizit und unthematisiert bleibenden Zusammenhängen.

2. Theoriebausteine: Wissens- und Wissenschaftssoziologie, Konstruktivismus und der Brückenschlag zu einer Theorie sozialer Probleme

Befassen wir uns in der hier gebotenen Kürze mit dem ersten Theoriebaustein, der uns helfen soll, die gegenwärtigen Debatten besser einordnen zu können.

Die Wissenssoziologie sowie die ihr verwandten Disziplinen der Rhetorik- und Diskursanalyse sind Ansätze, die davon ausgehen, daß soziale Realität von den in Lebenswelten sinnhaft handelnden Menschen geschaffen und in symbolischer Form, in unterschiedlichen Wissensformen tradiert wird. Es gibt aus dieser Sichtweise betrachtet keine "natürlichen" Sachverhalte in der Sozialwelt, alle haben ihren Ursprung im Handeln und Interpretieren des Menschen.

In der neueren Wissenssoziologie, deren Entstehung untrennbar mit der bahnbrechenden Publikation von Peter Berger und Thomas Luckmann "Die gesellschaftliche Konstruktion der Wirklichkeit" (1978) verbunden ist, setzte sich eine pragmatische Orientierung in der Gegenstandsbestimmung der Wissenssoziologie durch. Es geht hierbei, grob gesagt, darum, die interne Struktur und Verteilung des Wissens in der Gesellschaft, in Sozialgebilden und bei den Individuen zu untersuchen. Es wird nicht mehr in erster Linie, wie in den frühen Entwürfen einer Wissenssoziologie, danach gefragt, inwieweit Wissen eine verzerrte Abbildung der Realität bei einzelnen gesellschaftlichen Gruppen, beispielsweise aufgrund ihrer Stellung im Klassengefüge darstellt. Im Lichte der pragmatischen Reorientierung rückt das deutende Moment im Handeln der Menschen in den Vordergrund der Betrachtung. Es wird davon ausgegangen, daß Menschen aufgrund ihrer Interpretation sozialer und nichtsozialer Sachverhalte tätig werden, und dies ist ein Gedanke, der sich auf das Thema Erziehung und Sozialisation unschwer beziehen läßt (Lüscher 1995b).

Eine weitere Leitidee der neueren Wissenssoziologie liegt darin, daß ein umfassender Begriff von Wissen zum Tragen kommt. Nicht alleine die großen Systeme des Denkens, Weltanschauungen, Glaubenssysteme religiöser Art werden thematisiert. Ins Fadenkreuz der analytischen Arbeit rücken vielmehr die alltagsweltlichen Wissensbestände.

So bahnbrechend und folgenreich dieser Entwurf einer Wissenssoziologie gewesen ist, erscheint er in einem Punkte aus heutiger Warte ergänzungsbedürftig, und dies gilt in ganz besonderem Maß für unser Thema Kindheit: Unsere gegenwärtige Gesellschaft zeichnet sich durch eine massive Bedeutungszunahme wissenschaftlichen und theoretischen Wissens aus (Stehr 1994). Dies macht wissenschaftliche Theorien selber, aber auch die daraus sich ergebenden komplexen Mischformen in der Gestalt von Weltanschauungen etc. zu einem wichtigen Thema der Wissenssoziologie an der Schnittstelle von individuellem Wissen und gesellschaftlichem bzw. institutionellem Wissen (Flick 1995; Moscovici 1995).

Was bedeutet diese grob skizzierte sozialwissenschaftliche Herangehensweise? Zumindest das folgende: Während wir uns im alltäglichen Miteinander ohne große Anstrengungen darüber einigen können, was mit den Begriffen Kind oder Kindheit, Jugend und Jugendlicher gemeint ist, erfordert, ja erzwingt eine soziologische bzw. sozialwissenschaftliche Bestimmung ein reflexiveres Vorgehen. Dieses reflexivere Vorgehen im Sinne einer Offenlegung des jeweiligen Verständnisses fundamentaler Komponenten und Wesensmerkmale von Kindheit und Jugend, so die hier vertretene These, wird insbesondere auf der Basis wissenssoziologischer und konstruktivistischer Perspektiven möglich. Was wissen wir, was weiß "jedermann" heute über Kindheit, welche Quellen hat dieses Wissen? Das sind die Schlüsselfragen des analytischen Unterfangens.

Auf das Thema Kindheit und Jugend im Wandel, sowie die daraus ableitbaren Konsequenzen übertragen bedeutet dies zusätzlich: Es ändert sich nicht nur die faktische Kindheit, sondern auch die Vorstellungen von Kindheit sind einem ständigen Wandel unterworfen, wobei beide Prozesse in einem wechselseitigen Austauschverhältnis zueinander stehen. Cahan/ Mechlin/ Sutton-Smith/ White (1993: 193) unterstreichen die Bedeutung dieses Abrückens von einer „natürlichen" Einstellung gegenüber Kindheit.

> "This everyday view of the child is loosing its scholarly legitimation. The academic disciplines that study the child are increasingly inclined to view that child not as a natural object but as a social object, not as the product of developmental, biological forces alone, but as a fiction constructed just as much by social and historical forces located in time and space."

Nicht zuletzt sozialgeschichtliche und mentalitätsgeschichtliche Forschungen haben die Notwendigkeit der Diskussion um die gesellschaftliche Konstitution des Gegenstandes Kindheit aufgezeigt (Ariès 1978; Berg 1991): Inhalt und zugeschriebene Wesensmerkmale der Lebensphase Kindheit sind in vielfältiger Weise von den jeweilig dominierenden historisch-kulturellen Lebensbedingungen der betrachteten Epoche abhängig. Kindheit kann nicht über Zeit und Raum hinweg als Konstante angesehen werden.

Lenzen (1994: 143) hat mit Vehemenz auf die Konsequenzen dieses Denkansatzes verwiesen und sehr anschaulich vorgeführt, was mit der Redeweise von der Konstruiertheit von Kindheit und Kindern angesprochen ist:

> "Wir konzipieren uns als Erwachsene, wenn wir behaupten, daß es Kinder gibt. Wenn wir beschreiben, was ein Kind ausmacht, dann beschreiben wir unausgesprochen auch, was ein Erwachsener ist. Noch weiter: Wenn wir behaupten, die Organismen, die wir Menschen nennen, durchliefen eine Lebensphase, die durch die Abwesenheit bestimmter Merkmale gekennzeichnet sei, dann konstruieren wie ein Bild vom normalen Menschen. Zu definieren, was ein Kind ist, heißt also etwas zu konstruieren, das Kind, den Erwachsenen, den Menschen. Das Ergebnis sind Konstrukte. Was bedeutet das für die wissenschaftliche Auffassung davon, was ein Kind ist? Das Konstrukt Kind ist nicht im empirischen Sinn wahrheitsfähig. Denn es gibt keine wissenschaftliche Forschungsmethode, mit der man zweifelsfrei nachweisen könnte, was ein Kind ist und was nicht. Da sich in das Verständnis vom Kind, wie gesagt, immer eine Normalvorstellung einschleicht, reden wir also nicht nur über das, was der Fall ist, sondern auch darüber, was der Fall sein soll. Es ist deshalb vom Boden der Wissenschaft aus nicht möglich zu definieren, was ein Kind ist."

Worin liegt die Bedeutung dieser Behauptung?
Mehr oder weniger ausgearbeitete und sozial geteilte Konstrukte und Vorstellungen vom Kind steuern und fokussieren die individuelle und gesellschaftliche Wahrnehmung aktueller Phänomene des Kinderlebens. Sie dienen so meist stillschweigend als Standards der Einordnung und der Bewertung von Entwicklungen im gesamten gesellschaftlichen, auf Kinder potentiell ausstrahlenden Feld. Mit der Redeweise von der "Konstruktion" wird keine Beliebigkeit unterstellt, etwa unter Absehung grundlegender anthropologischer Fakten, es wird vielmehr auf die zutiefst sozial verankerte, mit Interessen der Erwachsenen verknüpfte Form der Definition von Kindheit hingewiesen.

Akzeptiert man dieses in groben Zügen entwickelte wissenssoziologische Raster, so stellen sich systematische Forschungsfragen: Welches Konstrukt von Kind herrschte zu welcher historischen Epoche? Welche "Konstrukteure" haben beispielsweise dazu beigetragen, daß Kindheit heute als besonders schützenswerter Altersabschnitt innerhalb des Lebenslaufes verstanden wird, sich also eine Rolle des Kindes (Lüscher 1975) historisch festschreiben konnte? Woher kommt beispielsweise der Gedanke des Kinderschutzes? Welche Konstruktionsleistungen haben zu einer derart intensiven Betonung der Mutter-Kind-Linie geführt? (Niestroj 1994) (historisch-genetische Fragestellung)? Welche Vorstellungen von Kindheit, und korrespondierend dazu vom Kind und dessen angemessener kindgerechter Lebensführung, lassen sich heute bei identifizierbaren gesellschaftlichen Gruppen, Professionen und Institutionen nachweisen? (aktuelle gesellschaftsdiagnostische Fragestellung) Welche Konstrukte werden heute in praxisrelevanten Feldern benutzt, um Maßnahmen für Kinder zu rechtfertigen? (s. als Beispiel Eckert-Schirmer 1995 für das Konzept des Kindeswohls).

Eine heuristisch aufschlußreiche Klassifikation von Kindheitsbildern und Kindheitskonstruktionen hat Best (1994:9) vorgelegt. Sie besitzt den Vorzug, den Bogen zu schlagen zwischen bloßer Dekonstruktion einzelner Diskurse und der gleichermaßen wichtigen Analyse des Zusammenhangs zwischen Konstruktion und Problemdefinition: „Claims about social problems tend to depict children in particular ways, and different sorts of claims tend to come from different claimsmakers." Prägnant formuliert: Soziale Typisierungen und Zuschreibungen über Kinder lenken auch soziale Problemdiagnosen zur Kindheit heute. Dies ist eine der wohl mächtigsten Handlungskonsequenzen, die von sozialen Konstruktionen ausgehen kann.

Folgende Typen von "troubled children" werden von Best (1994: 10ff) unterschieden

(1) Das rebellische, aufsässige Kind
Sie widersetzen sich den Erwachsenen, rennen von daheim weg, haben sexuelle Beziehungen, brechen das Gesetz und nehmen entsetzliche Wahlen im Geschmacksbereich vor (Kleidung, Musik). Diese abweichenden Handlungen sind der Ansatzpunkt für die notwendige Kontrolle durch die Erwachsenen, Geset-

ze, Jugendjustizmaßnahmen. Aber insgesamt gesehen wird dieses Muster eher auf ältere Kinder, Adoleszente angewandt. Tritt das rebellische Verhalten erwartungswidrig auch bei jüngeren Kindern auf, dann wird das externen Ursachen zugeschrieben, die aus dem eigentlich guten Kind ein böses machen.

(2) Das benachteiligte Kind (deprived child)
Sie sind der Armut, Krankheit, Behinderung oder anderen Mißgeschicken ausgesetzt, die ihr Leben einschränken. Hier liegt es seitens der „claims-makers" nahe, eher auf soziale Wohlfahrt und Sozialpolitik zu setzen als auf rechtliche Disziplinierungsmaßnahmen. Dies scheint mir ein Bild zu sein, das heute einen großen Teil des Diskurses steuert.

(3) Das kranke Kind
Der Aufstieg der Medizin im zwanzigsten Jahrhundert hat auch zu einer zunehmenden Rahmung von Problemen in einer medikalisierten Form beigetragen. Die Effizienz von medizinischen Therapien und Maßnahmen machte diese auch für ein breites Spektrum kindspezifischer Probleme attraktiv. So ist es nicht weiter erstaunlich, daß sowohl Schulprobleme als auch Familiengewalt "medikalisiert" worden sind, denn "... medicalization is consistent with the sentimental vision of the innocent, blameless child" (S. 10). Auch dieser Zweig dürfte in Zukunft noch an Bedeutung für die Definition kindlicher Problemlagen gewinnen. Eine eindrucksvolle Fallstudie für die Medikalisierung und für das Wirksamwerden pathologisierender Zuschreibungen hat Bühler-Niederberger (1991) am Beispiel des Deutungsmusters "Legasthenie" vorgelegt.

(4) Das Kind als Opfer
Bedroht von Kindesmißhandlern, sexuell Perversen und anderen schlimmen Erwachsenen ist auch das Kind als Opfer nicht für sein Handeln und sein Leid verantwortlich; seine Verletzbarkeit steht im Einklang mit der sogenannten sentimentalen Sicht auf Kindheit. Reformer setzen darauf, die Selbsthilfe von Kindern (in gefährlichen Situationen) zu stärken und die potentiellen Übeltäter zu stigmatisieren und auszugrenzen.

Best (1994: 18) macht aber noch auf einen weiteren Punkt aufmerksam, der bei systematischen Begründungen einer Politik für Kinder immer wieder auffällt:

> ..."because many people are more willing to help innocent, vulnerable children than they are to aid adults (who may be considered partly to blame for their own problems), contemporary claimsmakers often find it useful to focus on how some condition affects children, even where affected adults outnumber children."

Das sentimentale Bild vom Kind als eines verletzlichen, prinzipiell guten Wesens, wird als rhetorische Ressource eingesetzt. Der gesellschaftliche Wert von Kindern und ihre Vulnerabilität statten sozialpolitische Problemdefinitionen, die auf ihre Bedrohung durch einen umschriebenen Sachverhalt (sei es die Umweltkatastrophe, sei es die öffentliche Armut oder aber die nukleare Bedrohung) verweisen können, mit einer starken zusätzlichen rhetorischen Wirkungskraft aus.

Um die spezifischen Darstellungsformate von Kindheitsrhetorik verstehen zu können, müssen nun diejenigen Systeme, in denen die Kommunikation zwischen Problemdefinierer und Adressat stattfindet, einer näheren Betrachtung unterzogen werden. Deren Funktionsgesetzlichkeiten sind für alle Formen der Kindheitsrhetorik von Belang. Es sind dies die Systeme der Massenmedien, die kindheitsbezogenen Professionen und der Sozialwissenschaften.

3. Die "Eigenwerte" des Systems der Massenmedien und die journalistische Kindheitsrhetorik

Wenn man verstehen will, warum bestimmte mediale Darstellungsformate und damit eng verkoppelt bestimmte Bilder von Kindheit sich hartnäckig auf der Bühne behaupten können, obwohl die sozialwissenschaftliche Befundlage zu den einzelnen Behauptungen alles andere als eindeutig ist (siehe hierzu Lange 1995a), scheint folgende Überlegung gewinnbringend zu sein. In der Theorie sozialer Probleme hat sich die Einsicht durchgesetzt, daß die begrenzte Kapazität von öffentlichen "Arenen" zu einer Selektion von Themen führt, die überhaupt angesprochen und "veröffentlicht" werden können. Die Soziologen Hillgartner/ Bosk (1988) haben hierzu ein anschauliches Modell der "Problemkonjunkturen" entwickelt. Neben institutionellen Faktoren wie Macht und Einfluß sowie Ressourcenausstattung der Problemdefinierer spielt die Art und Form der Argumentationsketten und Deutungsmuster eine bedeutende Rolle im Prozeß der Entwicklung öffentlicher Aufmerksamkeit. Sie müssen sich nämlich, wenn sie in der öffentlichen Kommunikation wirksam werden sollen, an die Funktionsprimate der modernen Kommunikationsmittel anschmiegen. Dies hat nach Neidhardt (1994:17) die Konsequenz:

> "Unter Konkurrenzdruck versuchen die Öffentlichkeitsakteure, die von ihren Interessen her bestimmten Beiträge bei einem großen Publikum, das zumindest ihre Zielgruppen möglichst vollständig erfaßt, erfolgreich abzusetzen. Sie müssen im Hinblick darauf mit ihren Beiträgen sowohl interessanter und wichtiger als auch kompetenter und glaubwürdiger erscheinen als ihre Mitkonkurrenten. Das gelingt nur in dem Maße, in dem sie sich den Gesetzmäßigkeiten öffentlicher Kommunikation anpassen - Gesetzmäßigkeiten, die bestimmt sind durch die Kontingenz, die Heterogenität und den Laienstatus des Publikums, die Eigengesetzlichkeiten der Massenmedien und die um Aufmerksamkeit und Zustimmung konkurrierenden Beiträge einer mehr oder weniger großen Zahl von Mitspielern."

Best (1990: 41) meint, daß die jeweiligen Lobbyisten und claims-makers diese "story suitability" sehr wohl schon vorab berücksichtigen: „Obviously, claims prepared with the media's practices in mind are more likely to get coverage."

Dazu werden bestimmte Thematisierungs- und Überzeugungsstrategien - Luhmann (1995) spricht in ähnlicher Absicht von den "Selektoren" der Massenkommunikation - eingesetzt:

a) Thematisierungsstrategien
Sie werden benutzt, um Aufmerksamkeit für Themen zu erzielen und damit ein Publikum für das Problem zu konstituieren. In der heutigen Kommunikationökologie, in welcher um die Aufmerksamkeit des Publikums konkurriert wird, müssen starke Betroffenheiten suggeriert werden und drastische Differenzen, Ausmaße behauptet werden, um vom Publikum überhaupt wahrgenommen werden zu können. Dies geschieht durch linguistische Mittel wie Übertreibungen, Formulierung extremer Fälle: Etwas wird als brandneu, bislang komplett unbekannt geschildert (Pomerantz 1986). Auf der übergeordneten Ebene der Auswahl und Konstruktion der Themen sind strukturelle Präferenzen der folgenden Art bestimmend: Die Bevorzugung des Neuen und Überraschenden, die Überbetonung von Konflikten und spektakulären Fällen, die Dramatisierung von Folgen, insbesondere dann, wenn sie für das Publikum Schaden bedeuten könnten und deshalb Angst machen.

b) Überzeugungsstrategien
Sie werden entworfen und praktiziert, um Meinungen zu den Themen durchzusetzen, die in der Öffentlichkeit behandelt werden, und um Positionen zu markieren. Insbesondere müssen hierzu Feststellungen als richtig, Erklärungen als plausibel, Bewertungen als legitim, Folgerungen als notwendig und nützlich erscheinen. Die Strategien zur Erreichung dieser Teilziele unterscheiden sich von denen akademischer Wahrheitssuche, die Argumente folgen mehr den Gesetzen der Rhetorik als denen der Logik.

So besteht die wichtigste Überzeugungsoperation darin, die "Tatsächlichkeit der Tatsachen", die behauptet werden, möglichst eindrucksvoll darzulegen. Solche "persuasive content features", wie sie in der linguistischen Diskursforschung systematisierend zusammengestellt worden sind (Dijk 1988), sehen wie folgt aus:

- Die Präsentation von Beispielen als "natürlichen Beweisen".
- Die Darstellung als Erlebnisbericht, die Verwendung von Augenzeugen.
- Der Gebrauch von Zitaten. Dabei werden Quellen bevorzugt, die gemäß einer Hierarchie der Glaubwürdigkeit und Verläßlichkeit hoch eingeschätzt werden.

Bei abstrakteren Themen sind es dann auch Zahlenspiele, die als Signale für Präzision eingesetzt werden. Dies ist ein Merkmal der Diskussionen um Kindesmißhandlung und sexuelle Ausbeutung: Kutchinsky (1994) hat die skandalisierenden Übertreibungen und Dunkelfeldhochrechnungen für die USA umfassend dargestellt und deren negative Folgen für eine angemessene Diskussion dieser wichtigen Thematik dokumentiert. Rutschky (1992) hat im Anschluß an die Arbeiten von Honig (1986) einen analogen Verlauf für die Bundesrepublik nachgezeichnet und Best (1990) hat gezeigt, wie in diesem Zugriff die „missing children" in den USA entstanden sind. In diesem Zusammenhang verdiente die Rhetorik der Statistik eine eingehendere Würdigung. Wie Porter (1994) herausgearbeitet hat, stellt die Quantifizierung nicht nur eine Strategie dar, soziale Welten zu beschreiben, sondern auch neue Bedeutungen vermittels von Quantitäten zu erzeugen.

Wenn nicht nur Tatsachenberichte, sondern auch Gründe für berichtete Entwicklungen mitgeteilt werden, muß zusätzlich die Plausibilität der Erklärung hergestellt werden. Dies gelingt um so eher, je leichter sie vom Publikum aufgrund eigener Erfahrungen nachvollzogen werden kann. Ist dies aufgrund der Thematik nicht möglich, werden die Experten als Bestätiger herangezogen. Es ist bekannt, daß beim Publikum eine Vorliebe für deterministische Kausalmodelle vorhanden ist, die eindeutige Ursachen für eindeutige Effekte liefern. Was die Eindeutigkeit des Zusammenhangs nun komplizieren oder gar relativieren würde, wäre nicht nur schwerer zu begreifen. Vielmehr wäre auch eine verbindliche Verantwortungszuschreibung erschwert.

Kausalzuschreibungen sind in der öffentlichen Kommunikation häufig mit Bewertungen vermischt; die notwendige Legitimierung der Urteile rekurriert am zuverlässigsten nicht auf spezielle Normen, sondern auf allgemein in der Bevölkerung geltende Werte. Der Rekurs auf diese Werte begünstigt die in öffentlichen Kommunikationsprozessen oftmals angelegte Moralisierung von Kausalität. Wenn nämlich Tatsachen als Probleme gedeutet werden, dann besteht die Tendenz, das kognitive Schema Ursache/Wirkung mit dem Gegensatz von gut/böse moralisch aufzuladen, Fragen nach der Ursache eines Phänomens als Schuldfrage zu bearbeiten. Die Skandalisierung von Personen oder Institutionen oder Lebensformen ist die offensichtlichste und wirkungsträchtigste Form dieser Moralisierung: Eine erfolgreiche Skandalisierung benennt einen eindeutigen Ursache-Wirkungs-Zusammenhang, übersetzt diesen in ein soziales Verhältnis von schuldigem Täter und unschuldigen Opfer.

Diese Formen von Kausalitätsvorstellungen implizieren dann die Notwendigkeiten der Konsequenzen und deren konkretes Aussehen. Wird eine Tatsache als sozial verursachtes Problem dargestellt, ein Verursacher dingfest gemacht, dann ist angesagt, daß etwas geschehen muß. Offen bleibt, wer der Adressat von Forderungen ist. Potentielle Kandidaten sind zur Intervention beanspruchbarere Dritte, z.B. Gerichte, der Staat oder das Fernsehen.

Über die Wirkungen der "content features" wissen wir noch sehr wenig Bescheid. Immerhin läßt sich aus experimentellen Pilotstudien aus der Medienforschung herauslesen, daß die Darstellungsformate nachhaltige Eindrücke hinterlassen. Brosius/ Bathelt (1994) konnten den Nachweis führen, daß Rezipienten ihre Urteile über bestimmte Sachverhalte auf die prägnanten Fallbeispiele in den Medien stützen, selbst dann, wenn diese den parallel mitgeteilten statistischen Basisraten krass widersprechen. Für unseren Kontext hieße dies: Ein besonders prägnant geschildertes, eventuell mit Photomaterial dokumentiertes "Medienkind" oder "verplantes Kind" als Falldarstellung wirkt viel stärker als eine subtil argumentierende Darstellung über die Verteilung von unterschiedlichen Medienrezeptionszeiten und deren Rahmenbedingungen.

Ziehen wir an dieser Stelle der Argumentation die bislang entfalteten analytischen Perspektiven zusammen, so können wir als Zwischenergebnis festhalten: Aufgrund der begrenzen Trägerkapazität der öffentlichen Aufmerksamkeit und der Funktionsgesetzlichkeiten moderner Massenkommunikationsmittel sind perspektivisch gebundene Interessengruppen im Kindheitsdiskurs in gewisser Weise geradezu gezwungen, ihre Problemsicht idealtypisch zu formulieren, an die "story suitability" ihrer Ansichten zu denken und vor allem Ursachen und Verursacher für das Problem ausfindig zu machen, um sich selber als legitimierten Akteur zu rechtfertigen.

Hinzu kommt nun, daß nicht alleine Interessenvertreter oder Lobbyisten sich über die Massenmedien an das Publikum wenden (s. dazu unten: professionsgestützte Kindheitsrhetorik) und hier die Funktionslogik dieses Systems greift, sondern daß es einen nicht unbeträchtlichen Anteil rhetorischer Aussendungen gibt, der dadurch zustandekommt, daß Journalisten "von sich aus" über Kinder und Kindheit schreiben. Wir haben es hierbei mit einer anderen Urheberschaft von Kindheitsrhetorik, aber mit ähnlichen Ergebnissen zu tun. Wie Weßler (1995) am Beispiel der Drogenberichterstattung nachweisen und plausibel machen konnte, filtern die zum größten Teil sozialwissenschaftlich vorgebildeten Medienberichterstatter das ihnen zugängliche sozialwissenschaftliche Wissen, also auch Befunde der Kindheitsforschung, und reichern es mit einigen der oben angeführten Selektoren, Thematisierungs- und Überzeugungsstrategien an.

Man kann hierzu eine weitere These wagen, die nochmals auf die Metamorphosen von Wissen über Kinder und Kindheit im System der Massenmedien abzielt. Sie ergibt sich aus der Übertragung eines Gedankenganges, den Holzberger (1995) für die Berichterstattung über das Waldsterben entwickelt hat. Er kann zeigen, wie sich in dieser Berichterstattung aus bestimmten Meldungen und Wissensbeständen Klischees herausbilden, worunter er populäre Bilder versteht, die von den Medien stereotyp verbreitet werden, und, das ist entscheidend, auf eine bestimmte Disposition beim Publikum treffen. Man tut dieser Einsicht keine übermäßige Gewalt an, wenn man sie auf unseren Diskurskontext überträgt. Dann läßt sich nämlich postulieren, daß aufgrund der oben geschilderten selektiven Prozesse aus einzelnen Argumenten und Befunden auch in der Berichterstattung über Kinder und Kindheit Klischees des Aufwachsens in der Postmoderne resultieren. Ihre persuasive Kraft beziehen diese nicht zuletzt aus dem Umstand ihrer Schemahaftigkeit und der damit gegebenen Verknüpfungsmöglichkeit mit anderen gehegten Stereotypen.

Für die Untersuchung journalistischer Kindheitsrhetorik kann die kognitive Sozialpsychologie ein wichtiger Partner sein. Denn sie stellt genau diese Zusammenhänge zwischen schematischer Aufnahme von Informationen und den daraus ableitbaren Folgen für die weitere Urteilsbildung in den Vordergrund ihres weitverzweigten Forschungsunterfangens (s. als Überblick Fiske/ Taylor 1991; Howard 1995).

4. Professionsgestützte Kindheitsrhetorik

Best (1990, 1994) macht in seinen Ausführungen auf die gesellschaftlichen Positionen und damit verknüpften Positionen der "claims-makers" aufmerksam: Sie haben ein persönlich-berufliches Interesse am Besitz einer Problemdefinition.

> "Claims-making does not merely draw attention to a problematic social condition, but also gives the problem shape, characterizing it as a particular form of problem (rebellion, deprivation, disease or victimization) that in turn requires particular sorts of policy responses. In many cases, claimsmakers depict social problems in terms, that, if accepted, will give the claimsmakers ownership of the problem." (Best 1994: 12).

Damit sind "professionsgestützte" Varianten der Kindheitsrhetorik identifizierbar. Immer mehr Vertreter spezifischer Berufsstände greifen aktiv in den Kindheitsdiskurs ein. An erster Stelle sind Lehrer und Erziehungswissenschaftler (Struck 1995) zu nennen, die schulinterne und bildungssysteminterne Probleme (zunehmende Gewalt, Konzentrationsschwäche) auf schulexterne Problemkontexte von Kindheit heute zurückführen. Prominente Argumentationsschablonen im Dienste der externalen Verantwortlichkeitszuschreibungen dabei sind neue Familienformen wie Einelternfamilien und die vermeintliche (s. dazu Klein 1995) Geschwisterlosigkeit der Kinder, sowie die Medien. Diese eher als defensiv zu typisierende Variante rekurriert auf Muster der Beschreibung von „Kindheit heute", die es ihr erlauben, defizitäre Zustände im inneren Systemkontext entlastend auf äußere Umstände zu schieben, so daß die Problemlösung auch eher in den anderen Systemen gesucht werden soll.

Eine zweite Variante der professionsgebundenen Kinderrhetorik benutzt Aussagen über "Kindheit heute", um das eigene berufsspezifische Handlungsfeld ausdehnen und erweitern zu können. Man kann dies die "offensive Variante" der Kindheitsrhetorik nennen. Hier sind an erster Stelle körperbezogene neue Dienstleistungsberufe wie die "Motologen", aber auch Gesundheitswissenschaftler und verwandte Professionen zu nennen. Ihnen dient die in einschlägigen Studien festgestellte Technisierung der Lebenswelt von Kindern und ihre durch Unfallstudien belegte mangelnde motorische Kompetenz als Ausgangspunkt für individuelle wie für gruppenbezogene Interventionsmaßnahmen (Hildebrandt 1993). Auch im Bereich der Psychiatrie und klinischen Psychologie können offensive Varianten der professionellen Kindheitsrhetorik aufgespürt werden. Hier sind es ebenfalls veränderte Familienstrukturen und lebensweltliche Veränderungen, die als Beleg für die Notwendigkeit von mehr Prävention und Therapie dienen.

5. Die neuere sozialwissenschaftliche Kindheitsforschung - Eine besondere Form von Kindheitsrhetorik?

Meine Ausgangspunkte zur Analyse dieser dritten Form von Kindheitsrhetorik sind die neuere Wissenschaftsforschung (Felt/ Nowotny/ Tascher 1995), die Wissenschaftssoziologie (Heintz 1993) sowie speziell die "rhetorics of the human sciences" (Nelson/ Megill/ Mc Closkey 1987). Wissenschaft wird als professionalisierte Deutungs-, Interpretations- sowie Argumentationspraxis beschrieben, in der auch um Geltung und Reputation im wissenschaftlichen Feld konkurriert wird. Das auch deutet an, daß die Einnahme dieser wissenschaftsrhetorischen Beobachterposition nicht automatisch bedeuten muß, eine rein dekonstruktive Haltung gegenüber den Ergebnissen von Wissenschaft zu vertreten, etwa im Sinne eines "anything goes". Beide Perspektiven lassen sich durchaus miteinander verbinden: Sozialwissenschaft als Bemühen zu sehen, Wirklichkeit zu beschreiben, zu verstehen und zu erklären, sowie eine Beobachterposition auf dieses Beschreiben und Erklären einzunehmen, welche auch rhetorische Strategien auf unterschiedlichen Ebenen der wissenschaftlichen Arbeit berücksichtigt. Eine gewisse Affinität zu „postmodernen" Ansätzen in der soziologischen Theorie ist dabei durchaus beabsichtigt, wenn diese auch nicht so weit ausgedehnt werden sollte, daß sozialwissenschaftliche Aussagen als beliebig angesehen werden.

In jüngster Zeit ist ein sehr weites Spektrum von Disziplinen und Subdisziplinen der wissenschaftssoziologischen und hier insbesondere argumentativen, rhetorischen Analyse unterworfen worden. Einige prägnante Beispiele sind in nachstehender Zusammenstellung aufgeführt.

Autor	Disziplin	Aussage
BURMAN 1994	Entwicklungspsychologie	Analysiert die Grundlagen scheinbar selbstverständlicher Konzepte wie "Entwicklung", "Familienbezogenheit", "Bindung"
BOYLE 1993	Sexualwissenschaft	Deckt die Pathologisierung und Medikalisierung der Sexualität auf
DAVIS/ HERSH 1986	Mathematik	Zeigen auf, daß auch in der "harten" Mathematik rhetorisch vorgegangen wird
GREEN 1993	Gerontologie	Konstitutionstheoretische Arbeit: Wie, mit welchen argumentativen Ressourcen konnte sich eine eigenständige Alterswissenschaft in den USA etablieren?
GUSFIELD 1973/1981	"drinking-driver-research"	Etablierung eines wissenschaftlichen Spezialgebietes und die hierzu eingesetzten rhetorischen Mittel
KIRK/ KUTCHIN 1992	Psychiatrie, klinische Psychologie	Wie, mit welchen Mitteln, wurde das Klassifikationssystem des DSM-III argumentativ durchgesetzt?
MC CLOSKEY 1985	Volkswirtschaftslehre	Mit welchen rhetorischen Elementen versuchen Volkswirtschaftler zu überzeugen: Insb. Rolle statistischer Signifikanztests, Quantifizierung
PRABITZ 1995	Betriebswirtschaftslehre	Rolle des Bildes, von Diagrammen für die Herstellung von Wissenschaftlichkeit in betriebswissenschaftlichen Lehrbüchern

Meine Anwendung dieser Überlegungen auf die sich derzeit etablierende und konstituierende Kindheitsforschung besagt nun: Auch hier können wir derzeit ähnliche rhetorische Manöver beobachten. Einige "claims-makers" versuchen, in Abgrenzung zur Sozialisationsforschung und Entwicklungspsychologie, aber auch der Familienforschung ein neues Feld wissenschaftlicher Arbeit abzustekken und die Fachkollegen sowie die Öffentlichkeit zu überzeugen, warum und wozu dies gut sein soll. Man kann dies als "wissenschaftliche Konstitutionsrhetorik" bezeichnen.

Zur Zeit sehe ich dabei im wesentlichen drei wissenschaftsrhetorische Argumentationsfiguren, die diesem Zweck dienen:

Die Figur des eigenaktiven, kompetenten Kindes, das in seiner subjektiven Perspektive ernst genommen werden soll, ist eine Abgrenzungsmarkierung gegenüber Sozialisationsforschung und Entwicklungspsychologie, denen z.T. unterstellt wird, forschungsstrategisch und epistemologisch Kindern diese Position nicht eingeräumt zu haben.

Die Figur des durch seine faktische Familienintegration wie in einen Kokon eingesponnenen Kindes, dessen gesellschaftliche Lage wegen dieses Kokons weder mit statistischen noch anderen Erhebungsmethoden erreicht wird. Oftmals tritt dieses wissenschaftsrhetorische Muster im Zusammenhang mit einer Analogiebildung zur feministischen Forschung auf. Denn auch die Familienabhängigkeit der Frauen habe lange Zeit verhindert, die spezifische Position, die spezifische gesellschaftliche Lage von Frauen zu erkennen. Diese Position wird insbesondere in der skandinavischen Kindheitsforschung durch Autoren wie Qvortrup (1993) und Alanen (1994) vertreten.

Schließlich eine Argumentationsfigur, welche die empirische Kindheitsforschung als funktionalistisch und leistungsbezogen typisiert und daraus ableitet, neue Schwerpunkte müßten untersucht werden (Fatke 1994). Man müsse das Kinderleben vor allem ganzheitlich angehen und Phänomene untersuchen, die wichtig für Kinder sind. Diese "neue Kindheitsforschung" solle sich mit Respekt und Achtung dem Kinderleben widmen, gleichzeitig aber die Kinder auch einmal in Ruhe lassen.

Mit dieser Einteilung wird nicht behauptet, daß die genannten Argumentationsfiguren falsch oder verzerrt seien. Es ging mir viel mehr darum zu zeigen, daß ähnliche Prozesse, wie sie in den Arbeiten zur Wissenschaftssoziologie und der "rhetorics of science" rekonstruiert worden sind, derzeit in der deutschen sozialwissenschaftlichen Kindheitsforschung beobachtet werden können. Ich verstehe eine solche Analyse auch nicht als Entlarvungsarbeit, sondern als Beitrag zur notwendigen Selbstvergewisserung wissenschaftlichen Handelns. Rhetorische Analysen können dazu beitragen, sich der Konsequenzen eingeschlagener Erkenntnispfade bewußter zu werden, und die Ein- und Ausblendungen jeweils ausgewählter Methoden und Themen stets mitzubedenken.

5. Ausblick: Konsequenzen für die Schnittstelle Wissenschaft - Öffentlichkeit

Was bedeuten die hier in Ansätzen skizzierten Analysen nun für praxisbezogene Belange, insbesondere auch für das sozialwissenschaftliche Publizieren über Kinder und Kindheit?

1. Die direkte Umsetzung sozialwissenschaftlicher Erkenntnisse in gesellschaftliche Praxis, dies hat die sogenannte Verwendungsforschung nachgewiesen, ist kaum zu leisten. Was aber mindestens erreicht werden kann, ist ein verbessertes Verständnis für die Komplexität und Vielschichtigkeit heutiger kindlicher und jugendlicher Lebenslagen sowie der dahinterstehenden, sich teils kumulierenden, teils aber gegenläufig wirkenden Bedingungen. Im Gegensatz zur Psychologie kann die soziologische Erkenntnis über strukturelle Zusammenhänge und prozessuale Verläufe keine unmittelbaren Handlungsrezepte zur Erziehung der Kinder anbieten. Sie kann aber vermeintliche Schuldzuschreibungen relativieren. Damit kann sie zur Entlastung von Personen und Personengruppen, welche direkt mit Kindern zu tun haben, beitragen. Und sie kann den Blick schärfen für kollektiv, insbesondere auch sozialpolitisch zu bewältigende Problemkonstellationen sowie dazu zur Verfügung stehende Lösungspotentiale. Man sollte nicht der Versuchung erliegen, die Befunde sozialwissenschaftlicher Arbeiten zu Kindern und Kindheit öffentlichkeitswirksam zu vereinfachen und zu verzerren. Sich in den einseitigen Verschlechterungsdiskurs einzufädeln, bedeutet, die Komplexität und Ambivalenz der eigenen Einsichten zu "verraten".[2]

2. Die Sozialwissenschaften müssen versuchen, dem Transfer, der Aufbereitung und der Veröffentlichung - im wahrsten Sinne des Wortes - von Forschungsergebnissen, Forschungsmethoden und theoretischen Konzepten mehr Stellenwert innerhalb ihres professionellen Selbstverständnisses einzuräumen. Dies könnte nicht nur stärker bei der Ausbildung in Universitäten berücksichtigt werden, sondern auch Qualitätsstandards für die Dissemination sozialwissenschaftlicher Theorie- und Forschungsbestände könnten einer verstärkten Prüfung unterzogen werden. Dazu gehört eine Auseindersetzung mit der schwierigen "Zwitterstellung" der sozialwissenschaftlichen Sprache. Treibel (1995) hat auf das doppelte Dilemma der Soziologie und ihrer Sprache hingewiesen. Einerseits darf sich ein Soziologe nicht zu alltagssprachlich ausdrükken, denn dann wird er nach dem Wissenschaftscharakter seiner Tätigkeit gefragt. Andererseits wird ihm, der über den Alltag spricht und diesen Alltag analysiert, jeder Fachausdruck als "Soziologenchinesisch" angekreidet. Ein reflexiver Umgang mit diesem und anderen rhetorischen Dilemmata der Sozialwissenschaften ist eine Grundvoraussetzung dafür, Gegengewichte zur journalistischen Rhetorik über Kinder setzen zu können.

---

[2] S. hierzu die praktischen Vorschläge für die Ausbildung von angehenden Lehrern bei Zinnecker (1995).

3. Denkbar ist zudem der Aufbau eines institutionellen Rahmens zur Zusammenarbeit mit Journalisten. Die Entwicklung von "Hybridformen" der Publikation zwischen wissenschaftlicher Komplexität und Detailtreue sowie journalistischer Zuspitzung und Pointierung jenseits der Klischeeproduktion, ist eine anspruchsvolle Aufgabe (s. auch Plath/ Mertens 1993), die nicht nebenbei in Angriff genommen werden sollte.

Dies sind einige Ideen dafür, wie die scheinbar nur akademisch reizvolle Analyse der Formen von Kindheitsrhetorik für praxisbezogene Belange relevant werden könnte. Pointiert ausgedrückt: Eine Sensibilisierung für Formen der Kindheitsrhetorik könnte dazu beitragen, daß die Kindheitsforschung mehr Gewicht für die gesellschaftlichen Wahrnehmung von Kindern und der Kindheit erhält.

Literatur:

Alanen, Leena (1994). Zur Theorie der Kindheit. Sozialwissenschaftliche Literaturrundschau, 17, S. 93-112.
Aanderud, Catharina (1995). Die Gesellschaft verstößt ihre Kinder. Werteverlust und Erziehung. Hamburg: Kabel.
Ariès, Philip (1978). Geschichte der Kindheit. München: DTV.
Berger, Peter/ Luckmann, Thomas (1978). Die gesellschaftliche Konstruktion der Wirklichkeit. Frankfurt. Fischer.
Berg, Christa (1991). Kinderleben in der Industriekultur - Beiträge der historischen Sozialisationsforschung. In: Berg, Christa (Hrsg.) Kinderwelten. Frankfurt: Suhrkamp, S. 15-40.
Best, Joel (1990). Threatened children. Rhetoric and concern about childvictims. Chicago: University of Chicago Press.
Best, Joel (1994). Troubling children. Children and social problems. In: Best, Joel (Ed.) Troubling children. Studies of children and social problems. New York- Aldine de Gruyter, S. 3-19.
Boyle, Mary (1993). Gender, science, and sexual dysfunction. In: Sarbin, Theodore R.; Kitsuse, John J. (Eds.) Constructing the social. Thousand Oaks: Sage, S. 101-118.
Brown, Richard Harvey (1994). Rhetoric, textuality, and the postmodern turn in sociological theory. In: Seidman, Steven (Ed.) The postmodern turn. New perspectives on social theory. Cambridge: Cambridge University Press, S. 229-241.
Brand, Karl-Werner (1995). Der ökologische Diskurs. Wer bestimmt Themen, Formen und Entwicklung der öffentlichen Umweltdebatte? In: de Haan, Gerhard (Hrsg.) Umweltbewußtsein und Massenmedien. Perspektiven ökologischer Kommunikation. Berlin: Akademie Verlag, S. 47-62.
Brosius, Hans-Bernd/ Bathelt, Anke (1994). The utility of examples in persuasive communications. Communication Research 21. Jg., Heft 1, S. 48-78.

Burman, Erica (1994). Deconstructing developmental psychology. London: Routledge.
Bühler-Niederberger, Doris (1991). Legasthenie. Geschichte und Folgen einer Pathologisierung. Opladen: Leske + Budrich.
Cahan, Emily; Mechling, Jay; Sutton-Smith, Brian; White, Sheldon H. (1993). The elusive historical child. In: Elder, John (Ed.) Children in time and place. Cambridge: Cambridge University Press, S. 192-223.
Davis, Philip J.; Hersh, Reuben (1988). Descartes' Traum. Über die Mathematisierung von Zeit und Raum. Von denkenden Computern, Politik und Liebe. Frankfurt: Krüger.
Dijk, Teun van (1988). News as discourse. Hillsdale, NJ: Lawrence Erlbaum.
Du Bois-Reymond, Manuela/ Büchner, Peter/ Krüger, Heinz-Hermann/ Ecarius, Jutta/ Fuhs, Burkhard (1994). Kinderleben. Modernisierung von Kindheit im interkulturellen Vergleich. Opladen: Leske + Budrich.
Eckert-Schirmer, Jutta (1995). Das Kindeswohl im Wandel sozialwissenschaftlicher Interpretationen. Zur Bedeutung psychologischer Konzepte im Prozeß der Politikberatung. Konstanz: Forschungsschwerpunkt Gesellschaft und Familie Arbeitspapier Nr. 15 .
Fatke, Reinhard (1994). Die Bedeutung von Ausdrucksformen des Kinderlebens für die Entwicklung und Erziehung der Kinder. In: Fatke, Reinhard (Hrsg.) Ausdrucksformen des Kinderlebens. Phantasie, Freundschaft, Lügen, Humor, Staunen. Bad Heilbrunn: Klinkhardt, S. 107-125.
Felt, Ulrike/ Nowotny, Helga/ Taschwer, Klaus (1995). Wissenschaftsforschung. Eine Einführung. Frankfurt: Campus
Fiske, Susan T./ Taylor, Sehhley E. (1991). Social cognition. 2nd ed. New York: Mc Graw-Hill.
Flick, Uwe (1995). Alltagswissen in der Sozialpsychologie. In: Flick, Uwe (Hrsg.) Psychologie des Sozialen. Repräsentationen in Wissen und Sprache. Reinbek: Rowohlt, S. 54-77.
Fölling-Albers, Maria/ Hopf, Arnulf (1995). Auf dem Weg vom Kleinkind zum Schulkind. Eine Langzeitstudie zum Aufwachsen in verschiedenen Lebensräumen. Opladen: Leske + Budrich.
Green, Barry S. (1993). Gerontology and the construction of old age. A study in discourse analysis. New York: Aldine de Gruyter.
Gross, Peter (1994). Die Multioptionsgesellschaft. Frankfurt: Suhrkamp.
Gubrium, Jaber F./ Holstein, Jasper (1990). What is family? Mountain View: Mayfield.
Gusfield, Joseph (1976). The literary rhetoric of science: Comedy and pathos in drinking driver research. American Sociological Review, 41. Jg., Heft 1, S. 16-34.
Heintz, Bettina (1993). Wissenschaft im Kontext. Neuere Entwicklungen der Wissenschaftssoziologie. Kölner Zeitschrift für Soziologie und Sozialpsychologie, 45. Jg., Heft 3, S. 528-552.
Hildebrandt, Reiner (1993). Kindgerechte Bewegungsräume. Motorik, 16. Jg., Heft 1, S. 7-12.
Hillgartner, Stephen/ Bosk, Charles (1988). The rise and the fall of social problems: A public arenas model. American Journal of Sociology, 94. Jg., Heft 1, S. 53-78.

Holzberger, Rudi (1995). Das sogenannte Waldsterben. Zur Karriere eines Klischees: Das Thema Wald im journalistischen Diskurs. Bergatreute: Wilfried Eppe.
Honig, Michael (1986). Verhäuslichte Gewalt. Frankfurt: Suhrkamp.
Howard, Judith (1995). Social cognition. In: Cook, Karen S.; Fine, Alan; House, James S. (Eds.) Sociological perspectives on social psychology. Boston: Allan Bacon, S. 90-117.
Institut für Stadtplanung und Sozialforschung Weeber & Partner (1995). Bericht über die Situation der Kinder in Baden-Württemberg. Stuttgart: Ministerium für Familie, Frauen, Weiterbildung und Kunst.
Klein, Thomas (1995). Einzelkinder. Zeitschrift für Pädagogik, 41. Jg., Heft 3, S. 285-299.
Kutchinsky, Bert (1994). Mißbrauchspanik. Häufigkeit und Befund sexuellen Kindesmißbrauchs. In: Rutschky, Katharina/ Wolff, Reinhard (Hrsg.) Handbuch sexueller Mißbrauch. Hamburg: Klein, S. 49-62.
Lange, Andreas (1995a). „Kindheitsrhetorik" im Lichte ausgewählter Befunde der empirischen Kindheits- und Familienforschung. Konstanz: Forschungsschwerpunkt Gesellschaft und Familie, Arbeitspapier Nr. 19.
Lange, Andreas (1995b). Medienkinder, verplante Kinder? Ansichten einer zeitdiagnostisch informierten Kindheitsforschung. Familiendynamik, 20. Jg., Heft 3, S. 252-274.
Lenzen, Dieter (1994). Das Kind. In: Lenzen, Dieter (Hrsg.) Erziehungswissenschaft. Ein Grundkurs. Reinbek: Rowohlt, S. 341-361.
Lüders, Christian (1994). Pädagogisches Wissen für Eltern. In: Krüger, Thomas (Hrsg.) Erziehungswissenschaft. Die Disziplin am Beginn einer neuen Epoche. Weinheim: Juventa, S. 162-183.
Luhmann, Niklas (1995). Die Wirklichkeit der Massenmedien. Opladen: Westdeutscher Verlag.
Lüscher, Kurt (1975). Perspektiven einer Soziologie der Sozialisation - Die Entwicklung der Rolle des Kindes. Zeitschrift für Soziologie, 4. Jg., Heft 3, S. 359-379.
Lüscher, Kurt (1995a). Was heißt heute Familie? Thesen zur Familienrhetorik. In: Gerhardt, Uta/ Hradil, Stefan/ Lucke, Doris/ Nauck, Bernhard (Hrsg.) Familie der Zukunft. Opladen: Leske + Budrich, S. 51-65.
Lüscher, Kurt (1995b). Homo interpretans. On the relevance of perspectives, knowledge and beliefs in the sociology of human development. Konstanz: Forschungsschwerpunkt Gesellschaft und Familie, Arbeitspapier Nr. 13.
Markefka, Manfred/ Nauck, Bernhard (1993) (Hrsg.). Handbuch der Kindheitsforschung. Neuwied: Luchterhand.
Mc Closkey, Donald (1985). The rhetoric of economics. Brighton: Wheatsheaf.
Moscovici, Serge (1995). Geschichte und Aktualität sozialer Repräsentationen. In: Flick, Uwe (Hrsg.) Psychologie des Sozialen. Reinbek: Rowohlt, S. 266-314.
Münch, Richard (1995). Die Dynamik der Kommunikationsgesellschaft. Frankfurt: Suhrkamp.
Nauck, Bernhard (1995). Kinder als Gegenstand der Sozialberichterstattung. Konzepte, Methoden und Befunde im Überblick. In: Nauck, Bernhard; Bertram, Hans (Hrsg.) Kinder in Deutschland. Lebensverhältnisse von Kindern im Regionalvergleich. Opladen: Leske + Budrich, S. 137-169.

Neidhardt, Friedhelm (1994). Öffentlichkeit, öffentliche Meinung, soziale Bewegungen. In: Neidhardt, Friedhelm (Hrsg.) Öffentlichkeit, öffentliche Meinung, soziale Bewegung. Opladen: Westdeutscher Verlag, S. 7-41.

Nelson, John S./ Megill, Allan/ Mc Closkey, Donald (1987). Rhetoric of inquiry. In: Nelson, John S./ Megill, Allan/ Mc Closkey, Donald (Eds.) The rhetoric of the human sciences. Language and argument in scholarship and public affairs. Madison: University of Wisconsin Press, S. 3-18.

Niestroj, Brigitte (1994). Women as mothers and the making of the european mind: A contribution to the history of developmental psychology and primary socialization. Journal for the Theory of Social Behavior, 24. Jg., Heft 3, S. 281-303.

Plath, Ingrid; Mertens, Andreas (1993). On improving the quality of scientific communication. Zeitschrift für internationale erziehungs- und sozialwissenschaftliche Forschung, 10.Jg., Heft 1, S. 89-102.

Pomerantz, Angela (1986). Extreme case formulations: A way of legitimizing claims. Human Studies, 9. Jg., Heft 3, S. 219-229.

Porter, Theodore M. (1994). Making things quantitative. Science in Context, 7. Jg., Heft 3, S. 389-407.

Prabitz, Gerald (1995). Schrift-Bild und Ökonomie. Die Bedeutung des Visuellen für den betriebswirtschaftlichen Text. In: Hofbauer, Johanna/ Prabitz, Gerald/ Wallmannsberger, Josef (Hrsg.) Bilder - Symbole - Metaphern. Visualisierung und Informierung in der Moderne. Wien: Passagen Verlag, S. 83-124.

Rutschky, Katharina (1992). Erregte Aufklärung. Köln: Kiepenheuer & Wietsch.

Qvortrup, Jens (1993). Die soziale Definition von Kindheit. in: Markefka, Manfred/ Nauck, Bernhard (Hrsg.) Handbuch der Kindheitsforschung. Neuwied: Luchterhand, S. 109-124.

Scholz, Gerold (1994). Die Konstruktion des Kindes. Über Kindheit und Kinder. Opladen: Westdeutscher Verlag.

Spiegel (1995). Familie in der Falle. Heft 9, S. 40-63.

Stehr, Nico. (1994). Arbeit, Eigentum und Wissen. Zur Theorie von Wissensgesellschaften. Frankfurt: Suhrkamp.

Struck, Peter (1995). Schulreport. Zwischen Rotstift und Reform oder brauchen wir eine andere Schule? Reinbek: Rowohlt.

Treibel, Annette (1995). Die Sprache der Soziologie. Österreichische Zeitschrift für Soziologie, 20. Jg., Heft 1, S. 28-46.

Weßler, Hartmut (1995). Die journalistische Verwendung sozialwissenschaftlichen Wissens und ihre Bedeutung für gesellschaftliche Diskurse. Empirische Ergebnisse, theoretische Konzepte und Forschungsperspektiven. Publizistik, 40. Jg., Heft 1, S. 20-38.

Zeiher, Hartmut J./ Zeiher, Helga (1994). Orte und Zeiten der Kinder. Soziales Leben im Alltag von Großstadtkindern. Weinheim: Juventa.

Zinnecker, Jürgen (1995). Pädagogische Ethnographie. Ein Plädoyer. In: Behnken, Imbke/ Jaumann, Olga (Hrsg.) Kindheit und Schule. Kinderleben im Blick von Grundschulpädagogik und Kindheitsforschung. Weinheim: Juventa, S. 21-38.

Doris Bühler-Niederberger

Teure Kinder - Ökonomie und Emotionen im Wandel der Zeit

1. Das Generationenverhältnis als Sozialisationsverhältnis: Soziologische Perspektive und gesellschaftliche Selbstverständlichkeit

Zur Zeit findet eine Veränderung in der Wahrnehmung von Kindern statt. Damit verändert sich auch die in dieser Wahrnehmung immer enthaltene Bewertung von Kindern.

Diese These drängt sich der Soziologin schon nach einem Blick auf die eigene Disziplin auf. Die Soziologie pflegte sich bei der Thematisierung gesellschaftlicher Kategorien, seien es Alters- oder auch Geschlechtskategorien, den gesellschaftlichen Selbstverständlichkeiten stets eng anzuschließen. Wenn die Soziologie nun die Beschaffenheit der eben noch fraglos akzeptierten Kategorie „Kinder" in neuer und kritischer Weise thematisiert, dürfte dem eine vergleichbare Veränderung gesellschaftlicher Selbstverständlichkeiten vorausgegangen sein.

Die Einsicht, daß die Alterskategorisierung und -gruppierung als gesellschaftliche Leistung zu betrachten sei und sich nicht einfach aus natürlichen Differenzen zwischen den Altersgruppen ergebe, ist in der Soziologie zwar nicht neu. Schon der Struktur-Funktionalist Eisenstadt bezeichnete die Altersstufen als „kulturelle Definitionen" und in dieser Art als „... umfassende Bestimmung menschlicher Möglichkeiten und Verpflichtungen in einem bestimmten Lebensabschnitt." Als solche schlössen sie „immer eine Bewertung der Bedeutung und der Wichtigkeit eines bestimmten Alters für den einzelnen und für die Gesellschaft ein ..." (1965: 50). Die damit geschaffene Möglichkeit, diese Konstruktion als eine unter verschiedenen denkbaren Varianten kritisch zu analysieren, wurde jedoch nicht genutzt. Eisenstadt (wie auch seine Vordenker Parsons und Durkheim) lassen keinen Zweifel daran aufkommen, daß es eine unserer Gesellschaft angemessene, einzig richtige gesellschaftliche Konstruktion des Generationenverhältnisses gebe. Es ist das schon lange zur gesellschaftlichen Selbstverständlichkeit gewordene Sozialisationsverhältnis von Erwachsenen und Kindern. Dieses allein ist in der Sicht der Dinge, die bisher in der Soziologie dominierte, in der Lage, die soziale Ordnung komplexer Gesellschaften auch in der nächsten Generation zu garantieren. Die darin enthaltene unterschiedliche Bewertung von Erwachsenen und Kindern schaffe erst die für einen Prozeß der Sozialisation notwendigen Grundlagen.

„Der Erwachsene wird als erfahrener, weiser und besser beschrieben ... Hier liegt der Grund, warum der Erwachsene Autorität besitzt, Respekt erfordert und ihm gehorcht werden muß." Gleichzeitig werde dadurch auch die für den Sozialisationsprozeß notwendige Bindung der Kinder an die Erwachsenen garantiert (Eisenstadt 1965: 53).

Im so vorgesehenen Generationenverhältnis besitzt das Kind für seine Eltern (fast ausschließlich) einen emotionalen Wert. Für die Gesamtgesellschaft liegt sein Wert - jedenfalls soweit er sich aus der soziologischen Thematisierung ersehen läßt - erst in der Zukunft: in der durch Sozialisation erzielten Fähigkeit und Bereitschaft zur zukünftigen Konformität mit gesellschaftlichen Werten und Erwartungen.

Den Wert, den Kinder für ihre Eltern besitzen, haben zahlreiche „Value of Children"-Untersuchungen erhoben, die in Befragungen von Eltern (manchmal vergleichend auch von Nichteltern) festzustellen versuchten, welche Gratifikationen Kinder vermitteln. Auch die Verfasser dieser Studien interpretierten ihre Ergebnisse vor einem unreflektierten Hintergrund gesellschaftlicher Selbstverständlichkeit. Die Erwartung psychischer Gratifikationen unterschied tendenziell Eltern höherer Bildung von solchen niederer Bildung, weiße Eltern von farbigen, ansässige Eltern von immigrierten (vgl. zusammenfassend Nauck 1989). Sie wurde als einzig angemessene dargestellt und zudem als eine, die anderen Gratifikationserwartungen entgegenstände, vor allem ökonomischen Nutzenerwartungen. Diese Interpretation wurde dem Leser schon durch die statistischen Zusammenhänge nahegelegt, in denen sie präsentiert wurde: das häufigere Auftreten der „richtigen" Bewertung bei den „richtigen" Eltern. Als selbstverständliche Annahme der Autoren solcher Studien wurde sie greifbar, wenn an die empirischen Ergebnisse Überlegungen angeschlossen wurden, wie es möglich wäre, „falsche" Wertzuschreibungen an die Kinder zu verhindern und dem einzig zulässigen psychischen Wert der Kinder auch in den bisher anders wertenden Bevölkerungsgruppen zur Anerkennung zu verhelfen (wie z.B. bei Hoffman/ Manis 1979). Auch mit diesen Untersuchungen wird also die gesellschaftlich akzeptierte Bewertung von Kindern viel eher weiter verselbstverständlicht als analysiert.

Seit einigen Jahren mehren sich nun aber auch Arbeiten, die rekonstruieren, wie das Sozialisationsverhältnis und die darin implizierte Bewertung der Kinder zustande gekommen ist. Sie analysieren die Generationenkategorien als gesamtgesellschaftliche Konstruktion, wie sie in der Auseinandersetzung zwischen verschiedenen sozialen Gruppen zustande gekommen ist (z.B. Joseph/ Fritsch/ Battegay 1977, Donzelot 1979, Badinter 1984, Zelizer 1985, Schütze 1991). Die Lektüre solcher Arbeiten ist geeignet, den Untersuchungsgegenstand, das reale Verhältnis der Alterskategorien, an Selbstverständlichkeit verlieren zu lassen. In Anbetracht der bis dahin geringen Unabhängigkeit von Soziologen gegenüber dem geltenden Generationenverhältnis liegt die Annahme nahe, daß ein solcher Verlust von Selbstverständlichkeiten, und damit immerhin eine Öffnung für eine neue Wahrnehmung von Alterskategorien, diesen Analysen auch schon als realer gesellschaftlicher Prozeß vorausgelaufen ist.

Welcher Art dieser Prozeß sein könnte, und was ihn in Gang gesetzt haben könnte - dazu kann bisher allerdings wenig Präzises gesagt werden, da entsprechendes Material zur jüngsten Vergangenheit und zur Gegenwart kaum systematisch bearbeitet wurde. Deshalb soll hier zunächst Material zu ausgewählten historischen Etappen zusammengestellt werden, in denen die gesellschaftliche Kategorie „Kinder" jeweils auf neue Art entworfen und durchgesetzt wurde. Durch die Auswahl und Darstellung dieses Materials soll folgendes erreicht werden:

1. Es soll Sensitivität für aktuelle Prozesse der Veränderung des gesellschaftlichen Entwurfs und der darin implizierten Bewertung von Kindern erzielt werden.

2. Es wird die These entwickelt, daß der gesellschaftliche Entwurf der Kategorie Kinder einen relevanten ökonomischen Anteil besitzt und schon immer besaß. Damit kann die Ermittlung der Art und Höhe, in der der ökonomische Wert von Kindern veranschlagt wird, in den Mittelpunkt einer Analyse gesellschaftlicher Wahrnehmung von Kindern überhaupt gerückt werden.

3. Es sollen Elemente eines theoretischen Instrumentariums für eine Analyse aktueller Bewertungsprozesse erarbeitet werden.

2. Der Wert der Kinder als Ergebnis gesellschaftlicher Ermittlungsprozesse

2.1 Eine erste Etappe: Der unsichere Wert von Kindern im „European Marriage Pattern"

Die Westgoten des 7. Jahrhunderts setzten in ihrem Recht folgenden Wert für Kinder an:

> „... ein freies männliches Kleinkind in seinem ersten Jahr hatte einen Blutpreis (Wergeld) von 30 Solidi, der anwuchs auf 90 Solidi in seinem zehnten Lebensjahr. Zwischen dem zehnten und fünfzehnten Lebensjahr wuchs der Betrag jährlich um 10 Solidi, und zwischen fünfzehn und zwanzig jährlich

um 30 Solidi, bis der Mann im Alter von zwanzig, in dem er als erwachsen galt, 300 Solidi wert war" (Nicholas 1991: 32).

Das war der Preis, der als Sühnegeld für einen Totschlag von der Sippe des Täters an die Sippe des Erschlagenen zu zahlen war. Vom selben Autor erfahren wir, daß der Wert von Mädchen anders veranschlagt wurde: Bis zum Alter von fünfzehn Jahren wurde der Blutpreis nur auf die Hälfte des jeweiligen Preises eines Knaben veranschlagt, um dann in den fruchtbaren Jahren der Frau, von fünfzehn bis vierzig, auf fünf Sechstel des Wertes der jeweiligen männlichen Alterskategorie zu steigen.

Eine solche Rechnung könnte suggerieren, der Wert der Kinder hätte sich in früheren Zeiten eindeutig und einfach ermitteln lassen. Außerdem sei er vor allem materieller Art gewesen: ein klarer Nutzen der Kinder als Arbeitskräfte oder in der Altersversorgung ihrer Eltern. Ein solches Bild der Geschichte ergibt sich leicht auch aus der soziologischen Literatur. Meist impliziert diese Sichtweise die zusätzliche Annahme, daß aus eben diesem Grunde - wegen ihres eindeutigen materiellen Nutzens - die Kinder früher für ihre Eltern von geringerer emotionaler Bedeutung gewesen seien respektive jetzt eben in einer schon bedenklich stimmenden Weise emotional (über-)bewertet würden.[1] Der Präsentismus (das heißt die unhinterfragte Anhängerschaft an aktuelle Selbstverständlichkeiten), den ein solches Geschichtsbild verrät, ist ein doppelter: Es ist zum einen die Unterschätzung früherer gesellschaftlicher Konstellationen als die einer einfacheren Gesellschaft. Es ist zum zweiten die Gegenüberstellung eines entweder emotionalen oder ökonomischen Wertes von Kindern in einer Alternative, die sich in dieser Art für keine andere gesellschaftliche Gruppe stellt (es erschiene zum Beispiel widersinnig, die emotionale Wertschätzung erwachsener Männer an eine ökonomische Nutzlosigkeit zu koppeln).

Möglicherweise steckt in der gesellschaftlichen Bewertung der Kinder heute sogar ein einfacheres Kalkül als noch in der früheren Gesellschaft - jedenfalls soweit es sich um die innerfamiliäre Bewertung handelt - gerade weil ökonomische Nutzenerwartungen daraus ausgeklammert werden müssen. Alles was über die Zeit zwischen dem 14. und 18. Jahrhundert bekannt ist, weist jedenfalls darauf hin, daß der ökonomische Nutzen, der von Kindern erwartet werden konnte, keineswegs eindeutig und einfach zu bestimmen war und daß er mit emotionalen Anteilen in eine komplizierte Mischrechnung einging, die im allgemeinen nur zum Ergebnis führen konnte, daß Kinder für ihre Eltern „teuer, aber wertvoll seien". Es war gängige Praxis, solche „Rechnungen" in einiger Explizitheit anzustellen. MacFarlane (1986) hat dazu für England umfassend Material recherchiert. Bis ins 14. Jahrhundert zurück konnte er Anteile einer solchen Ehe- und Familienplanung feststellen, die erst Jahrhunderte später mit dem Namen von Malthus verbunden werden sollte. Deren Wurzeln, so meint

---

[1] Ein solches Bild ergibt sich in Elementen oder vollständig aus Ausführungen, wie sie sich z.B. bei Beck-Gernsheim (1990), Hurrelmann (1989) oder Schön (1989) finden.

MacFarlane, dürften bereits in germanischen Traditionen zu suchen sein. Die „Rechnungen" drängten sich auf, wollte man durch Ehe- und Familienschließung nicht an sozialem Rang einbüßen oder gar in Armut geraten.

MacFarlanes Analyse zeigt, daß die ökonomischen Mittel innerfamiliär vor allem von der älteren Generation zur jüngeren flossen und weit spärlicher in die umgekehrte Richtung. In einem Alter, in dem die Kinder von ökonomischem Nutzen hätten sein können, zogen sie zumeist aus dem Elternhaus aus und traten eine Lehre oder eine Dienststelle in einer anderen Familie an. Was sie dabei verdienten, wurde hauptsächlich gespart für die spätere Gründung einer eigenen Familie, die erst dann erfolgen konnte, wenn die ökonomische Basis für einen eigenen Hausstand geschaffen war. Hatten die Kinder erst eine eigene Familie, so blieb wenig zur Unterstützung der alten Eltern übrig, und selbst wenn die Kinder im Reichtum lebten, so war ein Beitrag an die Eltern der Verhandlung bedürftig. Ob er entrichtet wurde, war mehr als ungewiß. So hatte jedes Ehepaar für das eigene Alter vorzusorgen, durch Sparen und Anlegen in früheren Jahren. Kinder waren nur eine (und obendrein keine zuverlässige) unter den verschiedenen Möglichkeiten vorzusorgen.

Dieser keineswegs eindeutige ökonomische Nutzen der Kinder dürfte im Prinzip für das ganze Gebiet gegolten haben, in dem das Familienmuster Gültigkeit besaß, das hier in wichtigen Grundzügen knapp dargestellt wurde und das als „European Marriage Pattern" (Hajnal 1965) bezeichnet wird. Dieses Familienmuster galt in Mittel-, West- und Nordeuropa, wenn auch nicht durchgängig, so doch in weiten Kreisen der Bevölkerung.[2] Es konnte von MacFarlane bis ins 14. Jahrhundert zurückverfolgt werden. Es büßte erst im Laufe des 18. Jahrhunderts an Geltung ein, als es aus verschiedenen und nicht zuletzt ökonomischen Gründen zu einem absinkenden Heiratsalter kam und zu einer Zunahme vorehelicher Schwangerschaften. Unter den Bedingungen des „European Marriage Pattern" war eine Investition in die Reproduktion keineswegs eine gesicherte Vergrößerung der Produktion der Familie. Das mögen die folgenden Aussagen illustrieren: William Blundell schrieb zu Beginn des 18. Jahrhunderts an eines seiner Kinder, daß seine Frau ihr 10. Kind bekommen habe, „... du kannst dir wohl denken, daß dies nicht der richtige Weg ist, um reich zu werden." Und ein Moralist derselben Zeit bemerkte: „Der größte Feind für die Ehe ist der begierliche Mann, er liebt es, alles zu bekommen außer Kindern" (zitiert nach MacFarlane (1986:86), Übersetzung D.B.-N.). Das war keine neue Einsicht zu jener Zeit. Francis Bacon hatte dasselbe schon mehr als zweihundert Jahre früher formuliert, mit deutlichem Tadel an die Adresse derjenigen, die den Luxus mehr als die Kinder schätzten. Um nicht arm zu werden, konnte es besser sein, eine ältere Witwe zu heiraten als ein junges Mädchen - ein Rat, der sich in historischen Berichten wiederholt finden läßt. Nicht nur in wohlhaben-

---

[2] Die Ausführungen von Mitterauer (1986) zur Sozialgeschichte der Jugend zeigen auch für Deutschland die frühe Distanz zwischen Kindern und Herkunftsfamilie und die Ausrichtung der Jugendlichen auf ihre eigene ökonomische Zukunft.

den Verhältnissen konnten Kinder ein fragliches oder schlechtes Geschäft sein, erst recht galt das für arme Eltern (MacFarlane 1986: 51ff.).

Die unsichere Nutzenerwartung an die Kinder kontrastiert mit der Eindeutigkeit ökonomischer Nutzenerwartungen, die sich außerhalb des Geltungsbereichs des „European Marriage Pattern" bis in die neueste Zeit erhalten hat. MacFarlane zitiert einen spanischen Bauern, der dem englischen Poeten Laurie Lee um die Wende zu unserem Jahrhundert riet:

> „Kauf Land und erzeuge Söhne und du kannst nicht falsch gehen. Kommt Krieg, kommen Diebe und ruinierte Ernten - sie bedeuten nichts ... Wenn ein Mann starkes Blut hat wie ich und seinen Samen weit genug aussät, dann muß dieser Mann blühen."

Und ebenso erklärte ein indischer Wasserträger einem Anthropologen, den er mit dem Familienplaner verwechselte, der ihn vor Jahren besuchte:

> „Sie versuchten mich 1960 zu überzeugen, daß ich keine Söhne mehr haben sollte. Nun sehen Sie, ich habe sechs Söhne und zwei Töchter und ich sitze zu Hause in Muße. Sie sind groß geworden und bringen mir Geld. Einer arbeitet sogar außerhalb des Dorfes als Arbeiter. Sie sagten mir, ich sei ein armer Mann und könnte keine große Familie unterhalten. Nun sehen Sie, wegen meiner großen Familie bin ich ein reicher Mann" (MacFarlane 1986: 43; Übersetzung D.B.-N.).

Der ökonomische Nutzen der Kinder stand im Verbreitungsgebiet des „European Marriage Pattern" dagegen keineswegs fest. Zwar konnten Kinder früh arbeiten (sie taten dies mit Ausnahme der reichen in der Regel auch), und möglicherweise unterstützten sie ihre alten Eltern. Wieweit man aber von den Kindern tatsächlich profitieren würde, wieviel Kinder man sich aus diesem Grunde wünschen sollte, bedurfte abwägender Überlegungen, die kaum zu eindeutiger Klarheit führen konnten. Zusätzliche Belohnungen mußten die familiären Investitionen an Zeit, Geld, Mühe sowie körperlicher Kraft und Gesundheit der Frauen ausgleichen helfen: Kinder als Amüsement, Kinder als Mittel gegen die Einsamkeit. Auch solche Überlegungen sind bei MacFarlane (1986) in großer Zahl zitiert. Darin sind Zweifel nicht zu übersehen, ob solche Belohnungen die Mühen wettmachen. Schon früh findet sich die Einsicht, daß es die Belohnungen nur für eine beschränkte Zeit gibt, weil die Kinder bald genug eigene Wege gehen werden. So muß festgehalten werden, daß der Wert der Kinder in seinen ökonomischen und seinen emotionalen Anteilen bei diesem Familienmuster stets eines Ermittlungsprozesses bedurfte.

2.2 *Eine zweite Etappe: Liebe für nützliche Kinder*

Der Ermittlungsprozeß blieb nicht der einzelnen Familie überlassen. Es hatte sich nicht nur ein gemeinschaftliches Wissen herausgebildet, vor dessen Hintergrund dann die einzelnen Familien ihr Bewertungsproblem lösten, vielmehr wurde gezielt und auf der Basis bestimmter Interessen in die Ermittlung eingegriffen. Männer der Öffentlichkeit glaubten, den Wert von Kindern eindeutig bestimmen zu können und versuchten entsprechend auf die Bevölkerung (und deren Wachstum) einzuwirken.[3] Die oben zitierte Aussage des Philosophen und Staatsmannes Francis Bacon (es ist nicht seine einzige zu diesem Thema und in diesem Tenor) zeigt, daß sie es bereits im frühen 17. Jahrhundert versuchten. Einige Jahrzehnte später klagt der französische Staatsmann Colbert über Priester und Nonnen, die „nicht nur sich von der Arbeit entlasten, die dem Gemeinwohl zugute käme, sondern sogar der Gemeinschaft all die Kinder, die sie produzieren könnten, vorenthalten, Kinder, die notwendige und nützliche Aufgaben erfüllen könnten" (Badinter 1984: 120f.). Um die Bevölkerung von der Nützlichkeit der Kinder zu überzeugen, ließ sich Colbert Maßnahmen einfallen, die im wesentlichen Steuervergünstigungen beinhalteten: für kinderreiche Familien, für Familien, die ihre Kinder nicht ins Kloster steckten, für jung gegründete Familien

Rund hundert Jahre später nahmen diese Versuche einer öffentlichen Bestimmung des Wertes von Kindern die Dichte und die besondere Ausprägung an, in denen sie dann zum Gegenstand verschiedener sozialwissenschaftlicher Analysen geworden sind. Im ausgehenden 18. Jahrhundert kam es zu einer eigentlichen Kampagne, die dem ökonomischen Wert der Kinder, ihrem Nutzen für die ganze Gesellschaft, zur allgemeinen Anerkennung verhelfen sollte. Angeführt wurde der Diskurs von Staatsmännern, Philosophen, Ökonomen, Medizinern. Der ökonomische Wert der Kinder gab die hauptsächliche Basis ab für die Forderungen nach mehr Aufmerksamkeit, die der Erziehung der Kinder geschenkt werden sollte. Eine intensivierte und vernünftige Erziehung wurde gefordert, für die das Gespann von Mutter und Experten zuständig wurde. Dabei ist es bemerkenswert und aus heutiger Sicht sogar befremdlich, daß Ökonomie und Emotion nicht als Alternativen angesehen wurden, sondern gerade ihre Verbindung gefordert wurde. Mütterliche Liebe und familiärer Schutz sollten den Kindern zukommen, weil deren Wert als (nicht nur zukünftige) Arbeitskräfte, als spätere Siedler in neueroberten Kolonien, als Soldaten in den stehenden Heeren, als zukünftige Mütter weiterer Kinder unschätzbar war und weil auf diese Weise deren spätere Nichtsnutzigkeit (und ihr früher Tod) auf jeden Fall vermieden werden mußte. Die Forderung hieß also: Liebe für nützliche Kinder oder präziser, Liebe für Kinder, weil sie nützlich sind und damit sie noch nützlicher werden. Die Liebe wiederum sollte sich in einer Erziehung äußern, die zwar aufmerksam, liebevoll, aber konsequent, nicht verwöhnend,

---

[3] Auf ein solches gemeinsames Wissen („mutual knowledge", wie es etwa Giddens oder die Ethnomethodologen beschreiben) weisen die zahlreichen von MacFarlane gesammelten Aussagen zum Wert von Kindern. Sie wurden sprachlich oft in der Art eines selbstverständlichen, weil als gesellschaftlich geteilt unterstellten Wissens aufgebaut und von den jeweiligen Personen nicht als persönliche Meinungen formuliert. (Vgl. etwa die zitierte Aussage von Blundell mit der Formulierung: „... du kannst Dir wohl denken ...")

körperlich abhärtend und seelisch ertüchtigend - kurz, ihrerseits ökonomisch und auf Ökonomie ausgerichtet sein sollte. Die Botschaft stieß vor allem im Bürgertum auf Gehör, an das sich eine Flut von Erziehungsratgebern richtete. (Joseph/ Fritsch/ Battegay 1977, Donzelot 1979, Badinter 1984, Schütze 1991)

Das Geschehen des 18. und 19. Jahrhunderts zeigt bereits, wie der Wert der Kinder in einem gesellschaftlichen Ermittlungsprozeß bestimmt wird, der stark von Interessen gelenkt ist. Es waren die Interessen der expandierenden Industrie und allgemein des aufkommenden Bürgertums, aber auch die einer Obrigkeit, die auf die neue „Industriosität" und Industrie setzte. Stellvertretend für diese Obrigkeit sei Maria Theresia genannt, die als Anwältin der Kinder auftrat und deren landesmütterliche Fürsorge der Erziehung der Kinder zu ausdauernden, arbeitsamen Menschen galt. Als Mittel dazu förderte sie die Einrichtung von Schulen und die Kinderarbeit (Wiesbauer 1981: 15f.). Das Geschehen zeigt, daß sich eine gleichzeitig ökonomische und emotionale Aufwertung von Kindern nicht ausschließen. Die „Rechenregeln" werden durch eine soziale Leistung festgelegt und drängen sich nicht in natürlicher Weise auf. Dabei ist es durchaus nicht nur ein zukünftiger ökonomischer Nutzen, der nun höher veranschlagt wurde. Auch dem Einrechnen des ökonomischen Wertes von Kinderarbeit und seiner Steigerung stand - jedenfalls im geführten Diskurs - nichts entgegen. Die dazu angestellten Überlegungen und vorgeschlagenen und realisierten Maßnahmen betrafen allerdings nur die Kinder der Armen oder des Volkes.

Die Verklammerung von Ökonomie und Emotion geschah wesentlich über eine Neustrukturierung des familialen Binnenraums. Was sich dadurch an der tatsächlichen Intensität der Gefühle änderte, läßt sich nicht feststellen, aber die Vorstellung der guten und das hieß der vernünftigen und auch liebevollen Familie und vor allem Mutter gewann nachhaltig an Bedeutung: „Kinderstube" (Schlumbohm 1983) und „gute Mutter" wurden zum normativen Konstrukt (Schütze 1991). Diese besondere Verbindung von Emotion und Ökonomie läßt sich auch am Beispiel der „moralischen Wochenschriften" des 18. Jahrhunderts verdeutlichen. Diese Zeitschriften richteten sich an die bürgerliche Familie und versahen diese mit Ideen zur Kindererziehung wie auch zur neuen politischen und wirtschaftlichen Ordnung allgemein. Diese thematische Mischung war bei der zugrundegelegten sozial-utilitaristischen Ideologie nicht erstaunlich, sondern zwangsläufig. Die moralischen Wochenschriften orientierten sich stark an John Locke und betonten die Wichtigkeit der häuslichen Erziehung. Diese sollte eine Erziehung durch die Eltern und hier zunächst einmal durch die liebende Mutter sein, die es nicht übers Herz brächte, ihre Aufgabe an Ammen oder Dienstmädchen abzutreten. Die liebevoll-vernünftige Erziehung sollte die Kinder zu tugendhaften und glücklichen Individuen heranziehen, die gleichzeitig der Gesellschaft von Nutzen wären (Brown 1952, Maynes/ Taylor 1991).

Kinder zu lieben war aus dieser Sicht ein ökonomisches Gebot, weil sie nur so der Gesellschaft von Nutzen sein konnten. In der zeitgenössischen Ideologie war der Nutzen unabdingbar, zum Glück des Einzelnen wie zum Blühen der gesamten Ökonomie. Auch der Staat erhöhte seine Leistungen und seine Aufmerksamkeit für die Kinder und ihre Erziehung aufgrund des geltenden hohen ökonomischen Nutzens. Das ist nicht unbedeutend, vor allem mit Blick auf aktuelles Geschehen. Es ist durchaus angemessen, die damaligen Leistungen des Staates (insbesondere soweit sie sich an die ärmeren Schichten richteten) auch als Sozialdisziplinierung zu kennzeichnen (Joseph/ Fritsch/ Battegay 1977, Donzelot 1979). Die ökonomische Bedeutung verhalf den Kindern zu öffentlicher Bedeutung und Aufmerksamkeit.

2.3 Eine dritte Etappe: Kinder vor jeglichem Nutzen schützen

Eine weitere Etappe der gesellschaftlichen Wertbestimmung von Kindern, die sozialwissenschaftlich analysiert wurde, fällt etwa in die Zeit von 1870 bis 1930. Damals wurden auf Betreiben bürgerlicher Sozialreformer die „Regeln" zur Ermittlung des Wertes von Kindern neu bestimmt. Ein ökonomischer Wert wurde nun nicht mehr als Grundlage oder zur Steigerung eines emotionalen Wertes geltend gemacht, im Gegenteil, es durfte ihn gar nicht mehr geben. Ökonomischer und emotionaler Wert wurden zu der Alternative gemacht, als die sie heute selbstverständlich gelten. Nur ökonomisch wertlose Kinder konnten von nun an zum Teuersten werden. Zelizer (1985) und Lasch (1981) analysierten das Geschehen rund um diese neue Wertbestimmung von Kindern in den USA. Sie untersuchten die Durchsetzung dieser Sicht gegenüber den Familien der Kinder, denn im Verdacht, die Kinder auszunutzen, standen längst nicht nur die Arbeitgeber. Diskurs und Maßnahmen richteten sich vielmehr besonders stark gegen ärmere Eltern und dabei vor allem gegen Immigranten. Diese Eltern wurden von den Sozialreformern (vor allem auch von den Vertretern der Wohlfahrtsverbände und der nun zahlreicher entstehenden staatlichen Agenturen zum Schutze der Kinder) verdächtigt, ihre Kinder ökonomisch zu schätzen und sie also auszubeuten, anstatt sie zu lieben, und zwar gebührend zu lieben.

Ins Schußfeuer sozialreformerischer Kritik geriet unter anderem alles, was als Kinderarbeit galt. Die auftauchenden Definitionsprobleme wurden so zu lösen versucht, daß letztlich jegliche Beschäftigung von Kindern Kinderarbeit war, sofern sie nicht allein einem pädagogischen Ziel diente und an sich nutzlos war. Selbst die Mithilfe im Haushalt sollte nicht der Entlastung der Hausfrau dienen, sondern nur der Erziehung des Kindes: Es sollte sich um Lektionen der Hilfsbereitschaft, Ordentlichkeit und Uneigennützigkeit handeln, nicht um wirkliche Arbeit. Für die vielbeschäftigte Mutter sei es einfacher, die Arbeit selber zu tun, als zu unterbrechen, um ein Kind anzuleiten. Im Interesse der Charakterbildung der Kinder aber habe die Mutter ihre Arbeit so zu planen, daß ihr genügend Muße bleibe, das Kind anzuleiten. Das führte 1932 eine Expertin an, und so wurde zur selben Zeit auch auf der „White House Conference on Child Health and Protection" argumentiert (Zelizer 1985: 99).

Alles, was Kinder in die Nähe einer ökonomischen Bedeutung brachte, war nur akzeptabel, wenn es sich um eine rein erzieherische Angelegenheit handelte. Das galt auch für den Besitz von Geld durch die Kinder. Jegliche Abgabe von Geld an Kinder durfte nicht den Charakter eines Lohnes haben. Es durfte keine Entschädigung für erbrachte Dienste sein, sondern nur ein unter erzieherischen Gesichtspunkten und mit ebensolchen Absichten zugeteiltes Taschengeld. Für den Ausschluß der Kinder vom Arbeitsmarkt mögen letztlich wirtschaftliche Gründe den Ausschlag gegeben haben: Die Bedingungen der Produktion und des Arbeitsmarktes waren nun von einer Art, daß es rentabler war, Kinder zu erziehen, anstatt sie zu beschäftigen (Zelizer 1985: 112). Entscheidend für die Bewertung der Kinder war aber, daß die wirtschaftliche Situation genutzt wurde, um eine erfolgreiche Kampagne gegen jegliche ökonomische Bedeutung von Kindern durchzuführen.

Die neue Festsetzung des Wertes von Kindern verlief einmal mehr auch als Prozeß der Sozialdisziplinierung. Massive Verdächtigungen gegen die ärmeren Eltern gaben die legitimatorischen Grundlagen für Interventionen ab. Sie gipfelten in der Behauptung, daß die Lebensversicherungen, die die Armen für ihre Kinder häufig abschlossen, um ihnen immerhin ein Armenbegräbnis zu ersparen, das Leben der Kinder in Gefahr brächten. Sie könnten die armen Eltern zum Kindesmord verleiten oder sogar bereits mit verwerflicher Absicht abgeschlossen worden sein (Zelizer 1985).

Der Aspekt der Sozialdisziplinierung wird in aller Schärfe von Lasch (1981) kritisiert. Er zeigt, wie die progressiven Reformer mit dem Verbot der Kinderarbeit das Kind auch der Familie entfremdeten. Das galt vor allem in der Immigrantenfamilie. Neue Sozialisationsagenturen übernahmen die Aufgabe der Familie: Erzieher, Sozialarbeiter, Psychiater, Jugendstrafrichter. Sie schufen das, was Lasch (1981: 39) als „Proletarisierung der Elternschaft" bezeichnet: Sie vergesellschafteten die Reproduktion und ließen damit die Eltern zu einem Proletariat werden, welches die Fähigkeit verlor, ohne Anleitung durch Fachleute für die Bedürfnisse der eigenen Kinder zu sorgen. Dies geschah auf der Basis einer Diskriminierung elterlicher Kompetenzen. Es hieß, „(d)ie Familie bringe unangepaßte Jugendliche, emotionale Krüppel, jugendliche Straftäter und potentielle Kriminelle hervor. 'Wenn der Staat gute Bürger haben soll ... müssen wir am besten sofort anfangen, die Kinder in unseren Schulen das zu lehren, was sie offenbar zu Hause nicht mehr lernen. Die Überzeugung, daß die Familie nicht mehr für ihre eigenen Bedürfnisse sorgen könne, rechtfertigte die Expansion der Schule und der Sozialfürsorge" (Lasch 1981: 33f.). Im Arbeitszusammenhang waren dagegen gerade ärmere Kinder und Immigrantenkinder oft in besonderem Maße in die Familie eingebettet gewesen. So hatten die Kinder von nordamerikanischen Immigranten einen nicht unbedeutenden Teil der Familieneinkommens erwirtschaftet (Zelizer 1985). Mit einem nicht schon durch aktuelle Selbstverständlichkeiten verstellten Blick könnte man vermuten, daß ihnen dies auch zur Anerkennung innerhalb ihrer Familie verhalf. Die neue gesellschaftliche Organisation des Sozialisationsprozesses brachte dagegen gerade diesen Kindern nicht Anerkennung, sondern gehäuft schulischen Mißerfolg. Zu berücksichtigen gilt es auch, daß Kinder sehr oft beim selben Arbeitgeber und am selben Arbeitsplatz beschäftigt waren wie ihre Eltern und Verwandten. Das zeigen Untersuchungen aus den USA wie auch aus Europa (Hareven 1977, Lemmenmeier 1981). Diese Untersuchungen weisen auch auf die Sozialisation durch die Familie am Arbeitsplatz. Für diese Sozialisation hatten die ärmeren Eltern Kompetenz besessen, für die nun neu verlangte konnte man sie ihnen absprechen. Die „Proletarisierung der Eltern" kann man nicht nur als Nebenfolge, sondern durchaus als Ziel der sozialreformerischen Bewegung sehen: Die Entökonomisierung des Kindes zu dieser Zeit verlief, wie schon die Ökonomisierung runde hundert Jahre früher, auch als ein Prozeß der Expertisierung. Der Prozeß der Entökonomisierung hatte auch Gewinner: ganz besonders die Experten in Sozialberufen.

Über den dargestellten Prozeß der Entökonomisierung der Kinder wurden gleich in doppelter Weise Minderheiten konstituiert und legitimiert. Zum einen wurden die Sozialisationspraktiken ärmerer Familien ins Abseits verwiesen. Damit wurde fortan und bis in die Gegenwart das Versagen der Kinder aus eben diesen Schichten in der Schule erklärt und legitimiert und somit gesellschaftliche Schichtung tradiert. Zum zweiten wurde über den Prozeß der Entökonomisierung der Kindheit die Position von Kindern insgesamt als gesellschaftlicher Minderheit verfestigt. Diese Minorisierung der Kinder durch das Verhindern und Absprechen jeglicher ökonomischen Bedeutung soll im Folgenden gezeigt werden. Ich werde dabei auf die gegenwärtigen Prozesse öffentlicher Wertbestimmung eingehen. Diese Prozesse sind im Vergleich zum eben dargestellten Geschehen nicht so leicht zu erkennen.

2.4 Blick auf die Gegenwart: Nutzlose und geliebte Kinder als gesellschaftliche Randgruppe

Es stimmt nicht, daß nur Kinder, die aus jeglichem ökonomischen Zusammenhang ausgeklammert sind, geliebte, in ihrem emotionalen Wert adäquat geschätzte Kinder wären. Das hielt schon Reverend O. R. Miller 1895 den bürgerlichen Reformern entgegen, welche die armen Eltern der lieblosen Ausnutzung ihrer Kinder verdächtigten: „I think it a mean, contemptible slander in saying that the poor ... love their children less than the millionaires" (Zelizer 1985: 113). Nutzlosigkeit ist also keine notwendige Voraussetzung der Liebe. Als Grundlage einer öffentlichen Wertschätzung erweist sie sich zunehmend als problematisch.

Ausgerechnet Nutzlosigkeit wird jetzt nämlich den Kindern vorgeworfen - das mutet schon fast zynisch an. Der Vorwurf kommt wiederum von Experten, die in populärwissenschaftlichen Schriften mit hohem Beachtungsgrad die Klage vom „Wohlstandskind" verbreiten. Das Wohlstandskind ist ein unnützes, untüchtiges, verwöhntes Kind. Seine Verwöhnung ist vor allem materieller Art, aber nicht allein, sie besteht auch darin, keine Gegenleistung erbringen zu müssen. „Verwöhnte Kinder haben keine Aufgabe, sie müssen bloß in ihren Leistungsbereichen funktionieren. Und sie wachsen im Ghetto auf, sehen nie jemanden arbeiten." Anders die nicht verwöhnten Kinder: „Sie spüren, daß sie gebraucht werden, und wachsen langsam in ihre Funktionen hinein." So argumentiert Ulrike Zöllner, die Verfasserin eines Buches über das Wohlstandskind im Zeitungsinterview[4]. Die öffentliche Abwertung der nutzlosen Kinder gipfelt zum Beispiel in einer Schlagzeile wie der folgenden: „Erzieher: Das heutige Kind ist ein nervöser Egoist" (Rheinische Post, 6. 9. 1994).

Beides wird zum Vorwurf gemacht und zur Abwertung der Kinder verwendet: die Nutzlosigkeit und die elterliche Liebe, die sie erhalten. Liebe für nutzlose Kinder macht diese zu verwöhnten und damit durch die Absenz von Nutzen und durch die erhaltene ungerechtfertigte Liebe doppelt entwerteten Kindern. Zwar ist es nicht an sich die Liebe für die Kinder, die bestritten wird, solche wird nach wie vor gefordert. Es ist das Maß der Liebe, und dieses Maß erscheint nun manchem zu hoch, und daraus kann einmal mehr das Recht zur Bevormundung der Eltern abgeleitet werden. An Eltern richtet sich der Vorwurf der Experten, ihre Kinder zu sehr zu lieben, in einer pathologischen Weise zu lieben. Eigene Diagnosen, die Krankheitsbildern gleichen, wurden dafür geschaffen, so wird etwa von der „besitzergreifenden Liebe", von der „symbiotischen Beziehung", der „überfordernden Projektion", der „Überemotionalisierung" und anderem mehr gesprochen.[5] Wurde also zunächst ein höherer emotionaler Wert der Kinder gerade durch Entökonomisierung gefordert, so verlangt jetzt die Situation der Absenz von Nutzen unter Umständen auch Expertenintervention zur Senkung des emotionalen Wertanteils.

Die verbreitete Klage über das Wohlstandskind kann sich auf ein Ideal des nützlichen Kindes beziehen, ein Ideal, das sich offensichtlich zu erhalten vermochte. Dieses nützliche Kind hat Liebe, emotionale Wertschätzung verdient. Es ist in der Kinderliteratur noch heute präsent und gelegentlich werden ihm da sogar neue Denkmäler gesetzt. Präsent ist es z.B. in der Figur des Anton von Erich Kästner oder des kleinen Mädchens mit den Schwefelhölzchen von Hans Christian Andersen.[6] Diese Kinder leben entbehrungsreich und leisten ihren Beitrag für die Existenz der Familie. Daran gemessen, müssen Kinder schlecht abschneiden, die nur einen Beitrag erbringen (dürfen), der pädagogischen Nutzen und Anspruch hat, und die dennoch mit Liebe überschüttet werden

---

[4] Das Interview findet sich im „Tages-Anzeiger" vom 30.3.94. Zöllner ist Autorin des Buches „Die Kinder vom Zürichberg. Was der Wohlstand aus unseren Kindern macht." Zürich: Kreuz Verlag.

[5] Siehe dazu Beck-Gernsheim (1990), die trotz aller Skepsis gegenüber Experteninterventionen dem Vorwurf übertriebener und pathologischer Liebe distanzlos Glauben schenkt und ausgerechnet diesen nicht als neuerliche Runde eines professionellen Projektes behandelt.

[6] Andersen, H. C.: „Das kleine Mädchen mit den Schwefelhölzchen." S. 502 - 506. In: Gesammelte Märchen. Manesse Verlag. Kästner, E.: Pünktchen und Anton. Atrium Verlag.

(müssen). Das Ideal des nützlichen Kindes ist nicht nur ein literarisch verbreitetes, es erscheint ebenso in den selbstbewußten Schilderungen älterer Menschen über die ökonomische Knappheit ihrer Kinder- und Jugendjahre und über ihren eigenen Beitrag zur Linderung der Knappheit in der Familie. Die gesellschaftliche Bestimmung des kindlichen Wertes widerspricht dem Ideal des nützlichen Kindes und vermochte auch kein neues, passendes Ideal zu schaffen. Anders ausgedrückt: Der Schutz der Kinder vor jeglicher Nützlichkeit hat eine Gruppe hervorgebracht, die gemessen an noch immer vorhandenen Idealen der Nützlichkeit schlecht abschneidet und die nun in öffentlichen Diskussionen immer lauter kritisiert und immer abschätziger dargestellt wird. Zelizer (1985) führt an, daß das faule und verwöhnte Kind das Negativbild der Kinderliteratur zu Beginn des Jahrhunderts gewesen sei. Dieses Negativbild ist noch immer abrufbar, nur betrifft der Vorwurf jetzt nicht allein das verwöhnte, reiche Kind, sondern er betrifft Kinder insgesamt, die nicht mehr liebenswert sind.

Es ist auch kaum vorstellbar, daß es gelingen könnte, eine gesellschaftliche Gruppe gleichzeitig mit den Merkmalen „nutzlos" und „wertvoll" auszustatten. In einer Marktgesellschaft werden diejenigen Gruppen gering bewertet, die ihr Produkt nicht auf den Markt bringen, etwa die Produzentinnen häuslicher Dienstleistungen (Michel 1988), um so mehr gilt dies für diejenigen, die gar keine Produktion erbringen oder denen jegliche Produktivität abgesprochen wird. Auch diese Einsicht ist in der aktuellen öffentlichen Diskussion anzutreffen, so kritisiert Martin Ahrends in „Die Zeit" vom 27.5. 94: „Kinder sind nach dem Gesetz des Marktes wertlos. Sie gelten als Rotznasen oder Müllmacher." Wieweit sich diese Geringschätzung entökonomisierter Gruppen auf öffentliche Zusammenhänge beschränkt respektive wieweit sie nicht auch in die Familie hineinwirkt, wäre genauer zu klären. Im Bereich der Konsumpraktiken etwa stellt Segalen auf der Basis einer Reihe französischer Untersuchungen in landwirtschaftlichen Haushalten und in Arbeiterfamilien eine klare innerfamiliäre Benachteiligung der ökonomisch gering geschätzten Gruppen fest: der Alten, der Kinder, der Frauen. Sie läßt sich im Satz zusammenfassen: „Wer das Brot verdient, ißt das Fleisch" (Segalen 1990: 332). Eine vergleichbare Benachteiligung dürfte im Bereich der innerfamiliären Raumaufteilung und Raumnutzung festzustellen sein. Auch wenn von solchen relativen Benachteiligungen im privaten Zusammenhang wahrscheinlich auszugehen ist, so trifft man jedoch im öffentlichen Zusammenhang auf die offen ausgedrückte Ansicht, daß die Teilhabe der Kinder an materieller und emotionaler Wertschätzung zu hoch ausfalle - wie bereits dargelegt. Das zeigt, daß die Merkmalskombination „nutzlos" und „wertvoll" nicht akzeptiert wird.

Ohnehin enthielt die Betonung des emotionalen Wertes der Kinder, bis hin zu einer Sakralisierung (Zelizer 1985) oder Glorifizierung (Sommerville 1982), vor allem eine Aufforderung an die Eltern und weniger an die Öffentlichkeit. Die Eltern hatten dem Kind im Einzelfall zu seinem Wert zu verhelfen. Ihnen - so wird noch heute argumentiert - komme ja auch der emotionale Gewinn zu, den das Kind zu bieten habe. Für die Öffentlichkeit bedeutete die Betonung des emotionalen Wertes in dieser Weise nicht viel mehr als eine Anreicherung mit Sentimentalität, die man nach Bedarf auf sich einwirken lassen konnte; eine süßliche Literatur und Malerei boten dazu reichlich Gelegenheit. Solche Sentimentalität verdeckte den tatsächlichen Umgang der Gesellschaft mit Kindern: Die Zeit, das 19. Jahrhundert, für die Sommerville eine Glorifizierung konstatiert, war auch die Zeit einer rücksichtslosen Ausbeutung der kindlichen Arbeitskraft. Deutlich zeigt auch das von Zelizer präsentierte Material diese beschränkte Verpflichtung der Öffentlichkeit: Zur gleichen Zeit, als die Sakralisierung des Kindes im Gange war, expandierte der Straßenverkehr, der gerade unter Kindern besonders viele Opfer verursachte. Der höhere emotionale Wert, der für Kinder beansprucht wurde, schlug sich in den USA in einer neuen Bemessung und Begründung des Schadenersatzes für totgefahrene Kinder nieder. Hierbei wurde nun der emotionale Wert der Kinder berücksichtigt, statt ihres Beitrags zum Familienunterhalt. Die Sakralisierung des Kindes zeigte sich ebenso in moralischer Entrüstung gegen die Täter sowie in offenen Vorwürfen an die Eltern, sie hätten ihre Kinder mangelhaft beaufsichtigt und erzogen. Tatsächlich wurden im Laufe der Zeit die Kinder an den Verkehr angepaßt, was vor allem Leistungen von seiten ihrer Eltern verlangte, und nicht umgekehrt der Verkehr an die Kinder, was öffentliche Rücksichtnahme verlangt hätte. So wurde gleichzeitig mit der Sakralisierung eine Verdrängung der Kinder in die Familie - auch eine räumliche Verdrängung - eingeleitet, die bis heute anhält.

Der beschränkte Verpflichtungscharakter, den der emotionale Wert der Kinder für die Öffentlichkeit hat, läßt sich auch aus der relativen Armut von Kindern ersehen, wie sie in Deutschland und anderen Ländern gegenwärtig zu konstatieren ist. Im Generationenvergleich erweist sich die Kindergeneration als materiell schlechter gestellt als die Erwachsenengeneration, ein größerer Prozentsatz von Kindern als Erwachsenen ist von Armut betroffen (Qvortrup 1987, 1993). Die drastische Verschlechterung der Einkommenssituation mit wachsender Kinderzahl kommt dafür auf, daß vergleichsweise viele Kinder in schlechten finanziellen Verhältnissen leben (Buhr et al. 1987, Wingen/ Cornelius 1989). Bereits das Haushaltsnettoeinkommen sinkt mit steigender Kinderzahl; das ergibt dann ein Pro-Kopf-Einkommen, das in Familien mit drei und mehr Kindern um nahezu die Hälfte geringer ist als bei kinderlosen Paaren. Die Kinderzahl ist zum entscheidenden Faktor sozialer Ungleichheit geworden, sie ist für die ökonomische Situation einer Familie von größerer Bedeutung als Faktoren wie Stellung im Beruf oder Schichtzugehörigkeit (Engelbert 1993: 77f.).

Der emotionale Wert, der den Kindern zugeschrieben wird, hat also einen sehr beschränkten öffentlichen Tauschwert. Da er außerdem an die Absenz eines ökonomischen Nutzens der Kinder gekoppelt wurde, kann er immer als zu hoch, als ungerechtfertigt beurteilt werden, wie hier zu zeigen versucht wurde - und dies geschieht in letzter Zeit gehäuft. Nicht zuletzt tut das zum Beispiel auch Zelizer selber, wenn sie von einer Sakralisierung des nutzlosen Kindes spricht.

Bisher habe ich in meinen Ausführungen vor allem über den Nutzen gesprochen, den man von Kindern unmittelbar erwarten darf (oder nicht), nicht aber über den in Zukunft von ihnen zu erwartenden ökonomischen Beitrag. Über die Konzeption von Kindheit als Sozialisations- und Lernphase wurde Kindheit insgesamt auf einen zukünftigen Nutzen bezogen gesehen: Sie sollte tüchtige Erwachsene hervorbringen, wie sie die Gesellschaft brauchen könnte. Die Sozialreformer der Jahrhundertwende müssen diesen Zweck der Kindheit vor Augen gehabt haben, sie hätten sonst kaum auf dem (pädagogisch motivierten) Übertragen von kleinen Aufgaben an Kinder und auf dem Taschengeld als Erziehung zum sparsamen Menschen insistiert. Sie haben diesen zukünftigen Nutzen, das kann aus der Art ihres Diskurses vermutet werden, wohl als Selbstverständlichkeit unterstellt. Kinder als künftig zu realisierendes Kapital erscheinen heute noch gelegentlich in der Rhetorik von Wahlkampfparolen[7] und in aktuellen Diskussionen zur Bevölkerungsentwicklung und zur Rentenfinanzierung. Welche Wertbestimmung über solche Diskussionen letztlich erreicht wird und wie sich die Veranschlagung eines allfälligen zukünftigen Nutzens mit dem emotionalen Wert zu einer Gesamtbilanz addiert, bedürfte einer eingehenden Analyse.[8] Festgehalten werden kann aber bereits, daß auch dieser zukünftige wirtschaftliche Nutzen von Kindern nicht mehr unbestritten ist. Die Beiträge einer 1978 abgehaltenen Tagung zu den wirtschaftlichen Auswirkungen der Bevölkerungsentwicklung zeigen, daß darüber höchst unterschiedliche Meinungen vertreten werden. Sie reichen von der Prognose einer krisenhaften Entwicklung über relativ neutrale Prognosen bis zu Aussichten auf ein wirtschaftliches Wachstum, das gerade durch den Bevölkerungsrückgang erzielt werde (Ifo, Institut für Wirtschaftsforschung 1978). Diese Diskussionen zielen zwar nicht auf den Wert der Kinder als gesellschaftliche Kategorie, sie zielen zunächst auf die wünschbare Zahl von Kindern, dennoch sind sie auch Beiträge in einem Prozeß öffentlicher Wertermittlung. Möglicherweise gilt es zu den öffentlich angestellten Kalkülen über den künftigen Nutzen von Kindern aber auch zu sagen, daß sie - wie immer sie auch ausfallen mögen - auf ein öffentliches Engagement für Kinder ohnehin kaum durchschlagen könnten, weil Politik selten von derart langfristigen Überlegungen angeleitet wird. Damit bliebe die Ermittlung dieses Wertanteils möglicherweise relativ unbedeutend für die Festlegung der Position der Kinder, böte also auch keine Chance, die Randgruppenposition zu korrigieren.

Bemühungen zur Korrektur der Position der Kinder - und nicht ihrer Zahl, das ist ein anderes Interesse! - über Versuche, ihren Wert neu zu veranschlagen, sind gerade in neuerer Zeit verschiedentlich anzutreffen. Qvortrup (1994, 1995) betont den ökonomischen Wert, der Kindern aufgrund ihrer täglichen Anstren-

---

[7] So stand 1995 im Wahlkampf in NRW auf einem Plakat von Johannes Rau „Junge Menschen sind unser größtes Kapital. Sie verdienen die bestmögliche Ausbildung."
[8] Diese Analyse beabsichtigt die Verfasserin dieses Beitrages in einem Projekt zur aktuellen gesellschaftlichen Ermittlung und Festsetzung des Wertes von Kindern vorzunehmen.

gungen zur Selbstqualifikation zugestanden werden müßte. Engelbert (1992) weist auf einen gesamtgesellschaftlichen Wert hin, der Kindern dadurch zukomme, daß sie den Erwachsenen Gelegenheit geben, im Umgang mit Kindern ihr Handlungsrepertoire zu erweitern und relevante Handlungskompetenzen auszubilden. Nicht nur die „gute Mutter" (Schütze 1991) wäre dann eine Figur, die sich aus der Kategorie Kinder begründet, sondern der „gute Erwachsene" schlechthin, als eine gesellschaftlich unverzichtbare Figur, die erst im konkreten Umgang mit Kindern herausgebildet wird. Umweltschützer etwa machen sich einen weiteren Wert der Kinder zunutze, um ihren Argumenten zu mehr Beachtung zu verhelfen: die lange Lebenszeit, die Kindern noch bevorsteht und damit die Möglichkeit, über den argumentativen Rückgriff auf Kinder eine längerfristige Planungsperspektive zu erreichen. Wieweit durch solche Bemühungen die öffentliche Wertbestimmung korrigiert wird, bleibt abzuwarten.

Allerdings stößt der Versuch, einen ökonomischen Wert der Kinder einsichtig zu machen, der in ihrer Selbstqualifikationsarbeit begründet ist, auf ein Hindernis. Er stößt auf die Konstruktion der Kindheit als Lern- und Sozialisationsphase und das enstprechende Bild der Kinder: Kinder sind demnach von Natur aus lernwillig und aufmerksam, das ist keine besondere Leistung. Der ökonomische Restanteil, der Kindern noch zugebilligt werden könnte, ist somit schon vorgängig entökonomisiert worden, als Natur des Kindes festgeschrieben. Nicht das Vorhandensein, sondern das Fehlen dieser natürlichen Bereitschaft findet Beachtung. Das Fehlen wird konsequenterweise als Krankheit identifiziert, genauer, als ganzes Sammelsurium von Lernstörungen, Aufmerksamkeitsdefiziten, Teilleistungsschwächen (Bühler-Niederberger 1991). Selbstqualifikation wird dann als Absenz von Störung gewertet und nicht als anerkennenswerte Leistung. Diese Absenz sei selten genug - eine solche Argumentation ist omnipräsenter Bestandteil des Diskurses über das nutzlose Kind, wie er im Zuge von Expertisierungsbestrebungen geführt wird. Eine vergleichbare Naturalisierung ihrer Leistungen erfährt auch eine andere Minorität: die Frauen, deren Leistungen als Mutter nicht Leistungen sind, sondern ihrer Natur entsprechen und mithin als selbstverständlich vorausgesetzt werden dürfen. Man stößt hier auf das Problem, daß es generell schwerfällt, die allenfalls doch noch vorhandene ökonomische Bedeutung einmal entökonomisierter Minoritäten gesellschaftlich geltend zu machen. Das Problem ist aus der Frauendebatte bekannt und dürfte Kinder im selben Maße betreffen.[9]

---

[9] In Anlehnung an die Debatte zur ökonomischen Benachteiligung der Frauen, wie sie etwa von Delphy (1974a, 1974b) dargestellt wird, macht Leonard (1990) einen Vorschlag zur Analyse der Situation von Kindern. Diese Diskussion hat allerdings den Nachteil, daß sie sich im wesentlichen auf patriarchale Familienstrukturen beschränkt, während in diesem Beitrag vor allem der öffentliche Wertermittlungsprozeß und dessen Konsequenzen interessieren.

3. Fazit

Die Überlegungen lassen sich wie folgt zusammenfassen und zuspitzen:

1. Der Wert der Kinder wird in einem öffentlichen Prozeß der Wertermittlung festgelegt. Im historischen Prozeß zeigt sich, daß unterschiedliche Konstruktionen denkbar sind (von der Betonung der Nützlichkeit bis hin zum Verbot von Nützlichkeit).

2. Die Wertbestimmungen operieren stets auch mit einem ökonomischen Anteil, sei es mit seiner Präsenz oder mit seiner geforderten Absenz, und sie koppeln diesen Anteil an den emotionalen Wert.

3. Die noch immer gültige Konstruktion einer Alternative von entweder ökonomischem oder emotionalem Wert begründet eine minoritäre Position von Kindern, welche gerade in neuerer Zeit stärker sichtbar wird und „heillos" erscheint. Die Konstruktion begründet diese minoritäre Position, weil sie erstens auf ein anderes heimliches Ideal stößt, weil sie zweitens zur Reduktion des emotionalen Wertes verwendet werden kann und weil sie drittens den Wert der Kinder im privaten Bereich ansiedelt und schon deshalb keine öffentliche Anerkennung zu mobilisieren vermag. Die Entökonomisierung einer Gruppe läßt sich argumentativ kaum noch rückgängig machen. Der zur Zeit festgelegte Wert könnte damit Versuchen zur Aufwertung der gesellschaftlichen Kategorie „Kinder" entgegenstehen. Wieweit solche Versuche allerdings dennoch erfolgreich sein werden, dürfte eine Frage von Diskussions- und Verhandlungsverläufen sein, wie sie sich rund um politische Postulate und anstehende Entscheidungen ergeben können. Solche Verhandlungsverläufe sind dann auch durch Verhandlungsgeschick, durch Verhandlungskonstellationen und nicht zuletzt durch Zufälle geprägt.

4. Öffentliche Prozesse der Wertermittlung verlaufen stets auch als Prozesse der Expertisierung und der Auseinandersetzung zwischen gesellschaftlichen Gruppen. Sie haben in dieser Art zu einer dreifachen Minorisierung beigetragen: der Begründung eines geringen Wertes von Kindern, der Proletarisierung der Eltern und der Geringschätzung (obendrein schon naturalisierter) mütterlicher Leistungen. Allerdings dürfte gerade auch die Einsicht in Prozesse der Expertisierung und Sozialdisziplinierung und in deren Folgen zunehmend Skepsis gegenüber diesen Experten und ihrem Beitrag zur Wertermittlung wecken. Nicht zuletzt durch diese Skepsis dürfte auch die neue Thematisierung von Alterskategorien durch die Soziologie Auftrieb erhalten haben.

Literatur

Badinter, Elisabeth (1984): Die Mutterliebe. Geschichte eines Gefühls vom 17. Jahrhundert bis heute. München: dtv (frz. Original 1980).

Beck-Gernsheim, Elisabeth (1990): Alles aus Liebe zum Kind. In: Beck, Ulrich/ Beck-Gernsheim, Elisabeth (Hrsg.): Das ganz normale Chaos der Liebe. Frankfurt: Suhrkamp, S. 135-183.

Brown, F. Andrew (1952): On Education: John Locke, Christian Wolff, and the Moral Weeklies. University of California Publications in Modern Philology, 36, S. 149 - 171.

Bühler-Niederberger, Doris (1991): Legasthenie - Geschichte und Folgen einer Pathologisierung. Opladen: Leske + Budrich.

Buhr, Petra et al. (1987): Lebenslage und Alltagsorganisation junger Familien in Nordrhein-Westfalen. Bielefeld: Institut für Bevölkerungsforschung und Sozialpolitik.

Delphy, Christine (1974a): Marriage et divorce: L'impasse à double face. Les Temps Modernes, S. 333, 334, 1815-29.

Delphy, Christine (1974b): La fonction de consommation et la famille. Cahiers Internationaux de Sociologie, S. 23-41.

Donzelot, Jacques (1979): Die Ordnung der Familie. Frankfurt: Suhrkamp.

Eisenstadt, Samuel, N. (1965): Altersgruppen und Sozialstruktur. In: v. Friedeburg, Ludwig (Hrsg.): Jugend in der modernen Gesellschaft. Köln, Berlin: Kiepenheuer & Witsch, S. 49-82.

Engelbert, Angelika (1992): Wie „teuer" sind Kinder. Wert und Kosten von Kindern für Familien und Gesellschaft. Diskurs, 1, S. 12-21.

Engelbert, Angelika (1993): Wandel der Familie - Gefährdung für Kinder. In: Graessner, Gernot et al. (Hrsg.): Gefährdungen von Kindern. Opladen: Leske + Budrich, S. 50-80.

Hajnal, J., 1965: European Marriage Patterns in Perspective. In: Glass, D.V./ Everseley, D.E.C. (Hrsg.): Population in History. London: Arnold, S. 101-146.

Hareven, Tamara, K. (1977): Family Time and Industrial Time: Family and Work in a Planned Corporation Town, 1900-1924. In: Hareven, Tamara, K. (Hrsg.): Family and Kin in Urban Community 1700-1930. New York, London: New Viewpoints, S. 187-207.

Hoffman, Lois Wladis/ Manis, Jean Denby (1979): The Value of Children in the United States. A New Approach to the Study of Fertility. Journal of Marriage and the Family, 41, S. 583-96.

Hurrelmann, Klaus (1989): Warum Eltern zu Tätern werden. Ursachen von Gewalt gegen Kinder. forschung - Mitteilungen der DFG, 1, S. 10-12.

Ifo-Institut für Wirtschaftsforschung e.V. (Hrsg.), 1978: ifo-schnelldienst, 31: Wirtschaftliche Probleme der Bevölkerungsentwicklung als Gegenstand einer Arbeitstagung im Ifo-Institut. München: Ifo-Institut.

Joseph, Isaac/ Fritsch, Philippe/ Battegay, Alain (1977): Disciplines à domicile. L'édification de la famille. Recherches, 28.

Lasch, Christopher (1981): Geborgenheit. Die Bedrohung der Familie in der modernen Welt. München: Steinhaus (Orig.: Haven in a Heartless World, 1977).

Lemmenmeier, Max (1981): Alltag der „Fabriklerkinder" am „Millionenbach". In: Schweizerisches Sozialarchiv (Hrsg.): Arbeitsalltag und Betriebsleben. Zur Geschichte industrieller Arbeits- und Lebensverhältnisse in der Schweiz. Dießenhofen: Rüegger, S. 119-166.

Leonard, Diana (1990): Entwicklungstendenzen der Soziologie der Kindheit in Großbritannien. In: Büchner, Peter/ Krüger, Heinz-Hermann/ Chisholm, Lynne (Hrsg.): Kindheit und Jugend im internationalen Vergleich. Opladen: Leske & Budrich, S. 37-52.

MacFarlane, Alan (1986): Marriage and Love in England. Modes of Reproduction 1300-1840. Oxford, Cambridge: Blackwell (reprinted 1993).

Maynes, Mary Jo/ Taylor, Thomas (1991): Germany. In: Hawes, Joseph M./ Hiner, N. Ray (Hrsg.): Children in Historical and Comparative Perspective. New York, Westport, Connecticut, London: Greenwood Press, S. 305-332.

Michel, Andrée (1978): Les femmes dans la société marchande. Paris: Presses Universitaires de France.

Mitterauer. Michael (1986): Sozialgeschichte der Jugend. Frankfurt: Suhrkamp.

Nauck, Bernhard (1989): Individualistische Erklärungsansätze in der Familienforschung; die rational-choice-Basis von Familienökonomie, Ressourcen- und Austauschtheorien. In: Nave-Herz, Rosemarie/ Markefka, Manfred (Hrsg.): Handbuch der Familien- und Jugendforschung. Bd. 1: Familienforschung. Neuwied: Luchterhand, S. 45-62.

Nicholas, David (1991): Childhood in Medieval Europe. In: Hawes, Joseph M./ Hiner, N. Ray (Hrsg.): Children in Historical and Comparative Perspective. New York, Westport, Connecticut, London: Greenwood Press, S. 31-52.

Qvortrup, Jens (1987): Introduction. International Journal of Sociology. Special Issue: The Sociology of Childhood, 17, S. 3-37.

Qvortrup, Jens (1993): Kind - Kinder - Kindheit. Ein Plädoyer für eine Kindheitspolitik. In Neubauer, Georg/ Sühnker, Heinz (Hrsg.): Kindheitspolitik international. Opladen. Leske + Budrich, S. 9-24.

Qvortrup, Jens (1994): A New Solidarity Contract? In: Qvortrup, Jens/ Bardy, Marjatta/ Sgritta, Giovanni/ Wintersberger, Helmut (Hrsg.): Childhood Matters. Social Theory, Practice and Politics. Vienna: European Centre Vienna/Avebury, S. 319-334.

Qvortrup, Jens (1995): From Useful to Useful. The Historical Continuity in Children's Participation. In: Ambert, Anne-Marie (Hrsg.): Special Volume of Sociological Studies of Children. Connecticut: JAI Press (im Druck).

Schlumbohm, Jürgen (1983): Kinderstuben. Wie Kinder zu Bauern, Bürgern, Aristokraten wurden. München: dtv.

Schön, Bärbel (1989): Anforderungen an eine angemessene Theorie mütterlicher Praxis. In: Schön, Bärbel (Hrsg.): Emanzipation und Mutterschaft. München: Juventa, S. 13-32.

Schütze, Yvonne (1991): Die gute Mutter. Zur Geschichte des normativen Musters „Mutterliebe". Bielefeld: Kleine (2. unv. Aufl.).

Segalen, Martine (1990): Die Familie. Geschichte, Soziologie, Anthropologie. Frankfurt/Main: Campus.

Sommerville, C. John (1982): The Rise and Fall of Childhood. New York: Vintage Books.

Wiesbauer, Elisabeth (1982): Das Kind als Objekt der Wissenschaft. Wien, München: Löcker.

Wingen, Max/ Cornelius, Ivar (1989): Einkommenssituation und Konsumverhalten unterschiedlicher Familientypen. In: Nave-Herz, Rosemarie/ Markefka, Manfred (Hrsg.): Handbuch der Familien- und Jugendforschung, Bd. I, Familienforschung. Neuwied: Luchterhand, S. 256-286.
Zelizer, Viviana, A. (1985): Pricing the Priceless Child. The Changing Social Value of Children. New York: Basic Books.

Heinz Hengst

Kinder an die Macht! Der Rückzug des Marktes aus dem Erziehungsprojekt der Moderne

I.

Das 20. Jahrhundert ist - jedenfalls in den westlichen Industriegesellschaften - Kulisse eines Prozesses der Neubestimmung und Vereinheitlichung der ökonomischen Rolle von Kindern: Aus Kindern, die Geld verdienten, werden Kinder, die Geld, das andere verdienen, ausgeben. Und Kinder aus den Gesellschaftsschichten, in denen Eltern nie auf den Verkauf der Arbeitskraft ihrer Töchter und Söhne angewiesen waren, werden weitaus stärker und vor allem direkter als im 19. Jahrhundert in den Konsummarkt integriert. Kindheit ist heute nicht mehr nur im Sinne (lohn-)arbeitsfreier Zeit Konsumkindheit, sondern bedeutet Aufwachsen mit dem Markt, seinen Produkten, Dienstleistungen, Umschlagplätzen und Absatzstrategien.

Viviana Zelitzer deutet das - angesichts der Emotionalisierung und Sentimentalisierung von Kindern - Naheliegende einer solchen Entwicklung an, wenn sie schreibt: "... Properly loved children, regardless of social class, belonged in a domesticated, nonproductive world of lessons, games and token money." (Zelitzer 1985, S. 11) Egle Becchi ist der Auffassung, unser Jahrhundert habe die materielle Ausstattung ("ecologia materale dell'infanzia") spezifischer Kinderräume und -mikrowelten zu einem seiner bevorzugten Kindheitsprogramme gemacht (Becchi 1996, S. 343). Die Implikationen und Konsequenzen der Umsetzung dieses Programms für Kindheit, Kinderkultur und Generationsverhältnis sind ein Stück weit rekonstruierbar, wenn die Totale der Kindheitsformation Berücksichtigung findet. Um das zu gewährleisten, sind die folgenden Überlegungen als Kulturanalyse konzipiert, als Analyse dessen, was Clifford Geertz als das "selbstgesponnene Bedeutungsgewebe" bezeichnet hat, in das die Menschen in historisch-konkreten Gesellschaften verstrickt sind. (Geertz 1987, S. 9)

Gegenstand so verstandener Kulturanalysen sind Prozesse, ist das Zusammenspiel von Zeichen und Symbolen, Institutionen (im Sinne von standardisiertem, habitualisiertem Verhalten, das als kulturelles Angebot vorliegt) und kollektivem Wissen, Mentalitäten, "structures of feeling", "habits of thought" (also Wirklichkeitsdeutungen oder Erklärungsmuster, die kollektiver Natur, vorgegeben und im kollektiven Gedächtnis gespeichert sind). Individuen und soziale Gruppierungen werden in einem solchen Ansatz von signifikanten Bedeutungsnetzen her gedacht. Diese knüpfen die Menschen von frühesten Lebensjahren an aktiv mit. Sie sind die Welt, aus der sie ihre Orientierungen beziehen, aber auch die, von deren Zumutungen sie sich distanzieren.

Als Bedeutungsnetze und -gewebe (greifbar - wie angemerkt - u.a. in spezifischen Zeichen- und Symbolwelten, Institutionen und kollektiven Wissensbeständen), in die Kinder verstrickt sind, fungieren (vor allem) die für eine Gesellschaft charakteristischen Kindheitsprojekte. Im Zentrum dieses Beitrages steht die Frage, welches kollektive Wissen über Kinder und Kindheit sich der Markt im 20. Jahrhundert zu eigen macht, welchem Kindheitsprojekt er Bedeutung zuschreibt und wie sich die Bedeutungszuschreibungen, im Rahmen welcher Veränderungen des Kindheitskontextes und des Generationsverhältnisses neu konturieren.

Es wird (heuristisch) zwischen zwei Kindheitsprojekten unterschieden:

1. einem zukunftsorientierten Entwicklungs-, Erziehungs- und Bildungsprojekt Erwachsener und

2. einem gegenwartsorientierten Autonomieprojekt der Kinder.

Konstrukteur und Kontrolleur des ersten Projektes ist die bürgerliche Erwachsenengesellschaft (mit Kindheitswissenschaftlern und -experten, Ratgebern, eigenen Medien, spezifischen Institutionen und Mechanismen). Das zweite kulturelle Projekt ist das der Kinder. Seine zentrale Bedeutung liegt, auf eine Kurzformel gebracht, in der Schaffung und Behauptung pädagogisch verdünnter Spiel- und Lernräume. Der Markt verfügt nicht in diesem Sinne über ein eigenes Projekt. Er tastet vielmehr das Machtgefälle zwischen den beiden Kindheits- und Kinderkulturkonzepten ständig ab, stärkt (aus Profitgründen) das jeweils dominierende, sucht nach neuen Balancen, macht aus ihnen unterschiedliche, konkurrierende Märkte.

Kinder sind in verschiedenen Kindheitskontexten ganz unterschiedlich in die Auseinandersetzungen mit den beiden Konzepten verstrickt. In der gegenwärtigen Konstruktion von Kindheit können mindestens drei Kontexte unterschieden werden, die die Lebenswelt der Kinder von frühesten Lebensjahren an durchdringen, interagieren und konkurrieren:

1. die Familie,

2. das Bildungssystem (Kindergarten u. Schule) und

3. der Markt bzw. das kommerzielle System. Letzteres - und das macht seine Besonderheit aus - hat (im Medienzeitalter) keinen physischen Ort, keine eige-

ne Bühne, wie die beiden anderen. Es ist gleichermaßen ortlos und allgegenwärtig.

II.

Als zu Beginn des Jahrhunderts die Kinder aus den unteren Gesellschaftsschichten ihre ökonomische Rolle als Produzenten aufgeben konnten, begann die eigentliche Entwicklung der Kindheit zur Konsumkindheit. D.h.: Eltern wurden mit immer mehr Konsumgütern für Kinder konfrontiert. Viele Familien (zumindest in den USA schichtenübergreifend) profitierten von der rapiden Mechanisierung der Produktion und der wachsenden Verfügbarkeit maschinell hergestellter Güter. Kinder sollten am industriellen Überfluß teilhaben. Es wurden Hygieneartikel, Schuhe, Kleidung, Eßwaren, Möbel und Medizin für Kinder in größeren Mengen produziert als je vorher, und auf dem Lande wie in der Stadt vertrieben. Viele Familien hatten das Geld, die Produkte des Marktes zu kaufen, brauchten sie nicht mehr selbst (im Haushalt) herzustellen oder bei Handwerkern am Ort zu kaufen. Die Möglichkeit, die Familie besser zu versorgen, wurde als großer Fortschritt betrachtet. Wenn man Stephen Kline folgt, war die Sorge der Eltern um die Gesundheit ihrer Kinder, welche die Werbung beschwor, um den Kauf industriell produzierter Medizin zu stimulieren, ein erstes profitables Marktsegment. Essen und Gesundheit, die im Familienleben ja seit jeher eine bedeutsame Rolle spielen, zählten zu den Markenwaren, die mit dem Hinweis auf (die) spezifische(n) Ernährungs- und Gesundheitsbedürfnisse von Kindern beworben wurden. Konsumgüter für Kinder fand man dann zunehmend in den neuen Warenhausabteilungen. Sie fanden Eingang in Kataloge und Werbung (Kline 1993, S. 54). Waren es zunächst eher Arznei-, Nahrungsmittel, Hygieneartikel, aber auch Möbel (Kinderbetten), Kinderwagen und Bücher, für die (beispielsweise) in Elternmagazinen geworben wurde, so wurden zunehmend die unterschiedlichsten Medienprodukte und Spielzeuge industriell hergestellt und massenweise vertrieben. Die Produktpalette wurde ständig erweitert (vgl. u.a. Fawdry/ Fawdry 1979, Weber-Kellermann 1979, Kline 1993, Becchi 1996). Der Handel konnte zunehmend auf neue Kindheitsvorstellungen, u.a. auf ein wachsendes Interesse von immer mehr Eltern an der Entwicklung der Kinder setzen, und rekurrierte mit seinen Angeboten und Absatzstrategien auf Kindheit als Entwicklungs- und Erziehungsprojekt (vgl. Marchand 1985). Man entdeckte beispielsweise eine große Sensibilität der Kinder für ihre (materielle) Umgebung und die Notwendigkeit, sie mit gleichzeitig nützlichen und schönen Dingen zu versorgen. Die speziell für Kinder entworfenen Designs machten diese zu einer erkennbar distinkten Gruppe. "Children, in fact, had at least acquired a distinctive identity; they were recognised as having distinctive needs; and a distinctive market set out to cater for them." (Fawdry/ Fawdry 1979, S. 142) Erwähnt sei in diesem Zusammenhang nur die Einführung von Schuluniformen und Pfadfinderklüften, von Matrosenanzügen und Matrosenblusen zum Faltenrock und (in Deutschland) Lederhosen (vgl. Weber-Kellermann 1979, 127ff.). Auch das expandierende Spielzeugangebot hatte für diese Kindheit konstituierende Funktion. Die neuen Designs, die Kataloge, die Werbung, die Geschichten in den Konsumentenzeitschriften und die Ratgeber trugen gemeinsam dazu bei, daß man in den ersten Dekaden des Jahrhunderts glauben konnte, Kinder stünden im Zentrum von Haushalt und Familie (vgl. auch Zelitzer 1985).

In dieser Zeit entstehen neue Feste. Andere werden - z.B. durch Schenkrituale - mit neuer Bedeutung aufgeladen: Weihnachten, Geburtstag, Schulbeginn, Schulabschluß, Kommunion, Konfirmation. Laut Ingeborg Weber-Kellermann "entwickelte sich das Weihnachtsfest gewissermaßen zum Auftraggeber für die ständig wachsende Zahl der Spielzeugproduzenten" (Weber-Kellermann 1979, S. 208). Egle Becchi rundet das Bild ab, indem sie darauf hinweist, daß Kindern aus den bürgerlichen Schichten in den großen Städten Vergnügungszentren wie Jahrmärkte, Parks und zoologische Gärten, nicht zuletzt über ermäßigte Eintrittspreise, zugänglich gemacht werden (Becchi 1966, S. 345f).

Nationale Besonderheiten und Ungleichzeitigkeiten müssen in dieser knappen Skizze ebenso wie Schicht- und Geschlechtsspezifika weitgehend unberücksichtigt bleiben. Charakteristisch ist für die Zeit vor dem 2. Weltkrieg, daß die Öffnung der Kinderkultur zu kommerziellen Vergnügungen durch das Erziehungsprojekt gefiltert, von den Erwachsenen kontrolliert wurde. Der Besuch der erwähnten städtischen Freizeitorte etwa fand in aller Regel unter der Aufsicht von Müttern oder Gouvernanten statt (ebda.). Zwischen der Marktfraktion und den Kindern standen vor allem die Eltern. Entsprechend richtete sich in den frühen Konsumentenzeitschriften die Werbung für Kinderartikel an sie, oder genauer, an die Mütter. Was angesprochen wurde, waren Aufgaben (und Angelegenheiten) der Mütter, denen die Ratgeber klar machten, welch problematische Konsequenzen sich für ihre Kinder ergäben, wenn sie die Ratschläge der Kinderexperten in den Wind schlügen (vgl. dazu Marchant 1985 u. Seiter 1995, bes. S. 7ff.).

Die Grenzen zwischen Ratschlägen und Werbung waren schon zu dieser Zeit fließend. Das Erziehungsprojekt wurde in den Sog der Vermarktung hineingezogen. Es gab jedoch keinen Zweifel daran, daß nur die Eltern als Käufer von Produkten und Dienstleistungen für Kinder infrage kamen. Die Händler waren kaum daran interessiert, Werbung direkt an Kinder zu richten. Sie unterschieden klar zwischen den Erwachsenen als den Käufern, und damit der für sie relevanten Zielgruppe, und Kindern als den bloßen Nutzern ihrer Angebote. Die Werbetreibenden vermieden im übrigen ausgesprochen hedonistische Elemente. Allerdings klammerten sie diese auch nicht mehr aus, wie das im 19. Jahrhundert noch sehr verbreitet war (vgl. dazu z.B. Weber-Kellermann 1979, S. 218 u. Becchi 1996, S. 154f.). Seit den 20er Jahren, schreibt Ellen Seiter, schwankte die Werbung in den USA zwischen dem Versprechen, Kinder glücklich zu machen und dem anderen, ihren Intellekt zu fördern (Seiter 1995, S. 52). Auch die Produkte der expandierten Spielzeugwelt erreichten die Kinder auf dem Umweg über die Eltern, mußten deren Kindheitsbilder passieren.

Vor dem 2. Weltkrieg war das Interesse der Marktfraktion, direkt an Kinder zu verkaufen bzw. die Kinder selbst anzusprechen, wenig ausgeprägt. Nur im Ausnahmefall wurde die Möglichkeit in Betracht gezogen, Kinder könnten die Entscheidungsprozesse in der Familie beeinflussen.

Eine (noch zu schreibende) Geschichte des Taschengeldes (einer wichtigen Institution im Bedeutungsgewebe der Kinderkultur des 20. Jahrhunderts) dürfte diese Sicht bestätigen. Kinder verfügten bereits um die Jahrhundertwende über Taschengeld. Aber der Besitz von Taschengeld sagt zunächst noch wenig über dessen Verwendungsmöglichkeiten aus. Er indiziert jedenfalls nicht notwendig selbstbestimmten (oder ausgedehnten) Konsum. Taschengeld war in erster Linie Spargeld und "educational money". Noch vor vierzig Jahren spielten Kinder als Käufer oder Konsumenten so gut wie keine Rolle. Sie sparten Geld, waren künftige Konsumenten. Wenn sie einkauften, dann sahen die Händler in ihnen nicht aktuelle Konsumenten, sondern Söhne und Töchter der eigentlichen, nämlich erwachsenen Kunden.

Manches deutet darauf hin (vgl. Zelitzer 1985 u. McNeal 1987), daß Kinder vor ein paar Jahrzehnten genauso früh und regelmäßig Taschengeld erhielten wie heute, aber 1. weniger und 2. diktierten die Eltern, was sie davon ausgeben durften - und das war oft sehr wenig. Aus verschiedenen Ländern ist bekannt, daß Kinder in den späten Vierzigern nur "Probeeinkäufe" tätigen durften, daß die Eltern sich das Recht vorbehielten, gekaufte Waren zurückzubringen. Die paar Süßigkeiten und Limonaden, die sie erstanden, machten Kinder nicht zu einer attraktiven Zielgruppe des Marktes bzw. zu einem eigenen Markt. Die jüngste Altersgruppe, für die sich der Markt (in den späten 50ern) interessierte, die er kreierte, waren "Teens".

III.

Die Wohlstandsgesellschaft setzte dann neue Akzente bei der Kindererziehung. Sie etablierte vor allem neue Interaktionsformen und Entscheidungsstrukturen in der Familie. Diese Entwicklung ist als Entwicklung von der Erziehung zur Unterstützung (de Mause 1977) oder zur Beziehung (von Braunmühl 1978), aber auch als eine vom Befehlen und Gehorchen zum Verhandeln (u.a. Büchner 1983) gekennzeichnet worden. Vor allem bescherte die Konsum- und Dienstleistungsgesellschaft den Kindern Eltern, die selbst ein neues Verhältnis zum Konsum gefunden hatten und viel mehr für ihren Nachwuchs ausgeben wollten und konnten als ihre Vorgängergenerationen. Viele von ihnen waren auch bildungsbewußter und wollten ihre Kinder so früh wie möglich fördern.

Die Industrien reagierten (jedenfalls in den USA) seit den späten fünfziger Jahren sensibel auf alle Veränderungen der Kindheitskontexte. Eine regelrechte Forschungsindustrie versorgt inzwischen die Marktplaner mit demographischen, Einstellungs- und Lifestyle-Informationen. Die Hersteller von Spielzeugen wurden zu aufmerksamen Beobachtern der Entwicklungen, die Eltern und ihre Erziehungskonzepte beeinflußten. Das führte auch (in der Hochzeit der Diskussion dieses Themas) zur Indienstnahme psychologischer Vorstellungen über die Bedeutung der frühkindlichen Erziehung, zur Ausbeutung von Piagets Stufenkonzept und seiner Idee von der Trennbarkeit kognitiver, sozialer und motorischer Fähigkeiten - etwa in der Spielzeugwerbung. (vgl. Seiter 1995, S. 24) Bemerkenswerter ist eine andere, völlig neue Orientierung. Einige Anbieter gingen zunehmend mehr auf Distanz zum traditionellen Entwicklungs- und Erziehungsprojekt, entdeckten etwa, daß junge Eltern in Kinderkulturprodukten nach neuen Balancen von Entwicklungs- und Lernförderung im Sinne des bürgerlichen Kindheitsprojektes auf der einen und Spiel- bzw. Unterhaltungswert auf der anderen Seite suchten.

Auch die Anbieter, die bisher mit ihrem Marketing primär die Eltern angesprochen hatten, erkannten zunehmend deren begrenzten Einfluß auf Kaufentscheidungen und veränderten ihre Marketingkonzepte entsprechend. Aber das allein hätte nicht ausgereicht, um die bestehenden Machtverhältnisse zu erschüttern. Von erheblicher Bedeutung für die Kommerzialisierung von Kindheit ist der Umstand, daß der Markt im Fernsehen ein Medium fand, das (erstmalig) eine erfolgreiche Kommunikation mit den Kindern ermöglichte. Via Fernsehen konnte man Kinder - auch schon die kleinsten - direkt ansprechen. "Presenting the product on television became part of the product, we realized early on that, for children, the product as seen in a television commercial was the product." (Schneider 1987, 23)

Der Mattel-Konzern war insofern ein (revolutionärer) Innovator des Kindermarktes, als er Produkte anbot, die sich nicht mehr damit rechtfertigen ließen, sie seien erziehungsfördernd. Mattel (als größter Hersteller von Spielzeugwaffen für eine solche Strategie prädestiniert) riskierte, die Interessen und die Sichtweise bürgerlicher Eltern zu ignorieren, legte das bürgerliche Kindheits- und Kinderkulturkonzept ad acta. Auch deswegen wird im folgenden des öfteren Cy Schneider zitiert, der 26 Jahre die Geschicke von Mattel entscheidend bestimmte. Der Konzern setzte darauf, daß die Kinder ihren Eltern, wenn schon nicht das erzieherisch wertvolle Spielzeug ausreden, so doch die Mattel-Produkte abringen würden. Die Werbung konnte (insbesondere in der neuen Form der "Program-Length Commercials" und "Toy Tie-Ins", vgl. Hengst 1994 u. 1994a) dabei helfen, den Einfluß der Kinder in der Familie zu verstärken, indem sie ihnen (leicht handhabbare) Munition für die Verhandlungen mit den Eltern lieferte. "Marketers must appeal to kids because advertising creates an interaction between parents and children that affects the buying process." (ebd.) Schneider rechtfertigt diese Orientierung als kinderfreundlichen und emanzipativen Akt: "The appeal to children through television is a recognition of their individuality and rightful interest in the products they use." (ebd., S. 73) Wie bereits angemerkt: Die Industrien mußten und müssen mit solchen Strategien nicht in ein Vakuum vorstoßen: Eine schleichende Entpädagogisierung des Eltern-Kind-Verhältnisses begünstigt die Verbesserung der Verhandlungs- und Gestaltungsspielräume der Kinder.

Es steht außer Frage, daß die Kinder der Gegenwart im Medien- und Konsumbereich bereits in frühen Lebensjahren eindrucksvolle Kompetenzen an den Tag legen. Produzenten und Anbieter aus den unterschiedlichsten Branchen sehen in ihnen einen einzigartigen Markt. McNeal sieht die Einzigartigkeit des heutigen Kindermarktes darin, daß er ein Dreifachmarkt ist:

1. ein Gegenwartsmarkt (Kinder beanspruchen hier und heute eine Vielzahl von Konsumgütern und Dienstleistungen, sie verfügen über genügend Geld - und keineswegs nur über Taschengeld i.e.S. -, um diese zu finanzieren.),

2. ein Zukunftsmarkt (Die Kinder von heute sind die Kunden von morgen. Sie entwickeln Markenbewußtsein, Kaufvorlieben, Praktiken etc., die sie zum Teil auch als Erwachsene beibehalten) und darüber hinaus

3. ein Multiplikatorenmarkt (Kinder beeinflussen z.B. in erheblichem Maße die Konsumgewohnheiten ihrer Eltern) (vgl. dazu McNeal 1987, S. 5f.).

Die Erkenntnis der Einzigartigkeit des Kindermarktes hat (wie bereits angemerkt) dazu geführt, daß die Anbieter in den letzten Jahren ihre Forschungsaktivitäten erheblich verstärkt haben. In den Chefetagen der großen Konzerne weiß man oft mehr über die allgemeinen Konsummuster-, die Spiel- und Medienvorlieben in den Familien und im Kreise der Gleichaltrigen als Eltern, Lehrer und akademische Kindheitsforscher. Erkennbar werden eine unterschiedliche Definition des Forschungsgegenstands Kinderkultur und dementsprechend unterschiedliche Zugriffe auf die Zielgruppe bzw. einzelne Segmente. Während sich akademische Psychologen (im Sinne des traditionellen wissenschaftlichen Kindheitskonzeptes) etwa auf die kognitive Entwicklung und kognitive Strukturen konzentrieren, also im Sinne des Entwicklungsprojektes forschen, sind die Marktforscher vor allem an den Vorlieben, emotionalen Bindungen an Helden, Spielzeugen und an Spielphantasien, also am Kulturprojekt der Kinder interessiert. Sie richten ihre Aufmerksamkeit auf das, was Kindern gefällt, bei Kindern ankommt. Sie fragen z.B. nicht nach dem, was ihrer Zielgruppe jeweils auf einem in Phasen und Stufen zerlegten Weg zur Erwachsenenrationalität (noch) fehlt, sondern welche Interessen, Wünsche, Phantasien, Kompetenzen etc. sie mitbringen, verabschieden das Defizit- bzw. Noch-nicht-Modell, und ersetzen (damit) die Zukunftsorientierung des bürgerlichen Kindheitsprojekts durch Gegenwartsorientierung - darauf bauend (siehe Dreifachmarkt), daß das außerdem die (für sie) profitablere Zukunftsorientierung ist.

Zum Programm der Marktfraktion gehört längst qualitative Forschung mit Kindern im Vorschulalter. Es ist nach dem bisher Gesagten nur konsequent, wenn auch bei der Erkundung der Chancen für neue Produkte der direkte Weg eingeschlagen, die Kinder gefragt und beim Spielen beobachtet werden.

Klar ist, daß die, die den Markt machen, Anschluß ans Kulturprojekt der Kinder suchen und finden, von dem ja zu Beginn dieses Beitrages gesagt wurde, es sei ein Autonomieprojekt. Die inhaltliche Konkretisierung dieser Anschlußstrategie hat viele Facetten, aber doch eine einheitliche Stoßrichtung: Werbung und Programme (von Kinofilmen, Fernsehserien und Medienverbundsystemen) laden Kinder in sehr jungen Jahren ein, sich lieber mit anderen Kindern (gleichaltrigen oder älteren) zu identifizieren als mit Eltern und Erwachsenen. Sie präsentieren eine Welt, in der Erwachsene als Vorbilder ausgedient haben.

Die populären Medienangebote (also vor allem die, die weltweit und schichtenübergreifend erfolgreich sind) propagieren außerdem gezielt andere Werte als die von der Schule und im Entwicklungsprojekt favorisierten. Aber das Computerspiel "Super Mario 2" von Nintendo schreibt David Sheff, der den Aufstieg und die Marktstrategien dieses Unternehmens rekonstruiert hat: Die Titelgeschichte war wie ihr Vorgänger

> "ein großer Gleichmacher. Das Spiel gab den Kids die Macht, die ihnen sonst nirgends zugänglich war. Fehler beim Spiel waren nicht tragisch, weil stets eine neue Chance offenstand. Alles, was Kids normalerweise in der Schule beliebt macht, war bei diesem Spiel bedeutungslos. Obendrein hatten sie hier ein Feld, auf dem sie sich ihren Eltern eindeutig überlegen erweisen konnten, nicht zu reden davon, daß diese mit einem unverständlichen Insider-Slang zu verwirren waren ('Ich bin in der zweiten Welt des Sub-Con, aber komme nicht am Mini-Boss vorbei...')" (Sheff 1993, S. 10, vgl. zu diesem Aspekt auch Hengst 1994b).

Eltern und Lehrer werden im Mainstream-Angebot nicht selten gedemütigt und lächerlich gemacht.

> "Children love to put on the adult world. They love to make fun of adults and see adults look stupid. Good-natured fun at the expense of the establishment puts the product in sympathy with the child's view-point. The product allows the child to pretend or fantasize he or she is on an equal footing with adults, even smarter" (Schneider 1987, 96).

Dieses Konzept beuten z.B. auch Produzenten und Regisseure wie Stephen Spielberg ("E.T.") und Robert Zemeckis ("Back to the Future") aus. Die Erwachsenengesellschaft wird nicht selten als ganze in Frage gestellt. (vgl. Hengst 1994b, S. 180f.) Eine bevorzugte Marktvariante der Demokratisierung des Machtgefälles zwischen Kindern und Erwachsenen beschwört eine Welt, in der Kinder die Macht ergriffen haben, in der Gleichaltrigenkultur alles ist. (vgl. dazu auch - mit unterschiedlichen Akzenten - Kline 1993, Seiter 1995 und Hengst 1994)

Es ist keineswegs so, daß die skizzierten Themen und Machtverhältnisse in der Kinderkultur neu sind. Aus Profitgründen herrscht in der Marktfraktion Konservatismus, dominiert Anpassung an die Themen der jeweiligen Zielgruppe. So werden viele Klassiker und Kernthemen der Kinderliteratur und der populären Kultur recycled, variiert, (in anderen Medien) neu inszeniert und gleichzeitig vermasst, einem Weltpublikum zugänglich gemacht.

Man muß den Aufschwung, die anhaltende Hochkonjunktur der Teams, Cliquen und Peer Groups auch als überlegten Schachzug der Macher lesen, ihr Publikum nicht nur als Rezipienten im traditionellen Sinne an ein Medienskript binden zu wollen. Bei populären Produktionen - und von solchen ist hier die Rede - geht es nie nur (oder primär) um ein Publikum von Zuschauern, Zuhörern oder Lesern, sondern auch um eines von Spielern, Sportlern, Sammlern etc. Wenn also z.B. in einem Skript vier "Turtles" auftauchen, so vor allem auch deshalb, weil sich so der Spielzeugpark vergrößern läßt, dessen Elemente die Kinder käuflich erwerben müssen. Gleichzeitig wächst mit der Zahl der Protagonisten auch das Spektrum der Themen für Minigeschichten, Starauftritte und Hintergrundberichte in den verschiedensten Medien (vgl. Hengst 1996).

Nichts scheint für die Marktfraktion gewisser zu sein als die Vorstellung, daß die relevanteste Sozialisationsinstanz für die Kinder der Gegenwart Gleichaltrige sind.

"A brand that is popular with children takes on a meaning far beyond personal preference. There is peer pressure within the child's world to use the right one - a pressure that doesn't exist to the same degree with adults" (Schneider 1987, 90).

Peer Groups sind zu wichtigen Instanzen kindlicher Sozialisation in eigener Regie geworden, da nirgendwo sonst die Integration der widersprüchlichen Anforderungen und Einflüsse komplexer Gesellschaften und kultureller Freisetzung geleistet werden kann. Gleichzeitig sind sie besonders anfällig für Medieninszenierungen, für die anonyme Kontrolle des Marktes (vgl. zu diesem Wechselspiel von Eigenregie und kulturindustrieller Steuerung Hengst 1990).

IV.

Mit diesen Überlegungen ist angedeutet, was die Konsumwelt für das Autonomieprojekt der Kinder so attraktiv macht. James McNeal, der wohl bekannteste Forscher zum Thema Kinder als Konsumenten, meint, wenn man Kinder beobachte, dränge sich der Eindruck auf, sie seien geborene Konsumenten. Zur Erklärung bemüht er keine Theorien. Er zieht vielmehr einen ganz naheliegenden Schluß: Wahrscheinlich haben die Kinder viel von dem, was wir an Konsumverhalten bei ihnen beobachten, früher gelernt als wir normalerweise (aufgrund von Befangenheiten in Theorien, die unter anderen soziokulturellen Bedingungen formuliert wurden) annehmen, eher mit zwei oder drei als mit vier oder fünf Jahren (McNeal 1987, S. 46). Es sind die Eltern, die Kinder in die Konsumwelt einführen, wenn sie sie auf dem Arm oder im Buggy mit in die Geschäfte und Supermärkte nehmen, ihnen zu ersten Erfahrungen mit dem Personal, den Warenpaletten, den Prozeduren des Kaufens und Verkaufens verhelfen, wenn sie sie an den eigenen Wahlentscheidungen teilnehmen, sie selbst einkaufen, sie an der Kasse bezahlen lassen. Kinder lernen Konsumverhalten durch Teilnahme und Beobachtung, auch durch Instruktion, aber vor allem durch informelles Lernen. (Das ist insofern von Belang, als das Kulturkonzept der Kinder vor allem als Konzept informellen, 'natürlichen' Lernens, als Lernen ohne Lehrer verstanden werden muß.)

Unter Kindheitsforschern (nicht nur denen, die für den Markt arbeiten) herrscht heute weitgehend Einigkeit darüber, daß den Gleichaltrigen immense Bedeutung bei der Konsumentensozialisation zukommt, daß deren kulturelle Standards und Gewohnheiten alle Aspekte des Konsumverhaltens und Konsumentenbewußtseins von Kindern beeinflussen. Ansonsten ist wenig über den spezifischen Einfluß der einzelnen Sozialisationsinstanzen und ihr Zusammenspiel bekannt. Daß der Einfluß der Gleichaltrigen bereits bei Vorschulkindern eine Rolle spielt, steht außer Frage. Nicht beantwortet ist die wichtige Frage, ob es (in den gegenwärtigen Konsumgesellschaften) eine distinkte, kindertypische Form des Konsums gibt. David Riesman hat bereits in den fünfziger Jahren die These vertreten, es gebe keinen anderen Unterschied in den Konsummustern von Kindern und Erwachsenen als Präferenzen für unterschiedliche Konsumobjekte (Riesman, Reinbek 1958). Das ist sicher spekulativ, aber auch nicht ganz von der Hand zu weisen - jedenfalls nicht, wenn man an Neun-, Zehn- oder Elfjährige denkt.

Die spärliche Forschung zum Thema Kinder, Geld und Markt legt den Schluß nahe, daß die Kinder der Gegenwart nur wenig über Ökonomie im allgemeinen wissen. Man liest, sie seien naiv in Fragen des Geldes (auch dessen der Eltern) und hätten keine Ahnung vom Funktionieren der Warenzirkulation. Sie haben, so scheint es, ein sehr vorläufiges und vages Verständnis von Armut und Reichtum, von Berufswelt, Löhnen und Tarifpartnern (vgl. u.a. Kroner 1982, zusammenfassend Feldmann 1987). Aber sie wissen sehr bald, wo und wie man einkauft, Ware gegen Geld tauscht oder die Dienstleistungen von Verkäufern beansprucht, lernen am Markt die Elementarmathematik, sind sensibel für die Problematik Konsumwünsche und Konsumstimulation, die Implikationen von Medien- und Konsummoden.

Nicht selten wird von der neueren Forschung betont, daß Kindern die Funktionen der Werbung bewußt sind, daß sie ihr gegenüber oft äußerst skeptisch sind (so bereits 1979 Böckelmann u.a.). Gleichzeitig scheinen jüngere Kinder sie eher zu goutieren als (vor allem) Erwachsene. Hier sind noch viele Fragen offen. Deshalb nur eine Anmerkung zu diesem Thema: Man kann Kinder (im Schulalter) durchaus als rationale Konsumenten betrachten, die kritisch zur Funktion von Werbung Stellung beziehen, und sich nicht leicht von ihr überreden lassen. Aber das ist nicht die ganze Wahrheit. Eines der Hauptprobleme mit dem "kritischen" Diskurs liegt darin, daß er die emotionale Dimension des Engagements der Kinder für Medienangebote und Konsumgüter vernachlässigt.

Es ist deshalb notwendig, die Dichotomie zwischen "rationalen" und "emotionalen" Antworten der Kinder zu vermeiden bzw. zu verabschieden. Beides koexistiert - und (selbstverständlich) nicht nur bei Kindern.

Die Feststellung, daß Menschen über die Dinge, die sie im Alltag benutzen, auch kommunizieren, ist trivial. In letzter Zeit haben Kulturanthropologen wieder verstärkt darauf hingewiesen. (z.B. Douglas/ Isherwood 1978). Davon auszugehen, daß die soziale Symbolik, die in die Diskurse über Konsumgüter eingeht, ganz von Werbung und Marketing hineingetragen wurde, und verschwinden werde, wenn es diese Institutionen des Marktes nicht mehr gäbe, ist nichts als (gefährliches) Wunschdenken.

Für die Kinder in hochentwickelten Konsum- und Dienstleistungsgesellschaften hat die Kommunikation über Medienprodukte und materielle Güter an Bedeutung gewonnen. Die Medien- und Konsumindustrien tun im übrigen alles, um Kinder nicht nur mit einem Fundus entsprechender Kommunikate zu versorgen. Sie laden alle ihre Produkte und Dienstleistungen - vor allem durch die Integration in Medienmoden, Medienverbundsysteme und ganze Lebensstilpakete - zusätzlich mit Bedeutung (also kulturell) auf. Unter solchen Bedingungen taugt das überkommene Konsumkonzept nicht mehr, das mit der aus Überlebensgesellschaften datierenden Unterstellung arbeitet, man könne relativ klar zwischen Notwendigem und Luxuriösem unterscheiden. Sobald man Konsum als etwas betrachtet, womit Bedeutungen transportiert und ausgehandelt, und kollektive Identitäten hergestellt werden, gewinnt man eine andere Perspektive. Das Charakteristische der (Waren-)Objekte liegt dann in ihrer sozialen Symbolik, in ihrem kommunikativen, oft zeitlich begrenzten und kontextgebundenen Gebrauchswert.

Besonders unter Bezugnahme auf Kinder ist der Hinweis wichtig, daß Konsumgüter nicht nur und nicht primär Hierarchien transportieren, sondern eine Vielzahl ganz unterschiedlicher Bedeutungen. Kinder behandeln sie als Texte, mit deren sie kommunizieren, Gefühle und Identitäten ausdrücken. Erwachsene mögen um bürgerliche Kulturstandards wetteifern (und wo sie Einfluß nehmen, fließen diese Standards in die Kinderkultur ein), aber Kinder orientieren sich nicht so sehr an den Geschmacksvorlieben ihrer Eltern, sondern an denen anderer Kinder, manchmal älterer, aber nicht derer, die, gemessen an Erwachsenenmaßstäben, in der Gesellschaft höher rangieren oder kulturell legitimer agieren. Geschlecht - davon jedenfalls gehen die Medien- und Konsumindustrien aus (vgl. Schneider 1987, Kline 1993, Seiter 1995) - ist ein wichtigerer Identitätsfaktor für Kinder als soziale Herkunft.

Was die leichte Zugänglichkeit der Konsumwelt für die (Qualität der) Lernprozesse von Kindern bedeutet, ist eine Frage, die sich Kinderkultur- und Kindermedienforscher bisher nicht wirklich ernsthaft gestellt haben (Angedacht ist die Thematik bei Meyrowitz, 1987, S.163ff.). Auch hier nur eine knappe Anmerkung: Evident ist, daß Kinder sich zu vielen kulturellen Elementen bereits vor Eintritt ins offizielle Lernsystem - und ohne die Hilfe Erwachsener -, also viel früher Zugang verschaffen können als frühere Kindergenerationen. Evident ist ebenfalls, daß sie viele Gefühle und Wünsche über Konsumgegenstände (präsentative Symbole) viel eher artikulieren können als durch (rein) sprachliche (diskursive) Symbole. Und wenn auch die Sprache den kommunikativen Nutzen materieller Objekte ergänzen kann und muß, sie kann ihn nicht vollständig ersetzen. Wenn das so ist, haben Markt und Medien das Kommunikationsspektrum von Kindern erheblich erweitert, ausdifferenziert und individualisiert. Ein nicht zu unterschätzender Effekt der Kommerzialisierung der Kinderkultur ist die gestiegene Kontrolle der Kinder über Lernmodi und -tempi, die ihnen beispielsweise die neue Medienhard- und software ermöglicht. Für das Lernen ohne Schule und Lehrer, und damit für das Kulturprojekt der Kinder, ergeben sich hier neue Chancen. Erwähnenswert ist in diesem Zusammenhang auch die Vermarktung von populären Stoffen im Medienverbund, einem Typus Medienverbund, der sich heute tendenziell die gesamte Konsumwelt einverleibt und sämtliche Sinne und Wahrnehmungskanäle anspricht (vgl. Hengst 1994a).

Zusammenfassend bietet sich folgende Analogie zur Charakterisierung der Veränderung zwischen den eingangs genannten Kulturkonzepten an: Wie Georg Simmel in der "modernen Geldkultur" insofern einen Fortschritt der Freiheit sah, als sie das Individuum aus den Schranken der Zünfte und anderer mittelalterlichen Beengtheiten löste und damit seine Beziehungswelt (letztlich zur Menschheit) "öffnete und erweiterte" (Simmel 1900), so bedeutet für die Kinder, die heute in Gesellschaften vom Typus Bundesrepublik aufwachsen, der Zugang zum Markt eine Befreiung aus traditionellen (pädagogischen) Abhängigkeiten, Beengtheiten, Erwachsenenkontrollen. Die Konsumkultur ist für Kinder (bes. in ihrer heutigen Ausprägung) vor allem aus zwei Gründen interessant,

1. weil sie ihren im Ärgernis der Kindheit (klein, abhängig, machtlos sein) begründeten Wunsch nach einer (utopischen) Freiheit von Erwachsenenautorität, Zukunftsorientierung etc. aufgreift und immer wieder neu inszeniert, und

2. weil sie ihre Zugriffs- und Kontrollmöglichkeiten erweitert.

Die, die den Markt machen und kontrollieren, behandeln die Kinder als Käufer und Konsumenten grundsätzlich wie Erwachsene, aber gleichzeitig auch als einen eigenen Markt mit verschiedenen Segmenten. Die Transaktionen auf dem Markt verlaufen keineswegs symmetrisch, Kinder und Kulturindustrien sind keine gleich starken Akteure. Der Markt bestimmt weitgehend die Tagesordnung (agenda setting), die Angebotsspektren und die Rhythmen, nach denen etwa Skripts für Spiel- und Freizeitgestaltung ausgetauscht werden. (vgl. Hengst 1990 u. 1994a) Andererseits handelt es sich nicht um eindimensionale Prozesse. Zwar trotzen die Kinder (Phantasie-)Freiräume für die individuelle oder kollektive Verarbeitung von Themen- und Skriptvorgaben nicht immer den konkreten Produkten ab. Sie sind vielmehr, wie Cy Schneider unter Bezugnahme auf das Barbie-Konzept ausdrücklich betont, von den Marktstrategen einkalkuliert, in die Produktstrukturen eingearbeitet. (Schneider 1987, S.

33f.) Insofern ist eine Pauschalisierung der These von Resistenzen im Gebrauch nicht angebracht. Aber längerfristig betrachtet sind die Produktstrukturen immer auch Resultate von "negotiations" zwischen Anbietern und Publika.

Selbständigkeit - wie sie für das Kulturprojekt der Kinder konstitutiv ist - meint also nach dem bisher Gesagten (vor allem): unabhängig werden von den Zumutungen des Entwicklungsprojekts. Dieses Projekt hat sich im letzten Drittel des 20. Jahrhunderts immer mehr durchgesetzt, wohl auch, weil die Erwachsenen selbständigere Kinder wollten und brauchten. Die Konsum- und Medienindustrien haben diesen Liberalisierungsprozeß fortgesetzt und verstärkt, indem sie einen direkten Anschluß an das Kulturprojekt der Kinder herstellten. Der Erfolg der skizzierten Marktstrategie zeigt, daß die Liberalisierung des Erziehungsprojektes den Kindern nicht reicht, die Opposition zwischen ihrem Kulturprojekt und dem der bürgerlichen Moderne weiterhin zentral für ihre Bedeutungskonstruktionen, ihre Kulturarbeit im Alltag ist.

Mit Bezug auf den Markt und auf kommerzielle Kindheit - und darüber hinaus - macht die (immer schon unbefriedigende) pauschale Zweiteilung in eine Kultur *der* Kinder und eine Kultur *für* Kinder keinen Sinn mehr; denn das Erwachsenenprojekt ist längst von dieser Opposition durchtränkt - und damit nicht mehr in traditioneller Weise *das* Erwachsenenprojekt. Das Kulturprojekt der Erwachsenen hat im Verlauf der letzten Jahrzehnte seine festen Konturen eingebüßt. Die Kinder erhielten mit der skizzierten Expansion des Marktes in der Erwachsenenwelt einen mächtigen Verbündeten. Der Markt (insbesondere das Mediensystem) bedient sie - bei allen sonstigen Unterschieden - mit einem "kulturellen Kapital", das sich von dem, dem immer noch viele Erwachsene (in Anlehnung an das moderne Kindheitskonzept) anhängen, erheblich unterscheidet.

V.

Die bisherigen Überlegungen sollten verdeutlichen, daß sich im Rahmen einer umfassenden Tendenz der frühen Verselbständigung von Kindern deren Kultur mit Hilfe von Markt und Medien neu konturiert (hat), und zwar in Richtung zunehmender Unabhängigkeit, Relativierung und Distanzierung von Kinderkultur als einem zukunftsorientierten Entwicklungsprojekt, von den Formen der Kinderkultur, die den Normvorstellungen der Erwachsenen, wenn man so will, ihren Vorstellungen vor „legitimer" Kinderkultur entsprechen. Diese Entwicklung ist übergreifend, darf aber nicht als Resümee über den Stand der Verhandlungen zwischen den beiden Kulturkonzepten (bzw. ihrer Derivate) verstanden werden.

Die beschriebene "Emanzipation" der Kinderkultur aus elterlicher und Erwachsenenkontrolle - und damit aus dem traditionellen Kindheitsprojekt - bedeutet selbstverständlich nicht, daß die (kultur)pädagogische Fraktion das Terrain völlig preisgegeben hat. Es ist keineswegs so, daß der Kulturkampf zwischen den Generationen in den modernen Verhandlungshaushalten nicht mehr stattfindet (von den Bühnen der öffentlichen Erziehung ganz zu schweigen). Auch der Markt versucht weiterhin, das Erziehungsprojekt zu bedienen. Mit Konsumgütern, Medienangeboten, Spielzeugen, werden weiterhin auf ganz unterschiedlichen Bühnen (in der Familie, in der Schule, in Jugendhilfeeinrichtungen und in der Kulturpädagogik) Generationskonflikte ausgedrückt und ausgehandelt.

Daß das traditionelle Kulturkonzept nicht gegenstandslos ist, verhindern z.B. die Aufstiegsorientierungen vieler Mittelschichteltern und der Distinktionsgewinn, den die Erfahrung der 'feinen Unterschiede' auch in Fragen der außerschulischen Kinderkultur mit sich bringt. Medien und Konsum bleiben ein wichtiges Betätigungsfeld für Eltern: aus Gründen der Erziehung, aus ökonomischen, ethischen, Geschmacks- und Prestigegründen und aus richtigen Einsichten in die selektive Funktion der Bildungsinstitutionen. Zu bedenken ist nur: Auch ihre Intentionen und Konzepte sind integrale Bestandteile von Marketingstrategien. Die kulturelle Aufladung der Marktangebote, von der die Rede war, korrespondiert mit einer ökonomischen. Und von dieser ökonomischen Aufladung sind auch die Produkte und Dienstleistungen betroffen, die den Weg zu den Kindern in traditioneller Manier über Eltern, Erzieher und Lehrer suchen, indem sie sich über den Anschluß an das Entwicklungsprojekt legitimieren. Die Industrien haben sich längst auf (mindestens) zwei Märkte eingestellt: den einen, zunehmend bedeutsamer gewordenen, auf dem die Kinder das Sagen haben, und den zweiten, der sich an den Normen der gebildeteren Mittelschichteltern und der professionellen Erzieher in vorschulischen und schulischen Einrichtungen orientiert. Die offenen und versteckten Verhandlungen sind deshalb immer auch Kämpfe zwischen zwei unterschiedlichen Marktkonzepten.

Die Werbekampagnen, die für die zweite, stärker auf die "legitime" Kultur fixierte Zielgruppe gemacht werden, betonen relativ stereotyp Individualität, Phantasie, Kreativität, pauschal die Bedeutung des Spielens und den erzieherischen Wert der von ihnen lancierten Medienprodukte und Konsumwaren. In den Marketingabteilungen weiß man, daß die Eltern sich über die Aufstiegsmöglichkeiten ihrer Kinder, über das Wettrennen um die knapper werdenden Arbeitsplätze und künftige Verdienstmöglichkeiten Gedanken machen. Und man läßt nichts unversucht, ihnen Angebote zu offerieren, die ihrem Kulturschema angepaßt sind, ihnen suggerieren, sie könnten die geistige Entwicklung ihrer Kinder auf besondere Weise fördern, wenn sie dem Nachwuchs "erzieherisch Wertvolles" kaufen.

Dieses Thema läßt sich nicht mit wenigen Sätzen abhandeln. Aber wichtig ist zunächst einmal - wie bereits erwähnt -, daß die Anbieter das alles einkalkulieren und ihre Kalkulationen werbestrategisch und (waren-)ästhetisch umsetzen. Dabei können sie auf die kostenlose Promotion der Angehörigen der kulturellen Fraktion in den und außerhalb der Erziehungsinstitutionen rechnen. Wichtig ist weiterhin: Der persönlichkeits- und identitätsfördernde Einfluß "intellektueller", "kreativer" oder sonstwie als "erzieherisch wertvoll" behaupteter Konsumgüter, Medienprodukte und Spielzeuge ist ebenso schwer nachweisbar wie der schädigende des populären Angebots. Die wahrgenommenen Differenzen sind oft nur Geschmacksdifferenzen. Und die Produzenten des "Qualitätsmarktes" popularisieren ihr Angebot ständig.

Von Bedeutung für die Interaktionseffekte der eingangs erwähnten drei Kindheitskontexte ist außerdem, daß der Großteil der Kinder 'kulturbeflissener' Mittelschichteltern ja keineswegs vom populären Angebot ferngehalten wird oder ferngehalten werden kann. So schreibt Schneider zur Verbreitung von Barbiepuppen in den USA: "... In upper middle class markets ownership among girls four to eight years of age was 80 percent." (Schneider 1987, S. 34) Diesen Kindern ist allerdings ein größeres Angebotsspektrum zugänglich. Sie haben Alternativen, kennen in der Regel die Bewertungen und die an den Normen der Erwachsenen orientierten Diskurse. Sie kennen bzw. beherrschen, wie immer sie diese in unterschiedlichen Kontexten dann praktisch vernetzen und mixen, zwei verschiedene kulturelle Codes.

Hier ließe sich der zweite Teil der Geschichte des Taschengeldes im 20. Jahrhundert einfügen. Viele Indizien sprechen dafür, daß die populäre Kultur als Taschengeldkultur auch von akademisierten Mittelschichteltern toleriert wird. Kleine Untersuchungen des Verfassers zeigen, daß Kindern die Überraschungseier, Schneiderbücher und Bravohefte (die heute bereits von Neun- und Zehnjährigen gelesen werden) u.ä. nicht mehr verboten, aber auch nicht (wie manches Andere) von den Eltern gekauft werden. Die Eltern verfahren nach dem Prinzip: Wenn ihr schon eure eigene, uns suspekte, Kultur haben wollt, dann bezahlt sie gefälligst auch mit eurem eigenen Geld.

Die Beherrschung zweier kultureller Codes (vor allem des an bürgerlichen Standards orientierten) hilft in vorschulischen und schulischen Einrichtungen. Spätestens dort werden auch alle anderen Kinder mit Kinderkultur als Entwicklungs- und Erziehungsprogramm vertraut (gemacht). Dann lernen die, denen diese Lektion zu Hause erspart wurde, daß die populäre Kultur nichts oder eben brutal, trivial, geschmacklos ist, jedenfalls von Erwachsenen mißbilligt, oft nicht einmal als Verhandlungsgegenstand oder Streitobjekt zugelassen, und somit in den "Untergrund" der Gleichaltrigengruppe verbannt wird. So wird eine zynische Dialektik in Gang gesetzt, die die populistischen Elemente der Anpassung des Marktes an das Kulturprojekt der Kinder nur noch attraktiver macht. Es geht (in der Praxis) darum, diese Reaktion vor allem bei denen zu verhindern, deren soziokulturelles Umfeld wenig Anregungen und Alternativen, keine Vielfalt bietet. Grundsätzlich stellt sich die Frage, wie die Erzieherfraktion mit dem durch den Markt gestärkten Kulturprojekt der Kinder zusammenarbeiten kann, ohne dessen Populismus zu kopieren.

Literatur

Becchi, Egle (1996): Il nostro secolo. In: Becchi, Egle/ Julia, Dominique (Hrsg.): Storia Dell'Infanzia, Bd. 2: Dal Settecento a oggi. Bari: Laterza, S. 332 - 407.
Böckelmann u.a. (1979): Werbefernsehkinder. Berlin: Volker Spiess.
Braunmühl, Ekkehard von (1978): Zeit für Kinder. Frankfurt: Fischer.
Büchner, Peter (1983): Vom Befehlen und Gehorchen zum Verhandeln. In: Preuss-Lausitz, Ulf et al. (Hrsg.): Kriegskinder, Konsumkinder, Krisenkinder. Weinheim u. Basel: Beltz, S. 196 - 212.
Douglas, Mary/ Isherwood, Baron (1978): The World of Goods. Harmondsworth: Penguin.
Fawdry, Kenneth/ Fawdry, Marguerite (1979): Pollock's History of English Dolls & Toys. London & Tonbridge: Ernst Benn Limited.
Featherstone, Mike (1991): Consumer Culture & Postmodernism. London: Sage.
Feldmann, Klaus (1987): Die Entwicklung des ökonomischen Bewußtseins von Kindern und Jugendlichen. Hannover: Universität, Fachbereich Erziehungswissenschaften.
Fiske, John (1987): Television Culture. London u. New York: Routledge.
Geertz, Clifford (1987): Dichte Beschreibung. Beiträge zum Verstehen kultureller Systeme. Frankfurt: Suhrkamp.
Hengst, Heinz (1990): Szenenwechsel. Die Scripts der Medienindustrien in der Kinderkultur. In: Charlton, Michael/ Bachmair, Ben (Hrsg.): Medienkommunikation im Alltag. Interpretative Studien zum Medienhandeln von Kindern und Jugendlichen (Schriftenreihe Internationales Zentralinstitut für das Jugend- und Bildungsfernsehen, Bd. 24). München/New York u.a.: Saur, S. 191 - 209.
Hengst, Heinz (1991): Medienkindheit heute. In: Stefan Aufenanger (Hrsg.): Neue Medien - Neue Pädagogik? (Schriftenreihe der Bundeszentrale für politische Bildung. Bd. 301). Bonn: Bundeszentrale für politische Bildung, S. 18 - 39.
Hengst, Heinz (1994): Richtung Gegenwelt? Kinderkultur als gleichaltrigenorientierte Konsumkultur. In: Deutsches Jugendinstitut (Hrsg.): Handbuch Medienerziehung im Kindergarten (Band 1). Opladen: Leske + Budrich, S. 134 - 153.
Hengst, Heinz (1994a): Der Medienverbund in der Kinderkultur: Ensembles, Erfahrungen und Resistenzen im Mediengebrauch. In: Hiegemann, Susanne/ Swoboda, Wolfgang H. (Hrsg.): Handbuch der Medienpädagogik. Opladen: Leske + Budrich, S. 240 - 254.
Hengst, Heinz (1994b): Versuche über das 'Eigene' der Kinderkultur. In: Bundesvereinigung Kulturelle Jugendbildung e.V.: Zukunft Jugendkulturarbeit. Remscheid: Bundesvereinigung Kulturelle Jugendbildung, S. 176 - 186.
Hengst, Heinz (1994c): Zum Wandel der Kinderkultur. Neue Erfahrungen in pädagogisch verdünnten Zonen. In: Geulen, Dieter (Hrsg.): Kindheit. Neue Realitäten und Aspekte. Weinheim: Deutscher Studien Verlag, S. 96 - 119.
Hengst, Heinz (1996): Intertextualität, Mediengewalt und die Konstruktion schützender Rahmen. In: Michael Charlton u.a. (Hrsg.): Science meets Ficti-

on. Forschungsfragen und Ergebnisse zur Rezeption medialer Gewalt und Action. Opladen: Westdeutscher Verlag (im Druck).
King, Constance E. (1978): The Encyclopedia of Toys. London: Robert Hale.
Kline, Stephen (1993): Out of the Garden. Toys, TV and Children's Culture in the Age of Marketing. Toronto: Garamond Press.
Kroner, Wolfgang (1981): Szenen aus der Kindheit: Kinder in der Welt der Waren und des Geldes. In: Psychologie & Gesellschaftskritik, Heft 2/3, S. 35 - 44. Mause, Lloyd de (1977): Hört ihr die Kinder weinen. Eine psychogenetische Geschichte der Kindheit. Frankfurt: Suhrkamp.
McNeal, James U. (1987): Children as Consumers. Insights and Implications. Lexington: D.C. Heath and Company.
Meyrowitz, Joshua (1987): Die Fernsehgesellschaft. Wirklichkeit und Identität im Medienzeitalter. Weinheim u. Basel: Beltz.
Riesman, David (1958): Die einsame Masse. Reinbek: Rowohlt.
Schneider, Cy (1987): Children's Television: The Art, the Business, How it Works. Lincolnwood (Chicago): NTC Business Books.
Seiter, Ellen (1995): Sold Separately. Parents & Children in Consumer Culture. New Brunswick, New Jersey: Rutgers University Press
Sheff, David (1993): Nintendo "Game Boy". Ein japanisches Unternehmen erobert die Welt. München 1993: Goldmann.
Simmel, Georg (1900): Philosophie des Geldes. Leipzig : Duncker & Humblot.
Weber-Kellermann, Ingeborg (1979): Die Kindheit. Eine Kulturgeschichte. Frankfurt: Insel.
Zelitzer, Viviana E.(1985): Pricing the Priceless Child. The Changing Social Value of Children. New York: Basic Books.

Klaus Neumann-Braun

Kinder im Spannungsfeld von Werbemarkt und Jugendschutz

Erfahrungen mit der Rezeption der Studie „Fernsehwerbung und Kinder"

1. Einleitung

„Let's make a deal" - so lautete Anfang der neunziger Jahre der programmatische Titel eines Übersichtsreferats zur Entwicklung des Medien- und Konsummarkts für nordamerikanische Kinder (Kline 1991)[1]. Was dort vor allem für den US-amerikanischen Markt unter dem Stichwort Kommerzialisierung von TV-Programmen und Programmumfeldern beschrieben wurde, wird mehr und mehr auch Realität für die Kinder in der Bundesrepublik. Zur Jahreswende 1994/1995 haben bekanntlich die ersten werbefinanzierten Kinderspartenkanäle Sendelizenzen erhalten, im Laufe des Jahres 1995 sind „Super-RTL" und „Nickelodeon/Ravensburger" auf Sendung gegangen.

Diese Marktentwicklung ist in der gesellschaftlichen – und auch wissenschaftlichen – Öffentlichkeit nicht unbeachtet geblieben. Gleichwohl besteht ein beklagenswertes Mißverhältnis zwischen den stark zunehmenden Werbeaktivitäten der Wirtschaft samt expandierender kommerzieller „Begleitforschung" und der sozialwissenschaftlichen *Grundlagen*forschung, die den Marktdynamiken nur bedingt folgen kann. Für die nationale Diskussion ging ein neuer Impuls von dem durch das Bundesministerium für Frauen und Jugend (BMFJ) in Auftrag gegebenen und 1993 der Öffentlichkeit vorgestellten größeren wissenschaftlichen Gutachten „Kinder und Werbung" aus (Baacke/ Sander/ Vollbrecht 1993). Die Literaturstudie resümiert die einschlägige nationale und internationale Forschung und votiert abschließend eindringlich dafür, die empirische Forschung zum Thema Kinder und Werbung zu intensivieren. Im unmittelbaren zeitlichen Anschluß an dieses Gutachten erfolgte durch die Landesan-

---

[1] Für Entwicklungen auf dem deutschen Medien- und Konsummarkt siehe: Deutsches Jugendinstitut (1994) sowie Erlinger (1994) und Hollstein (1994).

stalt für Rundfunk (LfR), Nordrhein-Westfalen, die Vergabe eines umfangreichen empirischen Untersuchungsprojekts zum Thema „Fernsehwerbung und Kinder" an eine interdisziplinär zusammengesetzte Gruppe von Wissenschaftlern (Michael Charlton/Psychologie, Klaus Neumann-Braun/ Soziologie, Stefan Aufenanger/ Erziehungswissenschaft sowie Wolfgang Hoffmann-Riem/ Rechtswissenschaft). Die zentralen Forschungsabsichten waren:

- erstens eine Bestandsaufnahme des öffentlich-rechtlichen und privaten TV-Werbeangebots für Kinder,
- zweitens eine Untersuchung der Werb*erezeption* durch Kinder im Alter von vier bis vierzehn Jahren sowie
- drittens eine *juristische* Würdigung der sozialwissenschaftlichen Ergebnisse in der Perspektive, Handlungsoptionen aufzuzeigen, die zum Schutz der Kinder für eine Verbesserung des Programm- und Werbeangebots für Kinder oder aber auch für Verbesserungen der Rezeptionsbedingungen (Stichwort: Medien-/Werbepädagogik in der Familie) dienlich sein könnten.

Die Untersuchung liegt inzwischen publiziert vor (Charlton u.a. 1995) und es kann auf eine etwa halbjährige Rezeptionsgeschichte zurückgeblickt werden.

Der Auftraggeber der Studie wie auch die Sozialwissenschaftler, die diese durchführten, gingen davon aus, daß die Expansion des auf Kinder gerichteten Werbefernsehens möglicherweise Kinder überfordert und gefährdet. Damit wurde von vornherein den ökonomischen Interessen an Kindern ein Kinderschutzinteresse gegenübergestellt. Wenn im vorliegenden Beitrag über die Studie „Fernsehwerbung und Kinder" berichtet wird, so geschieht das in einem ersten Schritt, um anhand der Ergebnisse die Situation zu beleuchten, in der sich die beiden Interessen gegenüberstehen. Im zweiten Schritt geht es um den politischen Prozeß, den die Publikation der Studie ausgelöst hat. Denn die sozialwissenschaftlichen Aussagen und das juristische Gutachten münden in Forderungen nach Maßnahmen, Kinder gegen bestimmte Formen von Werbung zu schützen. In der Konfrontation der beiden Interessen stoßen zwei unterschiedliche gesellschaftliche Wahrnehmungen der Kinder aufeinander: Einerseits werden Kinder als potentielle Konsumenten von Waren, also in einer Erwachsenenrolle behandelt, andererseits werden sie als Noch-nicht-Erwachsene gesehen, die der unmittelbaren Berührung mit bestimmten Gegebenheiten in der Gesellschaft der Erwachsenen nicht ohne weiteres ausgesetzt werden dürfen. Die Rezeption der Studie in der Öffentlichkeit läßt Machtverhältnisse erkennen, in denen sich ökonomische und Kinderschutzinteressen gegenüberstehen.

Im folgenden werden zunächst Anlage und Ergebnisse der Studie vorgestellt, um dann über deren Aufnahme und Bewertung in der gesellschaftlichen Öffentlichkeit zu berichten.

2. Anlage der Studie „Fernsehwerbung und Kinder"

2.1 Der Medien- und Konsummarkt für Kinder und das TV-Werbeangebot

Der *erste Teil der Studie* ist der Analyse des Werbeangebots für Kinder im deutschen Fernsehen gewidmet. In der *quantitativen* Teiluntersuchung werden Umfang und Programmumfeld von Kinderwerbung (Spotwerbung und andere Werbeformen) erhoben. Grundlage der Analyse bilden zwei Programmwochen aus dem Jahr 1993 (24. Woche/Juni und 45. Woche/November). Untersucht wurden insgesamt 1.736 Programmstunden der Sender RTL, SAT.1, RTL 2, PRO 7, Kabelkanal, Vox, ARD und ZDF. In der vertiefenden *qualitativen* Teiluntersuchung werden Weltbilder und Argumentationsmuster in der Kinderwerbung (Werbespots und Spielsendungen) interpretiert.

Erweiternd wird in einer produkt- und organisationswissenschaftlichen *Fallstudie* am Beispiel einer Werbekampagne für ein Kinder- bzw. Familienprodukt (hier: Tierkrankenversicherung) verfolgt, welche Stereotype (Kinder, Tiere, Frauen) Eingang in die Konzeption von TV-Werbespots finden. Die Elemente von Werbeproduktion auf der einen und Präsentation von Werbeprodukten auf der anderen Seite werden so direkt aufeinander beziehbar.

Gerahmt wird die Fernsehprogrammuntersuchung durch eine *aktuelle Bestandsaufnahme des Medien-, Werbe- und Konsummarkts für Kinder*. Die zusammengetragenen Zahlen sind insofern bedeutsam, als eine Diskrepanz besteht zwischen vorhandenen wirtschaftsinternen Daten zum Kindermarkt, die für die Öffentlichkeit in der Regel nicht zugänglich sind, und solchen Daten, die in wissenschaftlichen Publikationen genannt werden, die jedoch älteren Datums und vor allem unvollständig sind. Hier liegen nun aktuelle Zahlen zu den kommerziellen Aspekten von Kindheit vor, die, wie an jüngsten Reaktionen aus der Wirtschaft abzulesen ist, Geltung beanspruchen können. Einige wenige Zahlen seien genannt:

Kinder verfügen heute über ein regelmäßiges Einkommen. Die Geldmittel der Kinder im Alter von sieben bis zwölf Jahren addieren sich in Deutschland im Jahr auf über 5,6 Milliarden DM. Rechnet man noch einen Betrag für ihre Mitsprache bei Konsumentscheidungen in der Familie hinzu, dann ergibt sich eine geschätzte tatsächliche Kaufkraft der Kinder von etwa 17 Milliarden DM (Stand 1993). Kinder sind zu einer festen und bedeutenden Größe auf dem Markt geworden.

Der Markt der Konsum- und Investitionsgüter für Kinder hat sich bekanntermaßen sehr differenziert. Die Marktentwicklung ist alles andere als abgeschlossen, weitere Marktlücken werden gefunden und geschlossen werden. Als Indikator für das Interesse des Marktes an den Kindern sind die Netto-Werbeinvestitionen für Kinder errechnet worden: *Vorsichtig* geschätzt wird eine Summe von etwa 600 Millionen DM ausgegeben, um Kindern Produkte und Dienstleistungen nahezubringen (Stand 1993). Für 1994/1995 kann von einer Schätzsumme in Höhe von gut 800 Millionen DM Brutto-Werbeinvestitionen auf dem Konsumgütermarkt für Kinder ausgegangen werden.

2.2   Werberezeption durch die Kinder

Im *zweiten Teil der Studie* wird die Rezeption des TV-Werbeangebots durch vier- bis vierzehnjährige Kinder untersucht. Die Analyse ist komplex angelegt. Sie integriert quantitative und qualitative Forschungsmethoden. Es wurde eine *repräsentative Befragung* an 1.115 Kindern durchgeführt. Grundlage war ein an die verschiedenen Altersgruppen adaptiertes Leitfadeninterview sowie die Verwendung von Bildmaterialien. Das Datenmaterial wurde multivariat ausgewertet. Die Ergebnisse erfüllen die gängigen Gütestandards. Die Befragung wurde ergänzt um *19 Einzelfallstudien,* die über das Erhebungsinstrument der soeben genannten Befragung, das Leitfadeninterview, sowie über den Einbezug in eine Clusteranalyse in die Gesamtuntersuchungspopulation integriert wurden. Die 19 Kinder wurden bei ihrem alltäglichen TV-Konsum in der Familie beobachtet, es wurde ein Tiefeninterview mit ihnen geführt, und es wurde in einem experimentellen Setting die Stellungnahme der Kinder, also deren Kommentare, zu „natürlichen" Werbefilmen erhoben. Ziel dieser komplementären qualitativen Untersuchung war, durch die teilnehmende Beobachtung und das ausführliche Gespräch mit den Kindern ergänzend Umgangsformen und Verarbeitungsstile zu erheben.

Als theoretische Grundlage der Rezeptionsanalyse wurde ein psychologisches Modell des Werbeverständnisses von Kindern innovativ entwickelt. Es baut auf Entwicklungen in der neueren Kognitionswissenschaft auf.

2.3   Zusammenarbeit von Sozial- und Rechtswissenschaft

Alle Teile der Untersuchung wurden von Anfang bis zum Ende im interdisziplinären Dialog konzipiert und interpretiert. Neben dem Zusammenwirken der Disziplinen Psychologie, Soziologie und Erziehungswissenschaft wurde die Kooperation mit den Rechtswissenschaften gesucht. Denn wenn Untersuchungsergebnisse zu medienpolitischen Initiativen führen sollten, ist immer Rücksicht auf einen spezifischen Rechtsrahmen zu nehmen. Anlage und Ergebnisse der Studie wurden entsprechend kontinuierlich von den juristischen Partnern begleitet und abschließend rechtlich gewürdigt. Das so entstandene Rechtsgutachten – *dritter Teil der Studie* – dürfte in unserer Einschätzung nicht nur für den Bereich Fernsehen und Kinder, sondern auch für den Bereich der grundsätzlichen Debatte um die Fortentwicklung des Kinder- und Jugendschutzes richtungsweisend sein.

3. Ergebnisse der Studie

3.1 Das Werbeangebot für Kinder im Fernsehen

Die Untersuchung des Werbeangebots im Fernsehen führt zu dem Ergebnis, daß Kinder einem großen Werbeangebot ausgesetzt sind. Die gesamte Werbespotmenge acht untersuchter Sender für alle Altersgruppen in einer Woche steigt in der Vorweihnachtszeit gegenüber der Sommerzeit um 50 Prozent an (von etwa 10.000 auf etwa 15.000 Werbespots). Dabei nimmt der Anteil Werbung für Kinderprodukte sowie Werbung mit Kindern als Darsteller von 30 Prozent auf 40 Prozent an der Gesamtspotzahl zu.

Die privaten Rundfunkveranstalter dominieren den Markt der Werbung für Kinder im Fernsehen. 1993 wurden in der Vorweihnachtszeit durchschnittlich in jedem dritten ausgestrahlten Werbespot Kinderprodukte beworben; beim Kabelkanal und bei RTL 2 war dies sogar in fast jedem zweiten Werbespot der Fall.

Die Wiederholfrequenz einzelner Kinderspots, insbesondere von seiten der großen Firmen der Spielwarenindustrie, ist hoch, sie beträgt bis zu 350 Ausstrahlungen pro Woche. Nur jeweils zehn aller werbenden Firmen im Bereich der Werbung für Kinder (von 137 in der ersten bzw. 167 in der zweiten Erhebung) stellen etwa ein Drittel aller pro Woche ausgestrahlten Kinderwerbespots.

Die Konfrontation der Kinder mit der Werbung ist vor allem im Bereich der Kindersendungen an Werktagen nachmittags sowie am Wochenende vormittags besonders groß, da hier fast ausschließlich Werbeblöcke ausgestrahlt werden, die überwiegend auf Kinder gerichtet sind. Das bedeutet, daß im Umfeld von Kindersendungen der Anteil von Werbung sehr hoch ist. Werbung für Kinder wird aber nicht nur zu diesen Zeiten geschaltet, sondern auf alle Tageszeiten gestreut.

Der Übergang vom Programm zur Werbung ist häufig so geartet, daß aufgrund der Gestaltung der Werbelogos (kurze Einblendzeiten, Verwendung von Symbolen, fehlende sprachliche Unterstützung) diese vor allem für jüngere Kinder nicht durchschaubar sind. Auch die Beendigung von Werbeblöcken durch Trailer (Programmhinweise auf nachfolgende Sendungen in Spotform) markiert keinen klaren Abschluß der Werbung.

In einzelnen Kinderwerbespots werden immer noch stark geschlechtsrollenspezifische Stereotype verwendet, die die Mädchen an eine traditionelle Frauenrolle und die Jungen an aggressive Verhaltensweisen binden.

In Kinderspielsendungen stehen öfter die Gewinnprodukte als das Spiel der Kinder im Vordergrund. Die Gewinne werden so präsentiert, daß sich die Grenzen zwischen Programm und Werbung zunehmend auflösen.

Auf der Grundlage dieser Einzelergebnisse lassen sich folgende *Problemfelder* benennen: Kinder sind einem starken Werbedruck ausgesetzt. Werbung für Kinder wird über das ganze Fernsehprogramm gestreut, die Schutzzone „Kindersendung" (mit dem Verbot von Unterbrecherwerbung) greift hier entsprechend zu kurz. Die Trennung von Werbung und Programm ist mit Blick auf die kindlichen Rezipienten unzureichend, zudem fehlen für lese*un*kundige Kinder entsprechende formale Gestaltungsmittel (etwa akustische Hinweise). Inhaltlich dominieren alte Rollenstereotype, „klassische" Wunschphantasien, deren Realisierung des Kaufs des Produkts bedarf.

3.2 Die Rezeption von Fernsehwerbung durch Kinder

Schon Vorschulkinder können bekanntlich viele Werbespots auswendig mitsprechen oder mitsingen. Deswegen wird ihr tatsächliches Werbeverständnis meistens überschätzt. Die Rezeptionsstudie sollte Aufschluß über die Entwicklung der kindlichen Kompetenz zum Verständnis von Werbung geben. Das erste Ergebnis betrifft das Verstehen und Erkennen von Spotwerbung durch Kinder: Etwa 37 Prozent der Vierjährigen kennen den Unterschied zwischen Werbung und Programm nicht. Das gleiche gilt für noch 21 Prozent der fünfjährigen und 12 Prozent der sechsjährigen Kinder. Diese Zahl sinkt danach von 8 Prozent der Sieben- und 9 Prozent der Achtjährigen auf durchschnittlich 2 Prozent bis 3 Prozent der oberen Altersgruppen der Befragung. Werbung wird überwiegend mit Spotwerbung gleichgesetzt. Schwierigkeiten bereiten Non-Spotwerbung und unklare Grenzziehungen zwischen Programm und Werbung.

Die Fähigkeit, Werbung vom Programm zu unterscheiden, ist jedoch nur eine der Voraussetzungen, um von einer umfassenden „Werbekompetenz" sprechen zu können. Darüber hinaus sollte der Zuschauer wissen, wer Werbung in Auftrag gibt, wer sie produziert und warum Sender sie ausstrahlen. Ebenso sollte er wissen, was Werbung von ihm will (Kaufappell, Information, Meinungsbildung). Der Anteil der Kinder, die die Bedeutung der Werbung auch unabhängig von ihrer Darbietungsform erkennen, liegt über alle Altersgruppen hinweg bei höchstens 2,4 Prozent.

Die Anzahl der Kinder, die Werbung gerne sehen und an ihr Gefallen finden, sinkt mit zunehmendem Alter. Während noch 40 Prozent aller Vier- bis Sechsjährigen angeben, Werbung gerne zu sehen, nimmt der Prozentsatz von 29 Prozent der Sieben- bis Zehnjährigen auf unter 20 Prozent der Elf- bis Vierzehnjährigen ab. Mit zunehmendem Alter achten Kinder vermehrt darauf, ob die jeweilige Werbung in ihren Augen gut gemacht ist oder nicht. Nur ein geringer Teil der Kinder wünscht sich explizit Werbung: Es sind 10 Prozent der Jüngsten und nur noch 1,2 Prozent der Elf- bis Vierzehnjährigen.

Die meisten Kinder meinen zwar, daß sie im Alltag mit Werbung recht selbstbestimmt umgehen können. Die unkritische Haltung gegenüber der Werbekommunikation nimmt von 49 Prozent bei den jüngeren auf 8 Prozent bei den älteren Kindern ab. Über alle Altersstufen hinweg spricht nur etwa ein Viertel der Kinder der Werbebotschaft uneingeschränkt Glaubwürdigkeit zu. Bei genauerem Hinsehen entpuppt sich jedoch diese kritische Einstellung als Illusion. Auch ältere Kinder haben in der Regel wenig Distanz zur Werbung, sie lassen sich in ihren Kaufwünschen deutlich von der Markenwerbung beeinflussen.

Der Einfluß der Familienerziehung auf den Konsum von Werbung ist eher beschränkt. In vielen Familien wird zwar über Werbung gesprochen, eine kritische Werbeaufklärung ist jedoch selten zu finden. Eltern haben es mit der Aufklärung über Werbung nicht leicht (fehlende kritische Distanz zur Werbung, simplifizierende Gleichsetzung der Werbung mit der Form der Spotwerbung, Zeitmangel, fehlende Alternativen zum Fernsehkonsum u.ä.). In der Regel herrscht ein dichotomes Weltbild vor: Entweder die Familie ist für oder gegen Werbung. Diese holzschnittartige „werbepädagogische Position" erschwert jedoch ein flexibles Gespräch zwischen den Generationen über Fragen der Werbekommunikation. Weiterhin stehen die Eltern in Konkurrenz mit einer anderen Erziehungsinstitution, nämlich der der Gleichaltrigengruppe, die den elterlichen Einfluß beschränkt.

Die Studie läßt die Schlußfolgerung zu, daß jüngere Kinder noch nicht über eine ausreichende Kompetenz zum kritischen Verständnis von Werbung verfügen. Insbesondere drei *Problembereiche* zeichnen sich ab: *Erstens* können insbesondere Vorschulkinder nur unzureichend Werbung vom Programm unterscheiden; hier ist vor allem eine größere spezifische Teilgruppe identifizierbar, die diese Verständnisleistung nicht erbringen kann. *Zweitens* haben alle Kinder Schwierigkeiten, ungewohnte Formen der Werbung (Non-Spotwerbung) zu verstehen, und *drittens* übt die Familie nur einen beschränkten Einfluß auf die Werbeerziehung aus.

Im Zusammenhang betrachtet weisen diese Ergebnisse zum einen auf einen besonderen Schutzbedarf der Kinder hin. Die Untersuchungen in den Familien ließen aber auch deutlich werden, daß die Eltern diese Schutzaufgabe nicht ausreichend erfüllen. Es kann daher nicht angehen, der Werbewirtschaft freie Hand zu lassen mit dem Argument, für das Wohl der Kinder seien schließlich primär die Familien zuständig. Die Autoren der Studie regten als Schlußfolgerung aus den Ergebnissen Maßnahmen an, um die Entwicklung der Werbekompetenz der Kinder zu unterstützen, und zwar solche Maßnahmen, die in erster Linie am Werbeangebot in den Medien ansetzen.

3.3 Handlungsoptionen aus juristischer Perspektive

Um die rechtlichen Grundlagen und Möglichkeiten für kinderschützende Maßnahmen zu klären, wurde ein juristisches Gutachten erstellt.

Das Verfassungsrecht gibt allen Bürgern, auch Kindern und Jugendlichen, das Recht auf freie Entfaltung der Persönlichkeit sowie die Menschenwürde-Garantie. In der modernen Industriegesellschaft müssen Kinder die Handlungskompetenz zu selbständigem verantwortungsbewußtem Umgang mit Medien und Konsumgütern erst entwickeln. Tritt eine Gefährdung dieser Entwicklung ein – so das Rechtsgutachten –, ist schützendes Handeln geboten. Soweit möglich, sollen die Eltern den Kinder- und Jugendschutz bewerkstelligen. In dem Moment, in dem jedoch Gefährdungen und Risiken auftreten, die von der Seite einzelner, also von Elternseite aus, nicht mehr zu bewältigen sind, ist der Staat nicht nur berechtigt, sondern auch aufgerufen, initiativ zu werden. Ein solches Risiko stellen prinzipiell die Massenmedien und ihre Angebote dar, die aufgrund ihres umfassenden Systemcharakters vom einzelnen nicht mehr länger kontrollierbar sind. Wie aus der Studie klar hervorgeht, kommen die Eltern bei der Werbeerziehung deutlich an ihre Grenzen. Der Handlungsspielraum für staatliche Eingriffe ist jedoch begrenzt. Schutz- und Unterstützungsmaßnahmen sind nicht einfach auf den Durchschnitt aller Kinder abzustimmen, sondern der Blick sollte sich auf Problemgruppen richten. Eine solche Problemgruppe ist in der Studie benannt worden: Es handelt sich um die Altersgruppe der Vorschulkinder. Weiterhin müssen Staat und Gesetzgeber im Falle von Maßnahmen das Optimierungsgebot in Form des Grundsatzes der Verhältnismäßigkeit respektieren. Zu operieren ist damit im Spannungsfeld von „Übermaß- und Untermaßverbot". Das Ziel von Rundfunkfreiheit und Mindestfinanzierung der privaten Programmanbieter steht dem Ziel des Kinder- und Jugendschutzes gegenüber. Wie also kann und soll hier vernünftig gehandelt werden? Vor dem Hintergrund von Verfassungsrecht und einfach-gesetzlichen Regelungen (also auch: Rundfunkwerberegelungen) werden in dem Rechtsgutachten spezifische Handlungsoptionen vorgestellt. Sie orientieren sich an den beiden normativen Vorgaben, das rundfunkrechtliche Trennungs- und Kennzeichnungsgebot von Programm und Werbung kindgerecht zu differenzieren und das Kompetenzniveau der Vorschulkinder (als der identifizierten Problemgruppe) zur Richtschnur der Entscheidungen zu machen. Hierzu ist ein Maßnahmenkatalog entwickelt worden:

Zur Verbesserung der Trennungs- und Kennzeichnungsregelungen wird *erstens* vorgeschlagen, Werbeblöcke auch am Ende als solche zu kennzeichnen, sie durchgehend mit einem Sender-Werbesignet zu versehen und um eine verbale Kennzeichnung zu ergänzen (das Wort „Werbung" gesprochen aus dem „Off"). Die inhaltliche Verstehensleistung sollte darüber hinaus wie folgt gefördert werden: Die Rundfunkveranstalter können verpflichtet werden, spezielle Werbeinformationsspots zu senden, die die Besonderheit der Werbung in kindgerechter Weise deutlich machen. Der Werbeinformationsspot könnte in knapper Form Inhalt, Zweck und Aufgabe von Werbung erläutern. Diese inhaltliche Kennzeichnung der Werbeblöcke würde im Interesse des Kinder- und Jugendschutzes den prinzipiellen Unterschied der Kommunikationsformen Programm und Werbung zum Ausdruck bringen.

Kindliche Interessen werden *zweitens* trotz vieler Bemühungen bei der Gestaltung der Rundfunkordnung bislang immer noch zu wenig berücksichtigt. Es wäre wünschenswert, die Wahrnehmung der Interessen der Kinder in der Öffentlichkeit weiter zu stärken. In Betracht käme, einer bestehenden oder zu gründenden Institution diese Aufgabe ausdrücklich zuzuweisen. Sie sollte über die mit Kindern und Werbung verbundenen Probleme regelmäßig Bericht erstatten und so für öffentliche Thematisierung sorgen.

Drittens: Das derzeitige Verbot der Werbung in Kindersendungen knüpft am Begriff der „Kindersendung" an, der rechtlich nur schwer zu fassen ist. Darüber hinaus hat diese Regelung zur Folge, daß die privaten Rundfunkveranstalter nur wenige, wenn nicht gar keine speziellen Kindersendungen mehr im Programm haben. Es erscheint daher sachgerechter, die Zeiten, in denen Kinder erfahrungsgemäß verstärkt fernsehen, als „Kinderwerbeschutzzeiten" zu markieren. (Der zumeist habitualisierte Tagesablauf von Kindern und ihre dadurch festgelegten Nutzungsgewohnheiten deuten derartige Zeiten an.) Innerhalb dieser Kinderwerbeschutzzeiten wären dann die besonderen Werberestriktionen zum Schutz von Kindern zu beachten, die bereits bestehen oder in Zukunft etabliert werden. Die bisherige Orientierung der Werberestriktionen am Begriff der Kindersendung könnte damit entfallen.

3.4 Reaktionen der Öffentlichkeit auf die Studie

Soweit dieser Überblick über Anlage und Ergebnisse der Studie. Es dürfte deutlich geworden sein, daß es in der Untersuchung nicht um eine Form von ideologisch motivierter „Maschinenstürmerei" geht (das radikale Motto wäre dann etwa: „Schafft die Werbung ab!"), sondern darum, Basiswissen und grundsätzliche Überlegungen bereitzustellen in der Intention, dem gesetzlich geschützten Interesse der Kinder an einem transparenten Medienangebot (hier: Trennung von Programm und Werbung) zu seinem Recht zu verhelfen. Ziel ist die Entwicklung und Sicherung eines selbständigen Umgangs mit Medien und mit Konsumgütern (Medien- und Werbekompetenz).

Wie hat nun aber die Öffentlichkeit auf die Studie reagiert? Ist mit Blick auf die Gestaltung von Programm und Werbung eine Entscheidung in die eine oder andere Richtung getroffen worden? Die Studie wurde Anfang März 1995 der Öffentlichkeit detailliert präsentiert. Die Buchpublikation wurde in Vorträgen und Presseerklärungen vorgestellt im Rahmen der von der LfR ausgerichteten „4. Medienpädagogischen Fachtagung: Kinder als Zielgruppe der Fernsehwerbung: Nie waren sie so wertvoll wie heute". Ende Juni 1995 fand eine zweite von der LfR initiierte Veranstaltung auf dem Medienforum Nordrhein-Westfalen 1995 in Köln statt. Unter dem Titel „Werbung! Kauft! Kinder!" wurde die Studie dort von der LfR-Leitung sowie den wissenschaftlichen Autoren diskutiert und auf einem anschließenden Podium von Vertretern der Wirtschaft kommentiert.

3.5 Presse: Business as usual

Der Vorstellung der Studie auf der ersten Veranstaltung im März 1995 folgte das Rauschen im Blätterwald. Die Deutsche Presseagentur/dpa verfaßte eine Presseerklärung, die in den meisten Presseorganen im mehr oder minder originalen Text wiedergegeben wurde. Leider war sie fehlerhaft: Sie enthielt lediglich zwei Informationen, die sich auf konkretes Zahlenmaterial bezogen. Von diesen zwei Informationen war eine nicht korrekt. Da in den Redaktionen die dpa-Meldung nicht überprüft wurde, lief diese Fehlinformation unaufhaltsam in Deutschland rund. Ein Fall von tolerierbarem alltäglichem Betriebsunfall im bundesrepublikanischen Informationswesen?

„Süddeutsche Zeitung", „Frankfurter Rundschau", „Frankfurter Allgemeine", „Stuttgarter Zeitung" sowie der „Evangelische Pressedienst/epd" berichteten in ausführlichen Artikeln detailliert und sachkompetent. In der „Neuen Zürcher Zeitung" erhob ein Redakteur lässig – oder tendenziös? – den Vorwurf der „luftigen Empirie". Die Geschäftsführung des Zentralverbands der deutschen Werbewirtschaft („ZAW") zog im Periodikum „Medien Dialog" polemisierend und jeglicher journalistische Fairness vermissend zu Felde. In einer folgenden Presseerklärung („ZAW-Nachrichten" vom 23.5.1995) wurden zwar etwas moderatere Töne angeschlagen, von der grundsätzlichen Intention, das Thema zu emotionalisieren und damit zu polarisieren, wurde jedoch nicht abgelassen.

3.6 Die Reaktion der Auftraggeber: Hilflose Helfer?

Der frühere Verfassungsgerichtspräsident Ernst Benda bescheinigte den 15 Landesmedienanstalten jüngst in einer Stellungnahme zum Problem der Konzentrationskontrolle auf dem Markt der privaten Fernsehanbieter, daß die Medienwächter in diesem Feld ohne Fortune agieren würden. Er spricht dann auch von ihnen als „hilflosen Medienwächtern". Trifft dieses Urteil auch auf den Fall der Kontrolle von Werbung für Kinder zu?

Der Verlauf der bisherigen Reaktionen zumindest seitens zweier Landesmedienanstalten stellt sich wie folgt dar: Erstens wird die Studie öffentlich nicht vollständig diskutiert und nicht alle aufgeführten Handlungsoptionen werden einbezogen. Ein Beispiel hierfür ist der Vortrag des Direktors der Landesanstalt für privaten Rundfunk Hessen auf der oben erwähnten Tagung im März dieses Jahres, als die Studie der Öffentlichkeit präsentiert wurde. Dieser unternahm in seinem Vortrag „Rundfunkrechtliche Rahmenbedingungen, Defizite und Novellierungsansätze" keinen ernsthaften Versuch, die im juristischen Gutachten diskutierten Handlungsoptionen umfassend vorzustellen, geschweige denn im Detail zu bewerten.

Zweitens unterscheiden sich die vorliegenden schriftlichen und mündlichen Stellungnahmen der LfR signifikant. In ihrer ersten schriftlichen Stellungnahme zur Studie hat die Leitung der LfR unter dem Satz „Tun wir also etwas, nachdem wir Wissende geworden sind!" zunächst ein Bekenntnis zur Marktwirtschaft abgegeben, das jedoch an einen „pädagogischen Vorbehalt" gekoppelt wurde: Kinder bedürfen besonderer Unterstützung und Förderung in ihrer Entwicklung. Angesichts der Ergebnisse der Studie sei ein stärkerer Schutz der kleineren Kinder zu fordern. Es werden konkrete Vorschläge an die Adresse von Werbeveranstaltern und Produzenten gerichtet, bei deren Realisierung zunächst einmal auf intensive Gespräche mit der Anbieterseite zu setzen sei. Aber auch gesetzliche Änderungen könnten gegebenenfalls ins Auge gefaßt werden. Die erste mündliche Reaktion anläßlich der Präsentation der Studie fiel indes erheblich verhaltener aus: Man werde die Studie zunächst in allen Einzelheiten zu diskutieren und zu würdigen haben, im übrigen sei man als „Rundfunkaufseher" ja „kein Fundamentalist" und appelliere zunächst an die „Freiwilligkeit von Werbewirtschaft und TV-Anbietern". Reagiert hier eine verselbständigte Fügsamkeit in die Gesetze des Markts für Kinder?

Ein *erster* Testfall auf die Gültigkeit des in Aussicht gestellten Prüf- und Handlungswillens war die Frage der Lizenzierung neuer Kinderspartenprogramme. Unmittelbar nach der öffentlichen Vorstellung der Studie wurde der Kinderspartenkanal „Nickelodeon/Ravensburger" von der LfR lizenziert. Es sollen – auf freiwilliger Basis – kinderfreundlichere Werbepräsentationsformen besprochen worden sein. Genaueres war bislang leider von keiner Seite zu erfahren. War die wirklich sehr knappe Zeit ausreichend für eine sorgfältige Prüfung der Ergebnisse der Studie sowie für die Überlegung, welche Marschrichtung für die Zukunft einzuschlagen ist? Auf der Tagung im Juni war dem Vertreter von „Nickelodeon/Ravensburger" eine Abgrenzung gegenüber der Studie sehr wichtig: Man verfüge über genug eigene Sensibilität, agiere selbst und lasse sich nichts von anderer Seite vorschreiben – so sinngemäß der Tenor. Die angebotene freiwillige Beschränkung der Werbezeiten von zwölf rechtlich möglichen auf sieben anvisierte Minuten pro Stunde über das Jahr hinweg mit Ausnahme der Vorweihnachtszeit, in der die vollen zwölf Minuten ausgeschöpft werden sollen, wird durch Äußerungen der eigenen Branche relativiert: Sieben Minuten Werbung entsprächen ohnehin dem Jahresdurchschnitt der Werbung im Kinderprogramm, und wenn zudem Weihnachten das rechtlich mögliche Zeitkontingent ausgeschöpft würde, dann wären faktisch keine besonderen entgegenkommenden Maßnahmen auf freiwilliger Basis im Angebot von „Nickelodeon/Ravensburger" zu sehen – so der Insiderkommentar (Gangloff 1995). Wäre hier nicht ein klärendes Wort der Aufsichtsbehörde, der nordrhein-westfälischen Landesmedienanstalt, von Nutzen?

Ein *zweiter* Testfall ist schließlich die öffentliche Verteidigung der Untersuchungsergebnisse gegenüber Angriffen von an Werbung interessierter Seite. Auch in diesem Fall ist die Reaktion der LfR nicht glücklich zu nennen. In der LfR-Presseerklärung zu den Angriffen des Zentralverbands der deutschen Werbewirtschaft (ZAW) wird geantwortet, sozialwissenschaftliche Daten ließen sich „immer unterschiedlich interpretieren". Dieser Meinung können allerdings die Autoren nicht zustimmen. Die Ergebnisse sprechen sehr wohl eine eindeutige Sprache. Als problematisch hat sich insbesondere ausgewirkt, daß die Studie „Fernsehwerbung und Kinder" zu einer „LfR-Studie" wurde (als solche wird sie inzwischen auch zitiert). Die LfR wollte keine „Enteignung" erleiden und übernahm als Auftrag- und Herausgeber der Studie alle Öffentlichkeitsarbeit.

3.7 Die Reaktionen der Programmanbieter: Schon am Ende der Kompromißbereitschaft?

Nach der oben erwähnten Diskussionsveranstaltung im Juni 1995 haben die Privatsender erste Stellungnahmen abgegeben. Sie reichen von der Zustimmung in Einzelmaßnahmen (zum Beispiel Einverständnis mit der vorgeschlagenen akustischen Kennzeichnung der Fernsehwerbung) bis zur gänzlichen Ablehnung weiterer Zugeständnisse: Man sei am Ende der Kompromißbereitschaft angelangt – so wird jedenfalls der Verantwortliche für die Marktforschung beim „Verband Privater Rundfunk und Telekommunikation/VPRT" zitiert (Gangloff 1995). Und schnell ist auch das Totschlag-Argument bei der Hand: Im Zweifelsfall müßten eben die Kinderprogramme abgeschafft werden, eine Formel, deren Verwendung etwa auch vom Pressesprecher von „IPAplus", dem Werbezeitvermarkter der „RTL"-Senderfamilie, berichtet wird. Die Autoren der Studie hatten diese ultimative Drohung aus der Wirtschaft vorausgesehen. Deshalb war in dem juristischen Gutachten der Studie der vorgeschlagene Katalog von Handlungsoptionen so entwickelt worden, daß Optimierungen in der Gestaltung des Programm- und Werbeangebots möglich sind, die auf der Basis des Grundsatzes der Verhältnismäßigkeit auch finanziell tragbar sind, falls alle Seiten an einer solchen Verbesserung ernsthaft interessiert sind.

3.8 Programmkontrolle und wissenschaftliche Begleitforschung – Identity Bargaining in einer schwierigen Ehe

Auch im Bereich der Massenkommunikation sollen gesellschaftliche Steuerungssysteme und -instanzen den Ausgleich divergierender Interessen bewerkstelligen. Ein zentrales Steuerungssystem stellt die Rechtsprechung dar, deren Rolle bei der Entwicklung und Gestaltung des Rundfunks freilich unterschiedlich eingeschätzt wird. Angesichts der gegenwärtigen forcierten wirtschaftlichen Dynamik auf den internationalen Medienmärkten wird auf der einen Seite die Bedeutung des Verfassungsrechts als im Schwinden begriffen aufgefaßt: Erfahrungen mit der Rechtsprechung in Italien oder der in Nordamerika lassen zu diesem Urteil kommen (Kleinsteuber 1993). Auf der anderen Seite sind Initiativen zu verzeichnen, das Rechtssystem an die gewandelten gesellschaftlichen Bedingungen anzupassen. Als Beispiele hierfür sind zu nennen: das Gutachten der Studie zur Spezifizierung der verfassungsrechtlichen und einfachgesetzlichen Regelungen im Bereich des Kinder- und Jugendmedienschutzes sowie die Schaffung von Systemen und Verfahren eines reflexiven, prozessuralen Rechts (Grothe/ Schulz 1993), das eine Vermittlung zwischen akteurzentrierten und systemzentrierten Elementen sowie den bereichsspezifischen Bedingungen des jeweiligen Regelungsfeldes ermöglichen soll.

Die Bilanz der Steuerungsfunktion der Landesmedienanstalten als zentraler Kontrollinstanz des privaten Rundfunks fällt *geteilt* aus. Eine umfangreiche Evaluation der Förderung und Steuerung der Medienforschung durch die Landesmedienanstalten kommt zu dem Ergebnis (Jarren 1993, S. 132 f.), daß die bisherige Forschungsförderung seltener zu Aufsichtszwecken, das heißt als regulative Ressource zur Steuerung von Rundfunkentwicklung und Programmgestaltung, genutzt und häufiger als Fürsorge und Aufbauhilfe für die privaten Veranstalter betrieben wird. Am Fall der sogenannten „Programmstrukturanalyse" ist beispielsweise aufzuzeigen, daß deren Ergebnisse vor allem der Werbeplanung dienen (Hesse 1993, S. 171). Insbesondere die Bereiche: Konzentrationstendenzen im privaten Rundfunk, Langzeitstudien zur Medienwirkung, Vielfaltssicherung bei den Programmstrukturen und -angeboten sowie Fragen des Jugend- und Verbraucherschutzes bleiben „Sorgenkinder" der Rundfunkforschung und -planung (Jarren 1993, S. 132).[2]

Bei dieser Situationsbewertung ist zu berücksichtigen, daß eine spezifische Strukturkonstellation das Agieren im Alltagsgeschäft der Mediensteuerung und -kontrolle schwierig macht. Die Landesmedienanstalten sehen sich durchaus einer „double bind-Situation" ausgesetzt: Einerseits eng an den Kontrollauftrag der politischen und staatlichen Instanzen gebunden, sollen sie andererseits der sogenannten Standortpolitik des jeweiligen Bundeslandes nicht im Wege stehen. Ihnen obliegt gleichermaßen die Kontrolle der privaten Anbieter wie in gewisser Weise auch die Fürsorge für die Privatsender. Und schließlich sind sie angesichts der Bedingung von bundesweitem Rundfunk und Gesetz in einer föderalen Struktur der Rundfunkaufsicht zur landesübergreifenden gemeinsamen Kooperation verpflichtet. Die in diesem Zusammenhang zur Programmaufsicht eingerichteten „Gemeinsamen Stellen", hier die Stellen „Werbung" und „Jugendschutz", zeichnen sich durch einen informellen Charakter aus mit der Folge von mangelnder Transparenz (Holgersson 1993).[3]

In dem aufgezeigten Strukturdilemma ist es wissenschaftlicher Forschung in der Regel nicht möglich, im Rahmen ihres Informationsbeschaffungsauftrages eine (auf-)klärende, problemlösende Funktion zu übernehmen. Vielmehr bekommt sie die organisationswissenschaftlich bekannte Aufgabe zugewiesen, Legitimationsbeschafferin zu sein. Die Rezeption der Studie „Fernsehwerbung und Kinder" kann auch als Beispiel dafür gelten. Allerdings muß bei dieser Einschätzung berücksichtigt werden, daß gesellschaftliches Handeln nicht deterministisch festgelegt sein kann, sondern immer auch Handlungsoptionen

---

[2] Eine detaillierte Untersuchung der Forschungsförderung der nordrhein-westfälischen Landesmedienanstalt (LfR), der Auftraggeberin der Studie „Fernsehwerbung und Kinder", legt Widlok vor (1993).

[3] Zur jüngeren Arbeit der „Gemeinsamen Stelle: Werbung" siehe Smits (1994) sowie Appelhoff/ Schober (1994).

umfaßt. Da im Rahmen der Debatte um Mediensteuerung und -kontrolle derzeit kein Königsweg erkennbar ist, bleibt immer noch die Variante Trampelpfad, womit gemeint ist, auf mehreren Ebenen und in vielerlei Hinsicht für Aufklärung und Interessensausgleich zu sorgen. Die vorgestellte Studie „Fernsehwerbung und Kinder" versteht sich in dieser Hinsicht als auf dem Weg befindlich.

4. Ein abschließendes Plädoyer im Interesse der Kinder

Die als Konsequenz der Studie empfohlenen Handlungsmöglichkeiten liegen prinzipiell im Rahmen des rechtlich Möglichen. Sie sind aus sozialwissenschaftlicher Sicht nicht nur sinnvoll, sondern notwendig, wenn Ernst gemacht werden soll mit dem gesellschaftlichen Anspruch, Kindern und Jugendlichen eine optimale Entwicklung von Medienkompetenz zu ermöglichen. Was also notwendig ist, ist der entsprechende Wille auf allen Seiten: der Politik (Staat, Rundfunkgesetzgeber, Landesmedienanstalten) und der Wirtschaft. Es ist zu ändern, daß Kinder als „Dukatenesel" gehandelt werden. In einer überregionalen Zeitung war jüngst eine Karikatur zu sehen: Auf dem einen Bild steht ein Politiker bei einem Kind und seiner Mutter, tätschelt es und sagt: „Ich mag Kinder!". Auf dem zweiten Bild verläßt der Politiker die Bühne mit der Bemerkung: „Da weiß ich wenigstens, wo ich streichen kann!". Für die Position der Wirtschaft wäre zu ergänzen: „Da weiß ich wenigstens, daß ich gut verdienen kann!". Die zukünftige Medienpolitik sollte mehr wollen, nämlich eine Kinderpolitik im Verständnis einer Gesellschaft, die die Interessen der Kinder als der Schwächeren zu respektieren und zu fördern weiß. Diese Investition in Bildung dürfte sich nicht als Fehlinvestition entpuppen.

Literatur

Appelhoff, Mechthild/ Schober, Kurt-Henning (1994): Jugendmedienschutz in einer veränderten Medienwelt. In: Deutsches Jugendinstitut (Hrsg.): Handbuch Medienerziehung im Kindergarten (Teil 1). Opladen: Leske + Budrich, S. 563–570.

Baacke, Dieter/ Sander, Uwe/ Vollbrecht, Ralf. (1993): Kinder und Werbung. Köln: Kohlhammer (Schriftenreihe des BMFJ, Bd. 12).

Charlton, Michael/ Neumann-Braun, Klaus/ Aufenanger, Stefan/ Hoffmann-Riem, Wolfgang (1995): Fernsehwerbung und Kinder (2 Bde.). Opladen: Leske + Budrich (Schriftenreihe Medienforschung der Landesanstalt für Rundfunk NRW, Bd. 17 u. 18).

Deutsches Jugendinstitut (Hrsg.) (1994): Handbuch Medienerziehung im Kindergarten (Teil 1). Opladen: Leske + Budrich.

Erlinger, Hans Dieter (Hrsg.) (1994): Kinderfernsehen und Markt. Berlin: Spieß.

Gangloff, Tilmann P. (1995): Nur noch Tempo 30 für Werbung in Familien-Sendern? Frankfurter Rundschau vom 10.7.95.

Grothe, Thorsten/ Schulz, Wolfgang (1993): Reflexives Recht – ein innovatives Regelungskonzept für das Rundfunkrecht? Steuerungstheoretische Überlegungen am Beispiel der Implementation des Zwei-Säulen-Modells für den Lokalfunk in Nordrhein-Westfalen. In: Jarren, Otfried/ Marcinkowski, Frank/ Schatz, Heribert (Hrsg.): Landesmedienanstalten – Steuerung der Rundfunkentwicklung? Münster: LitVerlag, S. 63–83.

Hesse, Kurt R. (1993): Inhaltsanalyse als Instrument der Programmkontrolle. In: Jarren, Otfried/ Marcinkowski, Frank/ Schatz, Heribert (Hrsg.): Landesmedienanstalten – Steuerung der Rundfunkentwicklung? Münster: LitVerlag, S. 167–185.

Holgersson, Silke (1993): Programmkontrolle. Anspruch und Umsetzung. In: Jarren, Otfried/ Marcinkowski, Frank/ Schatz, Heribert (Hrsg.): Landesmedienanstalten – Steuerung der Rundfunkentwicklung? Münster: LitVerlag, S. 153–165.

Hollstein, Birgit (1994): Fernsehen als Markt. Heidelberg: Springer.

Jarren, Otfried (1993): Forschung zugunsten des Privatfunks? Forschungsförderung und Forschungssteuerung – das Beispiel der Landesmedienanstalten. In: Jarren, Otfried/ Marcinkowski, Frank/ Schatz, Heribert (Hrsg.): Landesmedienanstalten – Steuerung der Rundfunkentwicklung? Münster: LitVerlag, S. 113–137.

Kleinsteuber, Hans J.(1993): Vom Bundesverfassungsgericht zu den Landesmedienanstalten – Juristen und die Juridifizierung der Medienpolitik in der Bundesrepublik Deutschland. In: Jarren, Otfried/ Marcinkowski, Frank/ Schatz, Heribert (Hrsg.): Landesmedienanstalten – Steuerung der Rundfunkentwicklung? Münster: LitVerlag, S. 23–48.

Kline, Stephen (1991): Let's make a deal. Merchandising im US-Kinderfernsehen. Media perspektiven, S. 220–234.

Smits, Rainer (1994): Werbung mit und für Kinder in privaten Sendern. In: Deutsches Jugendinstitut (Hrsg.): Handbuch Medienerziehung im Kindergarten, Teil 1. Opladen: Leske + Budrich, S. 555–562.

Widlok, Peter (1993): Sachverwalter eigener Interessen oder Mäzene der Wissenschaft? Zur Forschungspolitik der Landesanstalten aus der Sicht der Praxis – am Beispiel Nordrhein-Westfalen. In: Jarren, Otfried/ Marcinkowski, Frank/ Schatz, Heribert (Hrsg.): Landesmedienanstalten – Steuerung der Rundfunkentwicklung? Münster: LitVerlag, S. 139–150.

Maria-Eleonora Karsten

Der strukturimmanente "Blick" der Kinder- und Jugendhilfe auf Kinder und Kindheit

1. Die wachsende Bedeutung der Kinder- und Jugendhilfe

Im folgenden geht es darum, wie Kinder- und Jugendhilfe mit ihrer besonderen Blickrichtung auf Kinder und in den ihr eigenen Organisationsformen dazu beiträgt, moderne Kindheit zu konstituieren. Der Einfluß der Kinder- und Jugendhilfe, also des auf Kinder und Jugendliche bezogenen wohlfahrtsstaatlichen Dienstleistungsbereichs neben dem Schulwesen, hat in den letzten Jahrzehnten sehr stark zugenommen. Und auch in der jüngsten Zeit nimmt er weiter zu:

Erstens ist Kinder- und Jugendhilfe mit der politischen Entscheidung, in Deutschland den Rechtsanspruch eines jeden Kindes auf einen Kindertagesstätten- beziehungsweise Kindergartenplatz ab 1996 zu verwirklichen, im Bereich der Kinderbetreuungseinrichtungen zu einem unverzichtbaren und regelhaften Element im Leben aller Kinder erklärt worden. Es ist zwar eine Vielfalt an Ausformungen vorhanden und weiterhin zu erwarten; Kinderbetreuung geschieht zwar in öffentlicher, privater oder freiverbandlicher Trägerschaft und Rahmung sowie in zeitlichen konzeptionellen sowie bundesland- und regionspezifischen Besonderheiten. Doch ist insgesamt davon auszugehen, daß eine wesentliche Lebensphase mindestens ab dem dritten Lebensjahr für rund drei Jahre, in die Zuständigkeit der Kinder- und Jugendhilfe gehört. Institutionelle Kinderbetreuung wird vermehrt Normalität im Kinderleben (Karsten 1989; 1995).

Zweitens führen der aktuelle Abbau von Sozialleistungen und die strukturelle Arbeitslosigkeit dazu, daß Kindheit auch im Bereich der Sozialpolitik vermehrt durch Kinder- und Jugendhilfe mitbestimmt wird. Die Entwicklung der relativen Armut in Deutschland zeigt, daß sozial schwierige Lebenslagen gerade auch im Leben von Kindern häufiger werden. (9. Jugendbericht 1994)

Drittens sind im Bildungswesen Reformbemühungen zu beobachten, die vor allem im Bereich der Grundschule und der Sekundarstufe I sozialpädagogische

Handlungsbereiche einzubeziehen suchen. Kooperationen mit Institutionen und Einrichtungen der Kinder- und Jugendhilfe sowie die Integration sozialpädagogischer Kompetenzen in den schulischen Alltag werden angestrebt. Als Beispiele seien Modelle wie das "Haus des Lernens (Nordrhein-Westfalen 1995) oder die volle Halbtagsschule mit oder ohne sozialpädagogisch betreuten Mittagstisch (Niedersachsen) genannt. Auch im schuldominierten Bereich des Kinderlebens, also für die Sechs- bis etwa Fünfzehnjährigen, wird also vermehrt Einfluß von Kinder- und Jugendhilfeinstanzen wirksam: eine parallele, wenn nicht sogar integrierte Verantwortung mit den Schulinstanzen.

Viertens wird auch im politischen Raum den Lebensverhältnissen von Kindern sowie der Perspektive der Kinder- und Jugendhilfe auf diese zunehmend besondere Bedeutung zugemessen. Anders nämlich als im Verantwortungsbereich von Kinderbeauftragten und Kinderkommissionen gehört es zum Selbstverständnis des deutschen Jugendberichtswesens, daß die Lebenssituation der betroffenen Kinder und Jugendlichen gleichsam aus der Innenperspektive heraus dargestellt wird, und daß sie in Verbindung gebracht wird mit Einschätzungen über die Leistungen der Kinder- und Jugendhilfe sowie der Schule als derjenigen Instanzen, die für die Behandlung der aufgezeigten Probleme gesellschaftlich zuständig sind (Wabnitz 1996; Karsten 1996).

In das Feld der Politikentwicklung für Kinder gehört zudem die angestrebte Modernisierung des Kindschaftsrechts, mit dem unter anderen besondere anwaltliche Interessenwahrnehmungen und neue Beteiligungsformen vorgesehen sind. Wenn die rechtlichen Vorstellungen gesetzlich verwirklicht werden, wird Kindheit in diesem Kontext in neuer Weise konstituiert sein.

2. Kinder und Kindheit in Perspektiven der Jugendhilfe - einige Beispiele

Für die Beschreibung einiger herausgehobener Perspektiven der Sozialpädagogik auf Kinder, Kinderlebensformen und Kindheit wird hier bewußt ein besonderer Standpunkt eingenommen, der außerhalb der handlungsfeldbezogenen besonderen Fachdiskussionen liegt. Die Perspektive richtet sich also nicht auf konzeptuelle und organisatorische Verbesserungen der Maßnahmen, und auch nicht auf deren Ordnung oder Typisierung im Hinblick auf Intentionen, Lebensbedingungen der Kinder zu verbessern, wie sie Kaufmann schon 1982 ausgearbeitet hat. Es geht vielmehr darum, wesentliche Merkmale des sozialpädagogischen Blicks auf Kinder- und Kindheit herauszuarbeiten, die in die Strukturen des Kinder- und Jugendhilfesystems gleichsam eingebaut sind. Dieser "Blick" soll von diesen Strukturen abgelesen werden.

Feminisierung der Kindheit

Kinder- und Jugendhilfe versteht sich selbst in ihrer Arbeit und in ihrem gesetzlichen Auftrag vornehmlich als familienergänzend. Nur in besonders prekären Situationen des Aufwachsens in Armut, in Obdachlosigkeit, bei Vernachlässigung, Gewalt oder familialen Krisen im sozialstaatlichen Auftrag versteht sie sich auch als familienersetzend. Im Familienbegriff und in dieser familienpolitischen Einbindung verbirgt sich jedoch tatsächlich eine Zentrierung der Jugendhilfeaktivitäten auf Mütter. Denn Frauen als Mütter sind es, die im privatfamilialen Haushalt rund 80 Prozent aller lebensgestaltenden Aktivitäten und Tätigkeiten verantworten und auch tatsächlich ausüben. Deshalb ist es fast schon unausweichlich, daß öffentliche Instanzen sich auf diese Zuständigkeit der Mütter beziehen, indem sie vorrangig Mütter ansprechen und Mütter beraten. Somit wird das starke Gewicht der Mütter im Leben der Kinder durch die Kinder- und Jugendhilfe-Praxis bestätigt, bestärkt und befestigt. Aktenanalysen von Berichten und Befunden, die in Jugendämtern, in Kindereinrichtungen und von Beratungsinstanzen angefertigt wurden, machen das deutlich. Sie können hier nicht im einzelnen dargestellt werden.

Auch im "Blick" der Kinder- und Jugendhilfe, ist die in gesellschaftlichen Vorstellungen verankerte und praktisch gelebte "Mutter-Kind-Dyade" heute in sehr hohem Maß konstitutiv für die Kindheit. Das wird dadurch verstärkt, daß Kinder- und Jugendhilfe es in besonderem Maß mit daraus resultierenden Betreuungs- und Armutsproblemen zu tun hat. Die Zahl der Ein-Eltern-Familien in der Form von Mutter-Kind-Familien ist größer geworden. Diese sind somit zu einer charakteristischen Familienform im heutigen Kinderleben geworden. Dabei ist es im Hinblick auf die unfassend gewordene Zuständigkeit der Mütter für die Kinder unerheblich, ob zeitlich befristete oder auf Dauer angelegte Lebenspartnerschaften die Mutter-Kind-Familie erweitern; die faktische Zuständigkeit der Mütter für alle Aspekte und Bereiche des kindlichen Lebens ist das wesentliche Element dieser Entwicklung. So läßt sich innerhalb der Familie von einer "Feminisierung der Kindheit" sprechen.

Auch die Arbeitsleistungen in der Kinder- und Jugendhilfe sind "feminisiert". Zwischen 80 Prozent (West) und 93 Prozent (Ost) der beruflichen Erziehungs- und Betreuungsarbeit für Kinder bis zum Alter von sechs Jahren sowie schulbegleitender Betreuungsarbeit in Hortinstitutionen wird von Frauen erbracht. Sieht man das zusammen damit, daß auch die öffentlichen Orte der Kinderlebensgestaltung auf Zeit einen hohen Anteil von Erzieherinnen aufweisen, und daß der Grundschullehrerberuf zum Lehrerinnenberuf geworden ist, so ist eindeutig, daß Kindheit als Frauen-Kinder-Lebensform längst etabliert ist.

Geschlecht als soziale Kategorie wird in bildungssoziologischen Analysen und im Kontext der Ungleichheitsforschung problematisiert (Kreckel 1992; Rabe-Kleberg 1993). Im Zusammenhang der Feminisierung der Kindheit stellt sich die Frage, wie und mit welchen Folgen sich die Umwertungen und Abwertungen von Frauenarbeit in privaten und beruflichen Zusammenhängen auf Kindheit auswirken.

Verwaltete Kindheit

Die Maßnahmen, Angebote, Einrichtungen und Hilfen der Kinder- und Jugendhilfe sind durch ihren Dienstleistungscharakter und zusätzlich in ihrer Form verwaltungsmäßig organisiert, strukturiert und geregelt. Dies gilt für die einzelne Intervention und das Handlungsmodell der Jugendbehörden ebenso wie für die Organisation eines jeden Kinder- und Jugendhauses, einer Beratungsstelle, einer Ferienfreizeit oder sozialpädagogisch intensiver Jungen- oder Mädchenarbeit. Es bedeutet, daß die Arbeit der betreuenden, erziehenden, beratenden, Kinderleben gestaltenden Fachleute durch institutionelle Rahmenbedingungen geformt ist. Die tägliche Arbeit geschieht im Zeitrhythmus von Öffnungs-, und Beratungs- und Betriebszeiten; personelle Zuständigkeiten werden nach Personalschlüsseln bestimmt; Finanzierungsmodalitäten entsprechen landes- und kommunalhaushaltsrechtlichen Bedingungen oder sind betriebswirtschaftlicher Organisation, also der Privatwirtschaft entlehnt. Das Leben von und mit Kindern ist aus den daraus resultierenden besonderen örtlichen, zeitlichen und Personenarrangements geprägt. Dieser verwaltungsmäßige Charakter der Kinder- und Jugendhilfe ist somit ein weiteres Konstitutionsmoment von Kindheit. Dieses Moment wird außerhalb pädagogischer Konzipierungen wirksam und durch diese hindurch. Das ist immer der Fall, ob Kinder- und Jugendhilfe nun stärker betreuend, erziehend, beratend, bildend oder begleitend konzipiert ist und ob sie stationär, ambulant, flexibel oder aufsuchend ausgestaltet ist.

Indem Kinder- und Jugendhilfe formal organisiert ist, leistet sie selbst einen Beitrag zur räumlichen und zeitlichen Funktionsbetreuung und zur sozialen und sachbezogenen Partikularisierung der Alltagsbedingungen für das Leben der Kinder. Die Kinder- und Jugendhilfe versteht sich selbst zwar in ihren Grundorientierungen als lebensweltorientiert, partizipativ, auf Freiwilligkeit beruhend, präventiv die Lebenslagen von Kindern und Jugendlichen berücksichtigend, dezentral und regional gestaltend, und einen wesentlichen Beitrag zur Lebensbewältigung der Einzelnen und der kooperativen Entwicklung des Gemeinwesens leistend. Doch ist dieses alles eingebunden in die genannten räumlichen, zeitlichen und personellen Bedingungen ihrer Arbeit. Es ist dieser institutionsgebundene und institutionsgebändigte Blick der Sozialpädagogik, mit dem Kinder- und Jugendhilfe an der Konstitution heutiger Kindheit teilhat. Das bedeutet, daß der sozialpädagogische Blick der Kinder- und Jugendhilfe Kindheit immer zuerst "sieht" als Kinderleben unter diesen strukturellen Vorgaben.

Ein wesentliches Moment der formalen Organisation ist die inhaltliche Partikularität der Zwecke und der entsprechenden Maßnahmen. Der sozialpädagogische Blick ist nie auf Kindheit insgesamt gerichtet; er ist ein Blick auf

Ausschnitte des Lebens der Kinder neben der Familie und neben der Gleichaltrigengruppe in der Nachbarschaft und auf der Straße, sowie lebenszeitlich vor und im Alltag der Schulkinder nach der Schule, und ein Blick, der sich auf Zusätzliches zu Familie, Schule und Straße richtet. Auch diese Partikularisierung bringt Kinder- und Jugendhilfe in die Konstituierung von Kindheit ein. Solch partikularisierender "Vor-neben-nach-Blick" wird durch die Professionalierung und die damit einhergehenden Differenzierungen im Ausbildungswesen unterstützt. Den Organisationsformen der Kinder- und Jugendhilfe korrespondiert eine Berufsausbildungslandschaft mit den Ebenen der Berufsfachschulen, der Fachschulen, der Fachhochschulen und der Universitäten. In einer Vielzahl inhaltlicher und curricularer Varianten werden zugleich generalisierendes und spezialisiertes Wissen, Handlungskompetenzmodelle und Reflexionsweisen über Kindheit, über das Aufwachsen von Kindern und über Kinder- und Jugendhilfe dieses Frauenberufsbereiches erzeugt (Rauschenbach 1992b; Karsten 1995).

3. Konsequenzen für die Kindheitsforschung

Was könnte die sozialwissenschaftliche Kindheitsforschung gewinnen, wenn sie sich in einen interdisziplinären Diskurs mit Kinder- und Jugendhilfediskussionen und sozialpädagogischer Forschung begibt und sich dem Beitrag der Jugendhilfe zur sozialen Konstitution von Kindheit zuwendet?

Kindheit, das ist in diesem Beitrag zu zeigen versucht worden, ist heute nicht (mehr) vorstellbar ohne das Hilfe- und Angebotsnetz der Einrichtungen, ohne das sozialpolitisch-rechtliche Verständnis, in dem Maßnahmen konzipiert und ergriffen werden, und ohne das pädagogisch-fachliche Handeln der verschiedenartigen sozialpädagogischen Experten. Und auch das Zusammenspiel mit den anderen - familialen und schulischen - Akteurinnen und Akteuren ist konstitutiv für heutige Kindheit. Kindheitsforschung ist somit aufgerufen, diese Aspekte in ihren Untersuchungen über die Bildung von Kinderbiographien, über das Leben und Erleben der Kinder und vor allem auch bei der Rekonstruktion des sozialen Status Kindheit zu thematisieren.

Kindheitsforschung sollte es jedoch nicht bei dem Blick in die Kindheit bewenden lassen, sondern Kindheit in den Kontext gesellschaftlicher Verhältnisse stellen. Die Modernisierung der Gesellschaft beinhaltet die Durchsetzung und Verallgemeinerung von Dienstleistungsstrukturen. Sozialpolitik, Sozialpädagogik und die gesellschaftlich institutionalisierte Kinder- und Jugendhilfe beziehen sich auf personenbezogene soziale Dienstleistungen (Rabe-Kleberg 1993; Karsten 1995). Es wäre somit nur konsequent, die soziologische Kindheitsforschung in dieser Richtung weiterzutreiben, sie als allgemeine Gesellschaftsforschung über Probleme der Dienstleistungsgesellschaft zu betreiben.

Literatur

Deutscher Bundestag (Hrsg.) (1994): 9. Jugendbericht. Bericht über die Situation von Kindern und Jugendlichen sowie die Jugendhilfe in den neuen Bundesländern. Drucksache 13/70. Bonn.

Karsten, Maria-Eleonora (1989): Normale Kindheiten: Über Kindheitsvorstellungen in der bundesrepublikanischen Sozialpolitik. In: Melzer, Wolfgang/ Sünker, Heinz: Wohl und Wehe der Kinder. Weinheim und München, S. 53-61.

Karsten, Maria-Eleonora (Hrsg.) (1995): Dienstleistungsgesellschaft: Herausforderungen, Trends, Perspektiven. Lüneburg.

Karsten, Maria-Eleonora (1996): Vor dem Zehnten Jugendbericht: Bilanzen und Anforderungen im Jugendberichtswesen. In: Richter, Helmut/ Coelen, Thomas (Hrsg.): Jugendberichterstattung im Spiegel von Politik - Forschung - Praxis. Weinheim (im Druck).

Kreckel, Reinhard (1992): Politische Soziologie der sozialen Ungleichheit. Frankfurt.

Nordrhein-Westfalen (1995): Zukunft der Schule - Schule der Zukunft. Düsseldorf.

Rabe-Kleberg, Ursula (1993): Verantwortung und Macht. Bielefeld.

Rauschenbach, Thomas (1992): Sind nur Lehrer Pädagogen? Disziplinäre Selbstvergewisserung im Horizont des Wandels von Sozial- und Erziehungsberufen. In: Zeitschrift für Pädagogik, 38 Jg., H. 3, S. 385-417.

Wabnitz, Reinhard Joachim (1996): Jugendberichterstattung im Spiegel der Politik. In: Richter, Helmut/ Coelen, Thomas (Hrsg.): Jugendberichterstattung im Spiegel von Politik - Forschung - Praxis. Weinheim (im Druck).

Peter Büchner

Das Kind als Schülerin oder Schüler

Über die gesellschaftliche Wahrnehmung der Kindheit als Schulkindheit und damit verbundene Forschungsprobleme

1. Einleitung

„Gehst du schon in die Schule?" Oder: „Wie gefällt es dir denn in der Schule?" Solche typischen Fragen eines Erwachsenen an ein Kind eröffnen häufig eine vermeintlich kindgemäße Konversation. Darüber hinaus transportieren diese Fragen aber auch eine quasi selbstverständliche Erwartungshaltung eines Erwachsenen: daß ein Kind im entsprechenden Alter eigentlich Schülerin oder Schüler ist und auch als solche(r) angesprochen werden sollte. Die damit verbundene gesellschaftliche Wahrnehmung dieses Lebensabschnitts (Kindheit als Schulkindheit) gehört zu den gängigen Grundmustern der Generationenbeziehungen. Insofern ist die Vorstellung, daß Heranwachsende als lernende Schülerinnen und Schülern zu „Bildungszwecken" in die Schule gehen (müssen), um dort von Lehrerinnen und Lehrern nach festgelegten curricularen und didaktischen Prinzipien unterrichtet zu werden, in keiner Weise ungewöhnlich, sondern eher eine Selbstverständlichkeit.

Daß die so wahrgenommenen Schülerinnen und Schüler gleichzeitig aber auch Kinder mit eigenen Lebenserfahrungen, mit einer eigenen Lebensgeschichte und mit je eigenen Biographieentwürfen und zukünftigen Lebenschancen sind, ist einerseits eine Binsenweisheit. Andererseits wird jedoch zwischen der gesellschaftlichen Wahrnehmung des Kindes als Kind oder als Schülerin oder Schüler ein Unterschied gemacht.[1] So unterscheidet sich z.B. die Vorstellung von einem selbständigen Kind deutlich von der einer selbständigen Schülerin oder eines selbständigen Schülers. Und auch im Rahmen des wissenschaftli-

---

[1] Vgl. dazu Preuss-Lausitz/ Rülcker/ Zeiher 1990 und Preuss-Lausitz 1993, wo die sich aus der Verschulung des Kindesalters ergebenden Widersprüche herausgearbeitet werden.

chen Diskurses über Kinder und Kindheit finden wir eine Arbeitsteilung zwischen der Betrachtung des Kindes als Kind und seiner Betrachtung als Schülerin oder Schüler, obwohl z.B. gerade im Feld der Schulpädagogik seit einigen Jahren eine verstärkte Hinwendung zum Kind (statt der mehr oder weniger ausschließlichen Konzentration auf Schülerinnen und Schüler) zu beobachten ist. Allerdings ist diese Erweiterung des Blickwinkels auf Schulkindheit in vielen Fällen schul- oder sozialpädagogisch motiviert: Die „stärkere Anwaltschaft für das Kind" begründet sich aus den veränderten lebensweltlich-biographischen Vorerfahrungen der Schülerinnen und Schüler und dem jeweils individuellen Stand der kindlichen Sozialisation als wichtigem - und bisher vernachlässigtem - Angelpunkt von Schule und Unterricht, der die Zielerreichung der Schule zunehmend beeinträchtigt (Fölling-Albers 1995, S. 11ff.).

In diesem Zusammenhang spielt die (durch die Umstände erzwungene) Einsicht eine Rolle, daß Schülerinnen und Schüler offensichtlich nicht „voraussetzungslos" in die Schule kommen und daß die Schule ihre Absolventinnen und Absolventen auch nicht „folgenlos" ins Leben entläßt. Insofern ist die Berücksichtigung der Voraussetzungen *und* Folgen von Schule und damit die Berücksichtigung des bestehenden Zusammenhangs von Schule *und* außerschulischer Lebenswelt der Kinder eine wichtige Perspektivenerweiterung bei der Betrachtung von Schülerinnen und Schülern, um diese, wie Fölling-Albers (1995) vorschlägt, als Kinder (in ihrer gesamten Persönlichkeit und eben nicht nur in ihrer Schülerrolle) wahrzunehmen.[2]

Nicht nur in der Schulpädagogik und Schulforschung, sondern auch in einem anderen Forschungskontext rückt das Kind „als Kind" (in seiner Gesamtheit) neuerdings stärker in den Vordergrund. So wird im Kontext der soziologisch ausgerichteten Erforschung der (außerschulischen) Lebensbedingungen und Lebensweisen von Kindern dazu aufgerufen, die kindlichen Belange und Interessen sowie die kindlichen Weltsichten und deren Stellenwert in der Erwachsenengesellschaft stärker zu beachten (vgl. dazu Büchner/ Fuhs/ Krüger 1996, S. 13ff.; Neubauer/ Sünker 1993). Besonders wird in diesem Teil der soziologischen Kindheitsforschung der bisher vorherrschende „Adultismus" bei der Betrachtung des Kinderlebens kritisiert: Kinder lediglich als abhängige Mitglieder einer elterndominierten Familie und als Noch-Nicht-Erwachsene zu sehen und Kindheit lediglich als biographisches Durchgangsstadium zu bewer-

---

[2] Die dabei geforderte stärkere Berücksichtigung von Kinderbelangen und Kinderinteressen müßte freilich, wenn sie den schulpädagogischen Fokus wirklich erweitern wollte, die gesamte kindliche Existenz in der Erwachsenengesellschaft in ihre Überlegungen einbeziehen. Dabei müßte der Generationenkonflikt und die von Kaufmann (1990) beklagte strukturelle Gleichgültigkeit und Rücksichtslosigkeit der modernen Gesellschaft gegenüber Kindern mitbedacht werden, und es müßten neben Fragen wie Kinderarmut, Kinderrechten oder Kindeswohl (vgl. dazu Neubauer/ Sünker 1993) das sich aus dem Generationenverhältnis ergebende Problem der Verteilungsgerechtigkeit und vor allem auch die Tatsache der Ungleichheit der kindlichen Teilhabechancen stärker mit in den Blick genommen werden.

ten. Gegen eine solche stark erwachsenenzentrierte Sichtweise, die Kinder in ihrem Verhältnis zu Erwachsenen als weitgehend defizitär bestimmt, wird in neueren Arbeiten aus der soziologischen Kindheitsforschung eine revidierte Blickrichtung auf Kindheit empfohlen und erprobt, die Kinder hier und jetzt als vollwertige Mitglieder der Gesellschaft und als aktiv Handelnde im Generationenzusammenhang (und auch im Generationenkonflikt!) begreift (Qvortrup 1993, S. 109ff.; Qvortrup u.a. 1994).

Die vor diesem Hintergrund in sehr verschiedenen Forschungsfeldern (weitgehend unabhängig voneinander) zu beobachtende stärkere Hinwendung zum Kind wird freilich - wie schon angedeutet - sehr unterschiedlich begründet. Sie ist entweder eher schulpolitisch bzw. bildungspolitisch oder eher kinderpolitisch motiviert und offensiv engagiert, um den politischen, ökonomischen, rechtlichen, und sozio-kulturellen Kinderbelangen und Kinderinteressen zu mehr Geltung zu verhelfen. Auf der anderen Seite wird die Hinwendung zum Kind eher defensiv sozialpädagogisch-kinderschützlerisch begründet, wobei es vor allem um vielfältige Kriseninterventionsstrategien geht, um heutige Kinder und heutige Kindheit als gesellschaftliches „Problem" protektionistisch zu „bearbeiten". Und in vielen Fällen sind aber auch beide Motive (Kinderbefreiung und Kinderbehütung) gleichzeitig im Spiel, wenn es darum geht, Kinder und Kindheit in wissenschaftlicher, politischer, pädagogischer, therapeutischer oder anderer Absicht in den Blick zu nehmen.

Im folgenden wird es in Anbetracht dieses Diskussionsstandes zunächst darum gehen zu verdeutlichen, wie der gängige Blick auf das Kind als Schülerin oder Schüler die gesellschaftliche Wahrnehmung der Kindheit als Schul- bzw. Kinder-Kindheit (von Hentig 1976, S. 40f.) bestimmt. Der Schule kommt in diesem Kontext eine Art Nadelöhr-Funktion zu, da sie als biographisch entscheidende Institution für das Erwachsenwerden von Kindern angesehen wird. In der bildungssoziologisch ausgerichteten Schulforschung werden dabei vor allem Schüler/Schülerinnen unterschiedlicher sozialer Herkunft betrachtet und die damit verbundene Ungleichheit der (schulischen) Bildungschancen untersucht. Auf diesen Zusammenhang soll in einem ersten Schritt eingegangen werden.

Neben der Ebene des Bildungs- und Berechtigungserwerbs in der Schule (durch das Kind als Schülerin oder Schüler) und den dabei erkennbaren Ungleichheitsstrukturen soll auch die Ebene des kindlichen Bildungserwerbs in *außerschulischen* Lern- und Lebenszusammenhängen angesprochen werden. In Anbetracht der in diesem Kontext deutlich werdenden Wechselwirkung von schulischer und außerschulischer Bildung wird die im kindlichen Lebensalltag erkennbare Filterwirkung der Institution Schule für die außerschulische Tages- und Lebensgestaltung der Kinder herausgearbeitet, um so den in der empirischen Forschung bisher nur wenig beachteten „langen Arm" der Schule und dessen Bedeutung für die spezifische Wahrnehmung der Kindheit zu verdeutlichen, die keineswegs nur Schulkindheit im engeren Sinne ist.³

In einem weiteren Schritt sollen dann einige Entwicklungs- und Begründungszusammenhänge für die bereits angedeutete Perspektiverweiterung bei der Betrachtung von (Schul-) Kindern und (Schul-) Kindheit vorgestellt werden, wie sie sowohl in der Schulforschung als auch in der Kindheitsforschung seit einigen Jahren diskutiert werden. Hier wird es vor allem darauf ankommen, zwei bisher weitgehend unabhängig voneinander geführte Diskurse über den schulischen bzw. den außerschulischen Lebens- und Lernkontext von Kindern ein Stück weit zusammenzuführen und die jeweils wechselseitigen Bezüge sichtbar zu machen. In Verbindung mit dem zuvor thematisierten, aus der bildungssoziologischen Diskussion stammenden Chancengleichheitsgedanken wird dabei die schul- und kinderpolitische Bedeutung einer solchen Perspektiverweiterung herausgearbeitet. Neben der Ebene der Chancengleichheit unter Kindern wird hier auch die Ebene der Generationenbeziehungen und das Problem der ungleichen Teilhabechancen von Kindern in der Erwachsenengesellschaft angesprochen. Forschungsstrategisch münden diese Überlegungen in ein Plädoyer für einen stärkeren Schulbezug der Kindheitsforschung und für eine stärkere Berücksichtigung von außerschulischen Lebenszusammenhängen in der Schulforschung, um auf diese Weise insgesamt eine Stärkung der kindbezogenen Perspektive innerhalb der beiden Forschungsrichtungen zu erreichen.

2. Die gesellschaftliche Wahrnehmung des Generationenverhältnisses als Bildungsverhältnis

In der bildungssoziologischen Forschung werden Kinder als Schülerinnen und Schüler in ihrer herkunftsbedingten Abhängigkeit von der Elterngeneration betrachtet. Dabei wird die Wahrnehmung von Kindern und Kindheit am *Generationenverhältnis* und dem darin enthaltenen gesellschaftlichen Bildungsanspruch an das Kind festgemacht: Vom schulpflichtigen Kind wird erwartet, daß es seinen Weg in die Erwachsenengesellschaft mit Hilfe der eigens für die nachwachsende Generation eingerichteten Bildungsinstitutionen absolviert, um auf diese Weise den Bestand und die Weiterentwicklung der Gesellschaft sicherzustellen. Dabei gilt die an die nachwachsende Generation herangetragene Bildungserwartung in der Regel weniger als Pflicht, denn als Errungenschaft in einer aufgeklärten modernen Gesellschaft, die in dieser Form individuell glei-

---

³ Neben der „Bildungsorientierung" des schulischen Lernens wird es hier auch um die mehr oder weniger versteckte „Bildungsorientierung" der kindlichen Freizeit gehen. Was von Eltern und Kindern als „sinnvolle" Freizeitgestaltung definiert wird, ist in der Regel - wie Fallanalysen zeigen - eng mit den in der Institution Schule festgelegten Bildungsnormen und dem „Bildungswert" des schulischen Unterrichts verknüpft. In diesem Sinne wird ein Kind vielfach selbst außerhalb der Schule als Schülerin oder Schüler wahrgenommen.

che Bildungschancen bereitstellt, die ihrerseits den Betroffenen zu entsprechenden gesellschaftlichen Teilhabemöglichkeiten verhelfen sollen.

Über das am Bildungsgedanken festgemachte Generationenverhältnis sind auch Normen des kind- oder erwachsenengemäßen Verhaltens definiert, die das Zusammenleben von Älteren und Jüngeren im Rahmen der unterschiedlichen sozialen Beziehungsstrukturen regeln. In Abhängigkeit von der gegebenen zeitgeschichtlichen Situation kann das dabei konstruierte „Bild vom Kind" unterschiedliche Formen annehmen (vgl. Ariès 1975 und die sich daran anschließende Diskussion). Ähnlich wie das Geschlechterverhältnis oder das Klassen- und Schichtenverhältnis ist das Generationenverhältnis als dynamisches Spannungsverhältnis zwischen Menschen bzw. Gruppen von Menschen im gesellschaftlichen Lebenszusammenhang und damit als wesentliches Strukturmerkmal einer Gesellschaft zu verstehen (vgl. dazu ausführlicher Büchner 1995). Das in das aktuelle Generationenverhältnis eingelassene Bildungsverhältnis zwischen der Generation der Heranwachsenden und der Erwachsenengeneration wird über das Bildungssystem und vor allem über die Schule als gesellschaftliche Institution geregelt.

Über die Autorität der in der Schule institutionalisierten Bildungsnormen (und den so definierten Bildungswert des Unterrichts) werden zentrale gesellschaftliche Wissensbestände (Fachwissen, soziales/kulturelles Wissen) als mehr oder weniger status- und karriereträchtig festgelegt. Die nach Schullaufbahnen differenzierte Partizipation an diesem Wissen wird nach genauen Verfahrensvorschriften für verschiedene Personengruppen ermöglicht oder verwehrt und bezieht sich - und das darf nicht vergessen werden - auch auf den damit verbundenen Zugang zu nicht-schulischem Wissen. Insofern hat die Schule als gesellschaftliche Institution eine wichtige Katalysatorfunktion (vgl. dazu Lenhardt 1984, S. 227): Der schulische Bildungskanon und der damit verbundene Bildungserwerb ist zum einen nicht voraussetzungslos, sondern beruht auf gesellschaftlich ausgehandelten und letztlich autoritativ durchgesetzten Wissens- und Wertehierarchien. Zum anderen ist der schulische Bildungserwerb auch nicht folgenlos, denn er gibt über den schulischen Bildungsprozeß hinaus wirksame positive Leitnormen für den außerschulischen Bildungerwerb (in Familie und Freizeit) vor. Das aus der bildungssoziologischen Forschung bekannte und empirisch belegte Privileg der *gebildeten* sozialen Statusgruppen (vgl. z.B: Rolff 1980) ergibt sich in diesem Zusammenhang vor allem aus der Tatsache, daß deren Kinder die Schulbildung eher als Wissen „zweiten Grades" betrachten können, das auf einem Schatz von Erfahrungen „ersten Grades" aufbaut, die sich aus den „schulbildungsnahen" Lebensbedingungen und Sinnbezügen in entsprechenden außerschulischen Lebenszusammenhängen in Familie und Freizeit ergeben (vgl. dazu auch Bourdieu 1981 und Lenhardt 1984, S. 220). Bereits bei der Einschulung finden sich bei einem Teil der Kinder in der Form von kindlichen Grundkenntnissen, kulturellen und sozialen Techniken und Ausdrucksmöglichkeiten deutliche Affinitäten und „Wahlverwandtschaften" zum schulischen Bildungsanspruch, was sich schon relativ früh (im

Bewußtsein der Beteiligten) als Bildungsnähe des entsprechenden Elternhauses (im Gegensatz zur Bildungsferne eines anderen) niederschlägt.[4] Im Verlauf der weiteren Schullaufbahn eines Kindes kommt dieses gegenseitig sich ergänzende Wechselverhältnis zwischen schulischem und außerschulischem Bildungserwerb und die damit sich eröffnende Chancenstruktur für den Bildungserwerb insgesamt in vielfältiger Weise zum Tragen. Dieser bisher insgesamt zumeist theoretisch begründete Zusammenhang soll im folgenden mit Hilfe der Ergebnisse einer eigenen empirischen Untersuchung verdeutlicht werden (Büchner/ Fuhs 1994; Büchner/ Krüger 1996).

Schulische Bildungschancen wurden in der Schulforschung bisher zwar in Abhängigkeit von der sozialen Herkunft und damit auch in Abhängigkeit von der Herkunftsfamilie untersucht (z.B. Rolff 1980). Daß aber auch die Schule ihrerseits wieder zurückwirkt auf den kindlichen Freizeitbereich und die Chancenstruktur des damit verbundenen außerschulischen Lebens und Lernens, ist ein in der empirischen Forschung bisher nur wenig beachteter Zusammenhang.[5] Eine der zentralen Ausgangshypothesen unserer eigenen Studie[6], die wir mit Hilfe einer schriftlichen Befragung von über 2600 Schülerinnen und Schülern im Alter zwischen 10 und 15 Jahren überprüft haben (Büchner/ Fuhs/ Krüger 1996), besagt, daß es herkunftsbedingte soziale Chancenungleichheiten nicht nur beim schulischen Lernen (gemessen an der besuchten Schulform und dem erreichten Schulabschluß) gibt, sondern daß es - in Wechselwirkung dazu - auch herkunftsbedingte Ungleichheiten beim außerschulischen (kulturellen und sozialen) Lernen gibt, die - möglicherweise auch kumulativ - wirksam sind und dem erklärten Ziel der Herstellung von Chancengleichheit beim Erreichen eines gewünschten allgemeinen Bildungsniveaus im Wege stehen. Wir sind diesem Problemzusammenhang in mehreren Schritten nachgegangen und haben gefragt,

- welche fortbestehenden Ungleichheiten bei der schulischen Bildungsbeteiligung erkennbar sind und

- welche Ungleichheiten es im Feld des außerschulischen Lernens und beim damit verbundenen kulturellen und sozialen Kapitalerwerb (Bourdieu) gibt.

---

[4] Aufgrund dieser engen Verzahnung von Schul- und Familiennormen können z.B. Akademikerfamilien, wie sie das in Interviews immer wieder tun, die höhere Schule zu Recht als „ihre Schule" bezeichnen, weil diese Schule eine Familientradition verstärkt bzw. fortsetzt.

[5] Vgl. dazu z.B. Holtappels/ Zimmermann 1990 oder Burkhard u.a. 1990, die derartige Zusammenhänge vor allem mit Blick auf die Konsequenzen untersuchen, die Prozesse des Wandels in Familie und Kindheit für Reformüberlegungen im schulischen Bereich haben.

[6] Diese Studie wurde in einer ausgewählten Region in Hessen und in Sachsen-Anhalt durchgeführt und vor allem deutsch-deutsch vergleichend ausgewertet.

2.1 Schulkind-Sein und die Frage der Chancengleichheit beim schulischen Bildungserwerb

Abgesehen von regionalen und bundesländerspezifischen Unterschieden beim relativen Schulbesuch, die für eine Analyse von Ungleichheitsstrukturen relevant sind, war es für uns zunächst von besonderem Interesse, vorhandenen sozialen Ungleichheitsstrukturen im Hinblick auf die ungleiche Bildungsbeteiligung in Abhängigkeit von der sozialen Herkunft auf die Spur zu kommen. Was Hansen/ Rolff (1990) und Geißler (1992) als allgemeine Tendenz (für die alten Bundesländer) wiederholt festgestellt haben, findet sich auch in unseren Daten eindrucksvoll wieder:

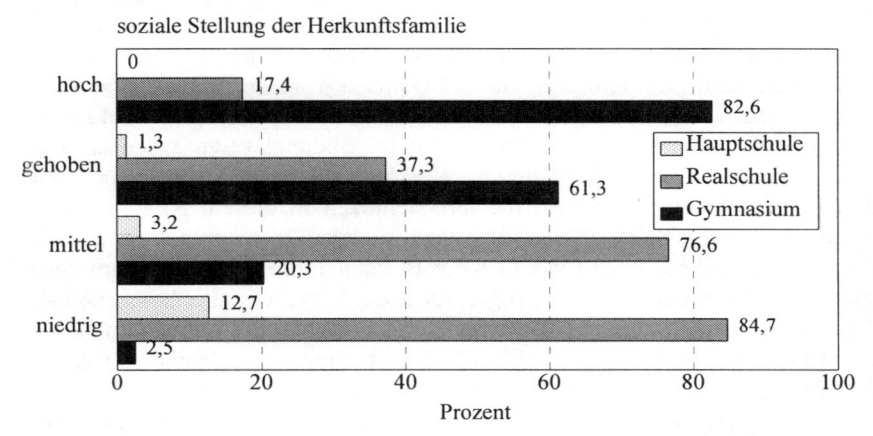

Abb. 2.1: Besuchte Schulform nach sozialer Stellung der Herkunftsfamilie in Ostdeutschland (Klassen 7-9)

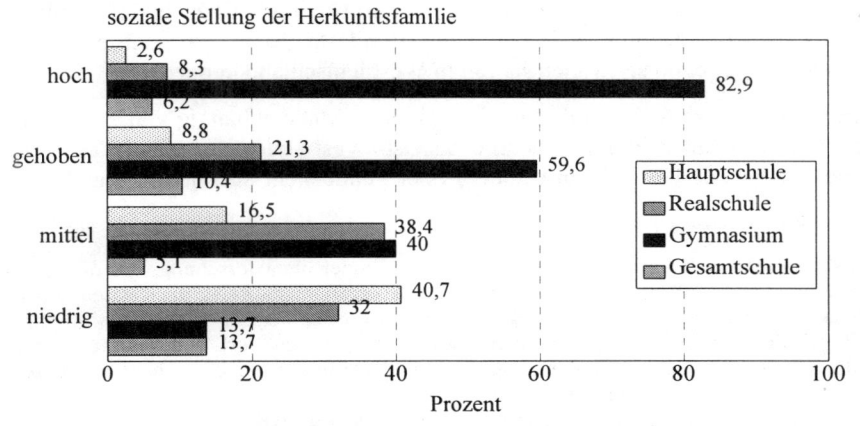

Abb. 2.2: Besuchte Schulform nach sozialer Stellung der Herkunftsfamilie in Westdeutschland (Klassen 7-9)

Die Auslese im allgemeinbildenden Schulsystem ist keinesfalls ausschließlich Auslese aufgrund von schulischen Leistungen, sondern immer auch und immer noch - gewollt, geduldet oder ungewollt - soziale Auslese. Dies zeigt sich in aller Deutlichkeit, wenn man die Bildungsbeteiligung der Schülerinnen und Schüler nach der sozialen Stellung ihrer Herkunftsfamilien differenziert betrachtet.

Der Besuch des Gymnasiums und die Beendigung der Schulkarriere mit dem Abitur kennzeichnet nach wie vor den Standard für Kinder aus Familien mit hohem sozialen Status, während diese Option den Kindern aus Familien mit niedrigem sozialen Status immer noch weitgehend versperrt ist und nur durch eine Minderheit genutzt werden kann. Die Graphiken zeigen, daß insgesamt von denjenigen Schülerinnen und Schülern, die sich im 7. bis 9. Jahrgang befinden und die aus Familien mit hohem sozialen Status kommen, über 80% ein Gymnasium besuchen.[7] Dieses Schulwahlverhalten findet sich in Ost- und Westdeutschland gleichermaßen, so daß wir in den neuen Bundesländern von einer schnellen Angleichung an die in Westdeutschland schon länger bekannten herkunftsbedingten Chancenungleichheiten im Bildungswesen ausgehen können.[8] Mit sinkendem Sozialstatus der Herkunftsfamilie sinkt dann auch sehr deutlich der Anteil derjenigen, die ihre Schulzeit in diesem Alter in einem Gymnasium verbringen. In der niedrigen sozialen Statusgruppe sind es in Westdeutschland nur noch rund 13% der Befragten, die ein Gymnasium besuchen. In Ostdeutschland sind es sogar nur noch 2,5%, was allerdings auch auf die sich aus der Existenz von sogenannten Sekundarschulen in Sachsen-Anhalt ergebenden Besonderheiten zurückzuführen ist. Umgekehrt verhält es sich mit den Hauptschulbesuchsquoten: Eine Hauptschule besuchen gut 40% aller westdeutschen Kinder aus der niedrigen sozialen Statusgruppe (in den neuen Bundesländern sind es 12,7%), während eine Hauptschule nur von gut 2% der westdeutschen Kinder aus Familien mit hohem sozialen Status besucht wird (Ost: 0%). Wir stellen also fest, daß die herkunftsbedingte Chancenungleichheit bei der Bildungsbeteiligung in den neuen Bundesländern sogar noch extremer ist, als wir sie schon seit vielen Jahren in Westdeutschland kennen.

Auch der relative Realschulbesuch ist in hohem Maße abhängig von der sozialen Herkunft (allerdings mit deutlichen Ost-/West-Unterschieden): Westdeutsche Kinder aus Familien mit hohem oder gehobenem sozialem Status besu-

---

[7] Es empfiehlt sich für eine schulformbezogene Ungleichheitsforschung, nur die Jahrgangsstufen 7 - 9 zu berücksichtigen, weil in der Förderstufe (5./6. Klassen) noch manche Schullaufbahnentscheidung revidiert wird. Nach dem 6. Schuljahr ist in aller Regel die Wahl der Schulart und damit des Bildungsweges (vorläufig, mit Ausnahme der integrierten Gesamtschulen) abgeschlossen. Deshalb wird die „Quartanerquote" auch als Indikator für die Bereitschaft und Möglichkeit eines Jugendlichen betrachtet, an höherer Bildung zu partizipieren (Bertram/ Bayer/ Bauereiß 1993, S. 102).

[8] Allerdings wissen wir, daß es auch im Bildungssystem der ehemaligen DDR (versteckte, d.h. öffentlich nicht zugegebene) Ungleichheiten in Abhängigkeit vom Bildungshintergrund der Eltern gegeben hat (Bathke 1990).

chen deutlich weniger die Realschule (rund 8% bzw. 21%), weil sie mit entsprechend hohen Anteilen ein Gymnasium besuchen. Jeweils ein Drittel der westdeutschen Kinder aus Familien mit mittlerem und niedrigem sozialem Status finden wir in der Realschule. Demgegenüber ist der Anteil der ostdeutschen Realschülerinnen und Realschüler aus Familien mit mittlerem und niedrigem sozialem Status mit rund 77% bzw. 85% erstaunlich hoch. Dies ist auf die Sonderstellung des Realschulzweiges innerhalb der Sekundarschulen in Sachsen-Anhalt zurückzuführen. Besonders in Sachsen-Anhalt finden wir somit die Entwicklung der Hauptschule zur 'Restschule' bestätigt.

Die Diagnose, daß die Hauptschule auf dem Wege ist, zu einer Restschule zu werden, wird auch dadurch zusätzlich gestützt, daß die Schulabschlußwünsche der von uns Befragten ebenfalls sehr eindeutige Optionen verdeutlichen: Wir sehen (Abb. 2.3), daß nur ganze 7,5% der ostdeutschen und nur rund 10% der westdeutschen Kinder den Hauptschulabschluß anstreben. Obwohl etwa 40% der westdeutschen Befragten aus der niedrigen sozialen Statusgruppe die Hauptschule besuchen (Abb. 2.2) strebt nur ein Viertel dieser Hauptschüler und Hauptschülerinnen tatsächlich einen Hauptschulabschluß an.

angestrebter Schulabschluß

Schulabschluß	Ost	West
Hauptschulabschluß	7,5	10,1
Realschulabschluß	46	25,2
Abitur	42	60,2
Fachoberschule	3,2	3,6

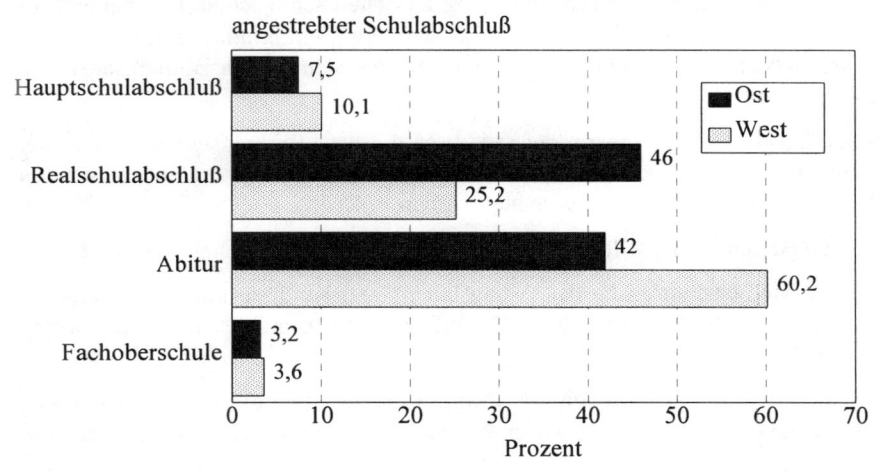

Abb. 2.3: Schulabschlußwünsche in West und Ost

Prüft man nun die von den befragten Kindern und jungen Jugendlichen geäußerten Schulabschlußwünsche wiederum in Abhängigkeit vom sozialen Status der Herkunftsfamilie, dann ergibt sich - verglichen mit der von den Befragten tatsächlich besuchten Schulform - ein noch deutlicheres Bild: knapp 90% der Kinder aus Familien mit hohem sozialem Status und immerhin über 30% der westdeutschen und 18% der ostdeutschen Kinder aus Familien mit niedrigem sozialem Status streben das Abitur als gewünschten Schulabschluß an. Demgegenüber wird in der letztgenannten Teilgruppe der Hauptschulabschluß nur noch von einer Minderheit der Befragten angestrebt (West: 25,5%; Ost: 14,3%), während er für alle anderen Statusgruppen überhaupt nur noch in Ausnahmefällen in Frage kommt. Diese Tendenz ist in Ostdeutschland ebenso wie in Westdeutschland zu beobachten, auch wenn die Hauptschule offensichtlich in Sachsen-Anhalt besonders wenig attraktiv ist und dort die Sekundarschule (mit Realschulabschluß) besonders häufig als Abschlußziel genannt wird. Insgesamt ist diese Tatsache der fortbestehenden herkunftsbedingten Ungleichheiten beim relativen Schulbesuch erschreckend und sie wird auch nicht - wie wir gleich sehen werden - durch einen Blick auf die Chancenstruktur beim außerschulischen Bildungserwerb relativiert.

2.2 Schulkind-Sein und die Frage der Chancengleichheit beim außerschulischen Bildungserwerb

Die auf die *schulische* Bildungsbeteiligung fixierte bildungssoziologische Forschung hat dem Tatbestand des *außerschulischen Bildungserwerbs* und der dort in unterschiedlichem Ausmaß verfügbaren Möglichkeiten zur Aneignung kulturellen und sozialen Kapitals (Bourdieu 1982; 1983) bislang wenig Beachtung geschenkt. Eine derart reduzierte Sichtweise übersieht die in vieler Hinsicht ungleichheitsrelevante Wechselwirkung zwischen schulischem und außerschulischem Bildungserwerb. Kindheit ist mehr als Schulkindheit, aber sie wird (auch außerhalb der Schule) immer wieder vom schulischen Bildungsanspruch eingeholt.

Drei ausgewählte Aspekte des außerschulischen Bildungserwerbs und der damit verbundenen kulturellen und sozialen Kapitalaneignung sollen nun mit Hilfe unserer Daten näher betrachtet werden:

- die Betonung der Bildungsorientierung bei außerschulischer Aktivitäten;
- die Medienzentrierung des Alltagslebens von Kindern und jungen Jugendlichen als bildungsrelevanter Einflußfaktor beim außerschulischen Lernen und
- die Chancen zur Aneignung von zentralen (bildungsrelevanten) sozialen Schlüsselqualifikationen in der außerschulischen kinderkulturellen Praxis.

Alle drei Bereiche des (zumindest potentiellen) außerschulischen Lernens solen im wesentlichen daraufhin untersucht werden, ob und in welchem Maße sich in diesen alltäglichen außerschulischen Lernzusammenhängen herkunftsbedingte Ungleichheiten finden lassen, die erste Hinweise auf Wechselkungszusammenhänge zwischen schulischen und außerschulischen Bildungschancen erkennen lassen.

2.2.1 Die Betonung der Bildungsorientientierung bei außerschulischen Aktivitäten

Die in manchen (bildungsbewußten) Familien vorherrschenden Bildungsvorstellungen und die damit verbundene alltagskulturelle Praxis sind in der Regel mehr oder weniger eng mit dem verknüpft, was in der Schule als Bildung definiert wird, vermittelt und auch mit guten Noten prämiert. Blickt man auf die gesamte Bandbreite außerschulischer kinderkultureller Praxis, dann lassen sich unterschiedliche Grade von so verstandener Bildungsorientierung (und elterlicher Einflußnahme darauf) feststellen. Als Indikator für eine entsprechende Bildungsorientierung im außerschulischen Lebenszusammenhang läßt sich z.B. die Betonung von (an klassischer Musik orientierten) musischen Elementen im Familienleben begreifen:[9] Ein anderer Indikator ist durch den Stellenwert, den die elektronischen Medien im Familienalltag haben, gekennzeichnet; in einem mediendominierten Alltag wird möglicherweise nicht nur das Zeitbudget für stärker bildungsorientierte Aktivitäten eingeschränkt, sondern es kommt vermutlich auch zu ganz anderen Akzentsetzungen in der Art und Weise, wie sich eine (beabsichtigte oder unbeabsichtigte) Bildungsorientierung im außerschulischen Lebensalltag realisiert. Unser Konstrukt „Medienzentrierung" soll diese Akzentsetzung im Freizeitverhalten messen.[10]

Unsere Daten zeigen im Sinne der Ausgangshypothese, daß sowohl bei der Bildungsorientierung als auch bei der Medienzentrierung - neben deutlichen geschlechtsspezifischen Unterschieden (Mädchen haben einen höheren Grad der so definierten Bildungsorientierung bei ihrem Freizeitverhalten als Jungen[11]) - erhebliche Unterschiede in Abhängigkeit von der sozialen Herkunft der Befragten erkennbar werden: Je höher der soziale Status der Familie, desto höher sind die Mittelwerte für eine Bildungsorientierung und desto niedriger sind die Mittelwerte für eine Medienzentrierung des Freizeitverhaltens (vgl. Abb. 2.4).

Bei der Bildungsorientierung des Freizeitverhaltens kommt dem „Musik machen" eine ganz besondere Bedeutung zu. 22,5% aller Befragten in Ostdeutschland und rund 40% aller Befragten in Westdeutschland spielen selbst ein Musikinstrument. Entsprechende Ungleichheiten kommen hier also bereits beim Ost-West-Vergleich zum Vorschein.

---

[9] Hierfür wurde in unserer Untersuchung aus der Palette von Freizeitaktivitäten ein Konstrukt, bestehend aus folgenden 4 Items gebildet: Basteln/Werken/Malen/Zeichnen, Lesen, Musikunterricht/Musizieren/Singen, Briefe/Tagebuch/Geschichten schreiben (α = .5798). Die vorgegebene Skala war: mehrmals in der Woche, einmal die Woche, alle paar Wochen, seltener oder nie.

[10] In dieses Konstrukt (α = .6240) sind folgende 6 Items eingegangen: Fernsehen/Videofilme ansehen/Computerspiele als relativ häufig ausgeübte Freizeittätigkeiten und ein entsprechendes Fernsehverhalten: „Manchmal gucke ich auch spät in der Nacht"; „Manchmal sage ich Termine ab, weil etwas Tolles im Fernsehen kommt"; „Wenn ich ehrlich bin, schaue ich im Grunde viel zu viel Fernsehen".

[11] Es sind insgesamt 25% der Jungen und 44% der Mädchen, die selbst ein Musikinstrument spielen.

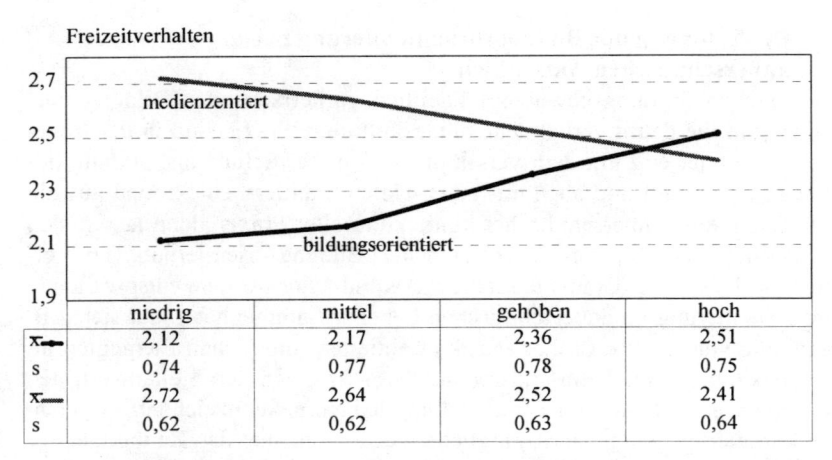

	niedrig	mittel	gehoben	hoch
$\bar{x}$	2,12	2,17	2,36	2,51
s	0,74	0,77	0,78	0,75
$\bar{x}$	2,72	2,64	2,52	2,41
s	0,62	0,62	0,63	0,64

Abb. 2.4: Bildungsorientierung und Medienzentrierung des Freizeitverhaltens nach sozialer Herkunft (Mittelwerte)

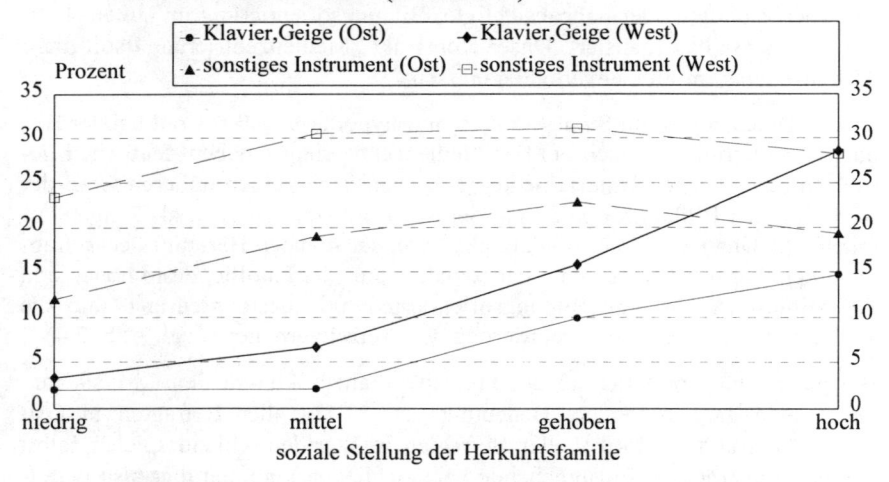

Abb. 2.5: Spielen eines Musikinstruments (Klavier/Geige oder sonstige Instrumente) nach sozialem Status der Herkunftsfamilie in Ost- und Westdeutschland

Die Chance, ein Musikinstrument erlernen und spielen zu können, ist jedoch in Ost- und Westdeutschland bei Kindern aus Familien mit hohem sozialem Status erheblich höher als von Kindern aus Familien mit niedrigem sozialem Status. Untersucht man in einem weiteren Schritt noch genauer, um welche Musikinstrumente es sich im einzelnen handelt, dann wird deutlich, daß die „klassischen" Musikinstrumente Klavier und Geige besonders häufig von Kindern und jungen Jugendlichen aus Familien mit hohem sozialem Status erlernt werden[12], während die herkunftsbedingten Unterschiede bei den anderen Musikinstrumenten (z.B. Gitarre, Keyboard, Flöte)[13] deutlich weniger ins Gewicht fallen.

Aus unseren Fallstudien (Büchner/Fuhs 1994) ergibt sich zusätzlich, daß besonders Kindern aus Familien mit hohem sozialem Status der Zugang zur klassischen bzw. zur E-Musik (in Unterscheidung zur Unterhaltungsmusik) erleichtert wird, indem sie mit ihren Eltern öfter zu entsprechenden Konzerten gehen. Insofern kommt über diese Form der (musischen) Bildungsorientierung des Freizeitverhaltens von Kindern ein herkunftsbedingt ungleichheitsrelevantes Element des kulturellen Kapitalerwerbs zum Ausdruck, das auf das schulische Lernen und die Schulerfolgschancen mehr oder weniger direkt zurückwirkt.[14] Denn es liegt auf der Hand, daß die Bildungsorientierung des kindlichen Freizeitverhaltens nicht nur das schulische (das heißt fachunterrichtsbezogene) Lernen, sondern besonders auch das kulturelle und soziale Lernen (einschließlich des Lernens, wie man lernt) beeinflußt. In Verbindung mit anderen Elementen des außerschulischen kulturellen (und sozialen!) Kapitalerwerbs müssen vor diesem Hintergrund allerdings die bisher nur vermuteten Wechselwirkungen zwischen schulischer und außerschulischer Bildung noch wesentlich genauer untersucht werden, als dies hier geschehen kann.

2.2.2 Medienzentierte kinderkulturelle Praxis

Ein alltagskultureller Handlungszusammenhang, an dem sich (potentiell bildungsrelevante) sozial bedingte Ungleichheiten im außerschulischen Lebensalltag von Kindern und jungen Jugendlichen manifestieren, ist der Grad der Medienzentrierung des kindlichen Freizeitverhaltens. Vor allem dann, wenn mit Bildungsorientierung eine Betonung aller jener mehr oder weniger direkt für die schulische Bildung wichtigen Elemente des Freizeitverhaltens gemeint ist, wirkt ein hoher Grad der Mediennutzung im Kinderalltag vermutlich eher störend, zeitraubend und wenig unterstützend. Nachdem von Lehrerinnen und Lehrern zunehmend vor allem über den unkontrollierten Zugang der Kinder und jungen Jugendlichen auch zu ungeeigneten Sendungen geklagt wird[15] und besonders häufiges Fernsehen mit Übermüdung, motorischer Unruhe und mangelnder Konzentrationsfähigkeit der Kinder in Verbindung gebracht wird, ist es naheliegend, eine besonders ausgeprägte kindliche Medienzentrie-

---

[12] Auch hier sind die geschlechtsspezifischen Unterschiede interessant: Während die beiden klassischen Instrumente von 33,9% der Jungen gespielt werden, ist der Anteil der Mädchen mit 66,1% deutlich höher (anteilig gemessen an der Summe aller diese Instrumente spielenden Kinder und jungen Jugendlichen).

[13] Die offensichtlich zunehmende Individualisierung des Musik-Machens kommt in der Tatsache zum Ausdruck, daß von den Befragten insgesamt mehr als 30 Instrumente genannt werden, die von ihnen selbst gespielt werden.

[14] Dabei ist zu beachten, daß Musik nur ein Beispiel für viele Ebenen des außerschulischen Bildungserwerbs ist.

[15] An dieser Stelle muß offen bleiben, inwieweit das Fernsehen auch eine Sündenbockfunktion erfüllt.

rung als kontraproduktiv für eine bildungsorientierte außerschulische Lebenspraxis zu begreifen.

Aus unserer Vorstudie (Büchner/ Brake/ Fuhs 1992) wissen wir bereits, daß nicht zuletzt die leichte Verfügbarkeit von Fernsehgeräten (als Ausstattungselement in Kinderzimmern) die Mediengewohnheiten von Kindern und jungen Jugendlichen beeinflussen und vor allem das „unkontrollierte" (im Sinne von fehlender elterlicher Fremdkontrolle) Fernsehen erleichtern. Da mit sinkendem sozialem Status der Herkunftsfamilie des Kindes die Ausstattungsqualität des Kinderzimmers mit elektronischen Medien (Fernseh-/Videogeräte, Stereoanlagen etc.) steigt, läßt sich vermuten, daß der Besitz oder Nichtbesitz solcher Geräte weniger eine Geldfrage als vielmehr eine Frage des Lebensstils und Ergebnis von pädagogischen Überlegungen ist, in die auch Bildungsüberlegungen der Eltern eingegangen sind. Die gezielte Auswahl von „bildenden" Fernsehsendungen (bei erwünschter Enthaltsamkeit bei anderen Sendungen) und das bewußte Sprechen mit den Kindern über das Gesehene besonders in Familien mit hohem sozialem Status deutet darauf hin, daß sich Bildungsorientierung und Medienzentrierung des Freizeitverhaltens tatsächlich in vielerlei Hinsicht ausschließen.[16]

Kinder und junge Jugendliche mit einer besonders ausgeprägten „Medienzentrierung" ihres Freizeitverhaltens kommen vor allem aus Familien mit niedrigem sozialem Status und besuchen eher die Hauptschule als ein Gymnasium. Aus medienkritischer Sicht müssen diese „Fernsehkinder" als „Risikogruppe" betrachtet werden, zumal sie - wie die Abb. 2.4 zeigt - gleichzeitig tatsächlich geringere Werte bei der Bildungsorientierung ihres Freizeitverhaltens haben. Auch die (vorsorgliche) elterliche Kontrolle des Fernsehkonsums ist bei Hauptschülerinnen und Hauptschülern am geringsten.

Diese hier nur sehr allgemein angesprochenen Untersuchungsergebnisse über die Mediengewohnheiten der von uns befragten Kinder und jungen Jugendlichen legen aber (ebenso wie bei den anderen angesprochenen Aspekten des kindlichen Freizeitverhaltens) den Schluß nahe, daß mit Hilfe der Variablen „soziale Herkunft" zentrale Ungleichheitsmomente im Feld des außerschulischen kulturellen und sozialen Kapitalerwerbs erklärt werden können, die ihrerseits wieder zurückwirken auf die Chancen des schulischen Bildungserwerbs (gemessen am erreichten schulischen Abschluß). Der hier unterstellte Zusammenhang von außerschulischer Bildungsorientierung und Schulerfolg - hier vermittelt über die Medienzentrierung des Freizeitverhaltens - muß freilich noch wesentlich genauer untersucht werden, als dies bisher der Fall ist. Insofern sollte vor allem die Diskussion über die Herstellung von mehr Chancengleichheit beim schulischen Lernen um die Frage nach der Bedeutung der außerschulischen Bildungsorientierung und die dabei notwendige Herstellung von

---

[16] Diese Interpretation legen zumindest unsere Fallstudien nahe, wo Eltern- und Kinderaussagen in diese Richtung weisen.

mehr Chancengleichheit beim außerschulischen Lernen erweitert werden und vor diesem Hintergrund den Gang der weiteren empirischen Untersuchungsschritte leiten.

2.2.3 Außerschulische Chancen des kulturellen (und sozialen) Kapitalerwerbs

Welche anderen wichtigen außerschulischen Handlungszusammenhänge mit Relevanz für den kulturellen und sozialen Kapitalerwerb gibt es? Wo können sich Kinder z.B. wichtige allgemeine soziale „Schlüsselqualifikationen" aneignen, die sie in Schule oder Familie nicht erwerben können? Soziale Schlüsselqualifikationen sind nicht nur für das menschliche Zusammenleben von Bedeutung, sondern sie erleichtern auch den Bildungserwerb in den verschiedensten sozialen Kontexten (in Gruppen, unter unterschiedlichen Wettbewerbsbedingungen, formell/geplant, informell/ungeplant etc.). Zu den bildungsrelevanten sozialen „Schlüsselqualifikationen" gehören unserer Meinung nach vor allem kompetentes Zeitmanagement (vgl. z.B. Zeiher/ Zeiher 1994) oder Organisationswissen, die Fähigkeit zu Teamwork, „zeitgemäße" Planungs- und Konfliktlösungskompetenzen oder der angemessene Umgang mit Informationssystemen und Beratungsangeboten.[17] Ein wichtiges Forum für die Aneignung solcher biographisch bedeutsamen (kulturellen und sozialen) Kompetenzen sind die vielen unterschiedlichen außerschulischen Angebote in Vereinen und anderen Institutionen. Neben dem Erlernen z.B. einer Sportart in einem Sportverein eignen sich die Teilnehmer und Teilnehmerinnen an derartigen Angeboten eine Vielfalt von notwendigen (kulturellen und sozialen) Schlüsselqualifikationen an, die in anderen Lebens- und Lernzusammenhängen (einschl. der Schule) von großer Bedeutung sind, ohne daß sie explizit an anderer Stelle in gleicher (spielerischer?!) Leichtigkeit erworben werden können. Da dieses Lernen in der außerschulischen kinderkulturellen Praxis keineswegs als durchweg geplant oder bewußt inszeniert anzusehen ist, könnte man auch vom „heimlichen Lehrplan" der kinderkulturellen Praxis sprechen, den es erst noch in seiner ganzen Bedeutung zu erforschen gilt.

Die sozialen Ungleichheitsmuster bei dieser Form des kulturellen (und sozialen) Kapitalerwerbs ergeben sich aus der ungleichen Beteiligung der von uns befragten Kinder und jungen Jugendlichen an institutionellen Angeboten (was eine entsprechend differenzierte Verabredungspraxis einschließt). Betrachtet man die Termindichte pro Woche und die Mitgliedschaft in Vereinen in Abhängigkeit von der besuchten Schulform (die ihrerseits eine Aufhängervariable

---

[17] Auch hier wissen wir aus unseren Fallstudien, daß sich Kinder und junge Jugendliche derartige Kompetenzen in besonderem Maße (auch familienunabhängig) im Rahmen einer entsprechenden Nachmittags- und Wochenendgestaltung aneignen. Wir sprechen deshalb auch von einer wichtigen Sozialisationsfunktion bzw. von einer wichtigen sozialen Lernfunktion, die die von uns untersuchten kinderkulturellen Praxisformen (im Rahmen der kaum noch überschaubaren Angebotspalette im Freizeitbereich heutiger Kinder und Jugendlicher) haben.

für die soziale Herkunft darstellt), dann ergibt sich folgendes Bild: Sowohl die wöchentliche Termindichte als auch die Häufigkeit der Mitgliedschaft in einem Verein ist bei Hauptschülerinnen und Hauptschülern deutlich am geringsten, während sie bei Gymnasiastinnen und Gymnasiasten besonders hoch ist.

Es ist erkennbar, daß die Chance, sich die angedeuteten Schlüsselqualifikationen in entsprechenden außerschulischen Lernzusammenhängen anzueignen, für Besucherinnen und Besucher des Gymnasiums wesentlich besser sind als für Hauptschülerinnen und Hauptschüler. Vielleicht ist es auch nicht überraschend, daß gerade für Hauptschulen und teilweise auch für Gesamtschulen mit starken Hauptschulzweigen sozialpädagogisch ausgerichtete Betreuungsangebote für diejenigen Kinder und jungen Jugendlichen gefordert werden, die über die entsprechenden außerschulischen Aneignungsmöglichkeiten für die dabei vermittelten „Schlüsselqualifikationen" nicht verfügen. Immerhin sind es mehr als die Hälfte der Hauptschülerinnen und Hauptschüler, die keinem Verein angehören. Und auch im Hinblick auf die Termindichte in der Woche sind erhebliche Unterschiede zwischen denjenigen zu verzeichnen, die ein Gymnasium oder eine Hauptschule besuchen. Interessant ist auch die Tatsache, daß die Gesamtschülerinnen und Gesamtschüler eine vergleichsweise höhere Termindichte haben als Real- und Hauptschülerinnen und -schüler. Ob und inwieweit sich hier besondere schulische Angebote auswirken, können wir unseren Daten nicht entnehmen.

Insgesamt zeigt sich - so kann man die obigen Überlegungen zusammenfassen -, daß in beiden vorgestellten Bereichen (dem schulischen und außerschulischen Bildungserwerb) klar erkennbare soziale Ungleichheitsmuster nachweisbar sind, die sich teilweise kumulativ für bestimmte Gruppen von Kindern und jungen Jugendlichen aufeinander beziehen und ihre schulischen und außerschulischen Chancen beim Erwerb von Bildung und kulturellem und sozialem Kapital zum Teil erheblich beeinträchtigen. In Anbetracht dieser Ergebnisse muß deshalb in Zukunft weit stärker als bisher auf die festgestellten Wechselwirkungen zwischen schulischem und außerschulischem Leben und Lernen und die dabei gegebenen oder verwehrten Lernchancen geachtet werden. Die gesellschaftliche Wahrnehmung von Kindheit als Schulkindheit bedarf der Erweiterung um die angedeutete Komponente des außerschulischen Kinderalltags, und der außerschulische Kinderalltag (Kinder-Kindheit) muß auf seine schulbezogenen Einflußfaktoren untersucht werden, um das jeweils erkennbare Wechselwirkungsverhältnis genauer zu erfassen. Es ist an der Zeit, die „eingeschlafene" Chancengleichheitsdiskussion neu zu beleben und nach politischen und pädagogischen Möglichkeiten zu suchen, um bestehende schulische und außerschulische Ungleichheiten beim Bildungserwerb und beim Erwerb von kulturellem Kapital in ihrer Wechselwirkung zu erkennen und für entsprechende Maßnahmen zu ihrem Abbau zu sorgen.

3. Der „lange Arm" der Schule im außerschulischen Kinderleben in der Wahrnehmung durch Kinder und Eltern

In einem nächsten Schritt will ich nun anhand eines Beispiels verdeutlichen, wie sich der „lange Arm" der Schule bis hinein in die Wahrnehmung von Kindern und Eltern selbst bemerkbar macht. Selbst nachdem die Schule zu Ende ist und die Hausaufgaben gemacht sind, bleiben Kinder Schülerinnen und Schüler. Ihr Lebensalltag ist von dem an sie herangetragenen und teilweise auch selbst auferlegten Anspruch durchzogen, „etwas Sinnvolles" tun zu müssen. Daß dieser Anspruch unterschiedlich wahrgenommen und - in Anbetracht der gegebenen ungleichen Chancenstruktur - auch unterschiedlich „gelebt" wird, soll im folgenden aufgezeigt werden. Bemerkenswert ist dabei die Tatsache, daß sich der in der Schule niederschlagende Bildungsanspruch an die nachwachsende Generation auch im Freizeitbereich der Kinder wiederfinden läßt und auch dort die (Selbst-)Wahrnehmung von Kindern als lernende Schülerinnen und Schüler beeinflußt.

Wichtiger Ausgangspunkt für eine solche Fragerichtung ist die oben ausgeführte schul- bzw. bildungssoziologisch begründete Einsicht, daß die Schule als gesellschaftliche Institution nicht isoliert, sondern in ihrem Verhältnis zu ihrer Umwelt und im Kontext mit ihrer damit verbundenen Katalysatorfunktion auch für außerschulische und informelle Bildungsprozesse betrachtet werden muß (vgl. dazu auch Lenhardt 1984, S. 227). Vor diesem Hintergrund definiert sich, wie bereits erwähnt, der Bildungswert auch des außerschulischen Lernens („etwas Sinnvolles tun") über die Autorität der in der Schule institutionalisierten Bildungsnormen (bzw. den Bildungswert des Schulunterrichts): Die Festlegung von bestimmten karriereträchtigen gesellschaftlichen Wissensbeständen (Fachwissen, soziales/kulturelles Wissen) im Schulunterricht und die nach Schullaufbahnen differenzierte Partizipation an diesem Wissen ist eng verbunden mit daraus abgeleiteten positiven Leitnormen für den außerschulischen Bildungserwerb (in Familie und Freizeit). Dieser theoretisch begründete Zusammenhang, der sich im Alltagshandeln von Eltern und Kindern wiederfinden läßt, soll nun mit Hilfe der Ergebnisse einer eigenen empirischen Untersuchung exemplarisch verdeutlicht werden (vgl. Büchner/ Fuhs 1994).

Aus einer Summe von insgesamt über 40 ausführlichen Fallstudien geht hervor, daß das Schülersein aus der Sicht von Kindern bedeutet, daß ihr *gesamter* Lebensalltag in jeweils spezifischer Weise von Schule bestimmt oder zumindest erheblich von Schule beeinflußt wird. Neben vielen anderen Faktoren wurden in der zitierten Studie (Büchner/ Fuhs 1994) vor allem Einflüsse von Schule auf das (außerschulische) Kinderleben beleuchtet, wie sie von Kindern selbst artikuliert werden. Wir haben diese Einflüsse die *Filterwirkung der Schule* auf die Gestaltung des Lebensalltags von Kindern genannt. Damit soll zum Ausdruck kommen, daß das Denken und Handeln der Kinder auch außerhalb der Schule direkt und indirekt von schulischen Gegebenheiten und Abläufen beeinflußt wird: Nicht nur der Tages- und Wochenrhythmus wird von Schule bestimmt. Auch die Hausaufgaben, die einen Teil der schulfreien Zeit beanspruchen, fallen hier ins Gewicht. Hinzu kommen, z.B. vor Klassenarbeiten, mehr oder weniger intensive Lernphasen, die ebenfalls zu Lasten der freien Zeit gehen. Über eine solche Belastung des kindlichen Zeitbudgets hinaus hat die Schule jedoch noch auf eine sehr viel subtilere Weise Einfluß auf das Leben von Kinder und die Art der Gestaltung ihres außerschulischen Lebensalltags. Das geht so weit, daß Erwachsene beim Umgang mit Kindern fast selbstverständlich davon ausgehen, die Bildung eines Kindes weitgehend exklusiv über die Art der Schulbildung und die entsprechenden schulischen Leistungen zu identifizieren. Damit einher geht die mögliche Delegitimierung von alternativen Formen von Bildung, bei der die schulische Relevanz nicht in angemessener Weise erkennbar ist. Wenn ein Kind beispielsweise in außerschulischen Lernzusammenhängen oder in der Freizeit Bildung erwirbt, wird vielfach darauf geachtet, daß diese so angeeignete Bildung schulisch „wertvoll" und das Lernen in der Freizeit „sinnvoll" ist. Was damit im Alltag gemeint ist, soll im folgenden kurz verdeutlicht werden.

Wenn Kinder von Schule erzählen, ist ihnen wichtig zu erwähnen, daß sie in der Schule ihre Freunde und Freundinnen treffen und sich dort für außerschulische Aktivitäten verabreden. Darüber hinaus scheint die Schule so etwas wie ein ständiger (heimlicher) Wegbegleiter der Kinder in ihrem Lebensalltag und insbesondere auch bei ihren Aktivitäten außerhalb der Schule zu sein. Sowohl bei ihnen selbst als auch bei den meisten Eltern hat nicht nur die besuchte Schule, sondern vor allem auch die besuchte Schulform eine Art Gelenk- oder Filterfunktion für die Gestaltung der schulfreien Zeit. Das Aktivitätsprofil am Nachmittag und am Wochenende hängt - wie auch an unseren Fragebogendaten ablesbar ist - deutlich von der besuchten weiterführenden Schulform ab. Vordergründig läßt sich beobachten, daß quer zur besuchten Schulform die direkte Ausstrahlung der Schule auf den Freizeitbereich um so geringer zu sein scheint, je besser es in der Schule klappt und je weniger problembelastet das Leben der Kinder durch schulische Belange ist. Indirekt ist jedoch bei guten wie schlechten Schülerinnen und Schülern der Einfluß von Schule auf das Freizeitgeschehen (und umgekehrt) unverkennbar. Wir haben unsere qualitativen Fallstudien unter dieser Fragestellung zu Fallgruppen gebündelt, die jeweils ähnliche Merkmale beim Schul-Freizeit-Verhältnis aufweisen.

Erste Fallgruppe: Weitgehende Einheit von schulischem und außerschulischem Leben und Lernen

Dazu gehören Kinder, die in der Fortsetzung der Bildungstradition ihrer Eltern das Abitur anstreben, das Gymnasium oder den gymnasialen Zweig einer Gesamtschule besuchen und zum Zeitpunkt der Befragung hierfür die besten schulischen und außerschulischen Voraussetzungen haben. Die Eltern sind sicher im Umgang mit schulischen Belangen und neigen dazu, die Unterrichtskonzeption der Lehrer zu hinterfragen. Sie erwarten von der Schule Bildung, die nicht auf der Ebene der Stoffvermittlung in den einzelnen Unterrichtsfächern stehenbleibt, sondern auch soziales und kulturelles Lernen einschließt, das die Eigeninitiative und Kreativität der Kinder fördert. Sie interessieren sich nicht nur für die Schulform, die mit dem Gymnasium ohnehin feststeht, sondern achten auch auf das spezifische Schulprofil, das ihren Kindern möglichst umfassende Möglichkeiten eröffnen soll. Wichtig sind ihnen vor allem vielfältige kulturelle Angebote (schulischer Wahlbereich), mit Hilfe derer die Kinder ihre Neigungen vertiefen und Verbindungen zu außerschulischen Aktivitäten herstellen können, die eventuell auch für den späteren Beruf nützlich sind.

Nach dem Motto „Das Abitur ist notwendig, aber nicht hinreichend" soll schulisches und außerschulisches Lernen auch im Bewußtsein ihrer Kinder in eine ständige Wechselwirkung treten. Die in der Schule erfahrene intellektuelle und soziale Kompetenz kommt auch zu Hause zum Tragen. Alle Kinder dieser Fallgruppe geben an, und die Eltern bestätigen dies, ihre Hausaufgaben im wesentlichen selbständig und ohne Fremdkontrolle zu erledigen, womit sie in der Regel täglich nicht länger als eine halbe bis eine Stunde beschäftigt sind. Ihr Zeitbudget für Nachmittagsprogramm ist also durch die Schule nur wenig belastet. Sollten einmal Probleme mit Hausaufgaben auftreten, können sich diese Kinder der elterlichen Unterstützung sicher sein: auch die Möglichkeit einer Entschuldigung beim Lehrer, daß für die Hausaufgaben mal keine Zeit da war, wirkt entlastend.

Wichtig für das Bild der Schule sind in den Augen dieser Kinder die außerunterrichtlichen Angebote (Musikgruppen, Theater-AG etc.). Der Freizeitbereich bildet in der Vorstellung dieser Eltern und Kindern keine Gegenwelt zum schulischen Bereich, in der die Kinder den dort erfahrenen Streß abbauen bzw. eventuelle Defizite kompensieren können. Er wird vielmehr als Ergänzung und Vertiefung verstanden. „Schule als Fortsetzung des außerschulischen Lernens und Freizeit als Fortsetzung des schulischen Lernens" heißt das propagierte Credo der Eltern. Der Freizeitbereich, den die Kinder „sinnvoll" nutzen sollen, stellt für die Kinder ein wichtiges Forum da, auf dem durch angeleitetes Probehandeln spezifische Neigungen entwickelt und kulturelle Werte spielerisch angeeignet werden können. Es werden vor allem „wertvolle" (bildungsrelevante) Aktivitäten bevorzugt und die Kinder haben viele feste Termine und ein breites Aktivitätsspektrum.

Zweite Fallgruppe: Orientierung an den schulischen Normen - Freizeit als eigenständiger Bereich

Die Kinder der zweiten Fallgruppe unterscheiden sich von der ersten Gruppe wesentlich in ihren Lebenseinstellungen und in bezug auf ihre Sichtweise des Verhältnisses von schulischem und außerschulischem Leben und Lernen. Das

Abitur wird auch von diesen Kindern und ihren Eltern angestrebt. Dabei liegt ihr Hauptaugenmerk jedoch eindeutig auf dem Bereich der *schulischen* Lerninhalte. Der Wahrnehmung von außerschulischen Lernangeboten und Lernmöglichkeiten wird nur wenig Aufmerksamkeit geschenkt. Nicht das spezifische Schulprofil, die außerschulischen Angebote oder gar eine Synthese zwischen schulischem und außerschulischem Lernen stehen hier im Mittelpunkt, vielmehr zählt das solide Lernniveau der Schule und die gute Kooperation mit den Lehrern. Die Freizeit wird eher als Entspannung gesehen, die die Eltern nicht durch pädagogische Erwägungen oder gar Leistungsauflagen einschränken möchten. Es bleibt unter diesen Gegebenheiten genügend Zeit für ein sportliches oder kulturell akzentuiertes Nachmittagsprogramm. Viele Termine sind dann beobachtbar, wenn die Schule keine Probleme macht; die Norm der „sinnvollen" Freizeit gilt nur in eingeschränktem Maße.

Dritte Fallgruppe: Aufstieg durch Bildung

Hier finden wir Kinder, deren Leben auf die Verbesserung ihres sozialen Status im Vergleich zu dem ihrer Herkunftsfamilie ausgerichtet ist. Dieses Ziel soll mit Hilfe einer erfolgreichen höheren schulischen Bildung erreicht werden. Die Erwartungshaltung der Eltern an die schulischen Leistungen ihrer Kinder ist dementsprechend hoch. Die Eltern gewähren ihren Kindern nur wenig eigenen Handlungsspielraum. Die Kinder selbst wollen unbedingt den angestrebten Schulabschluß (Abitur, oder wenigstens Realschulabschluß) erreichen und fänden es schlimm, dabei zu scheitern. Die Eltern sind bereit, z.B. Schulgeld für eine Privatschule oder Nachhilfeunterricht zu bezahlen. Schule ist für sie ein Dienstleistungsunternehmen, das aus ihren Kindern etwas machen soll.

Im Freizeitbereich ist z.B. der Wert einer körperlichen Ausbildung (Motto eines Vaters: „Sport bringt Frische") wichtig, die ein Gegengewicht zum schulischen Lernen bilden soll. Sport ist Schulung der Selbstdisziplin, die wiederum positiv auf das Lernverhalten zurückwirken soll. Genauso wichtig wie die pünktliche Erledigung der Hausaufgaben ist der regelmäßige Besuch des Trainings. Die Schulkarriere wird mehr oder weniger behutsam betrieben und unnötiger Leistungsdruck wird vermieden, wenn alles einigermaßen läuft. Die Freiräume in der Freizeit ergeben sich aus den schulischen Gegebenheiten („Schule hat Vorrang"). Die Kinder honorieren die Bemühungen der Eltern und bewerten die Mischung zwischen Pflicht und Kür positiv. Die Aufstiegsphilosophie der Eltern ist von den Kindern verinnerlicht. Die Kinder teilen die Elternmeinung, daß schulische Bildung berufliche und materielle Sicherheit mit sich bringt, die eigene Schullaufbahn der Eltern zumeist in der Hauptschule gilt als abschreckendes Beispiel. Die Kinder haben nur wenige feste Termine, und ein engeres Spektrum der Aktivitäten ist die Regel.

Vierte Fallgruppe: Schule als notwendiges Übel - Freizeit als Gegenwelt

Die Möglichkeit, gesellschaftlichen Aufstieg mit Hilfe schulischer Bildung zu realisieren, ist für diese Fallgruppe nicht (mehr) relevant. Die Kinder dieser Fallgruppe besuchen die Hauptschule bzw. die Sonderschule und haben aus ihrer gegenwärtigen Sicht keine schulischen Ambitionen und auch kaum eine Chance, höhere Bildungsabschlüsse zu erreichen. Im Gegensatz zu den vorher erwähnten Kindern ist bei diesen Kindern der Freizeitbereich ein autonomer Lebensbereich. Er wird als Gegenwelt zur Schule, dem Ort für erlebte Frustrationen gekennzeichnet. Schulische Zufriedenheit wird weniger an Lerninhalten festgemacht als vielmehr an guten Freunden oder lockeren Lehrern. Die Eltern dieser Kinder, die selbst zumeist keine höheren Bildungsabschlüsse haben, geben an, sich mit den schulischen Defiziten ihrer Kinder abgefunden zu haben. In ihren Stellungnahmen zu den Freizeitaktivitäten ihrer Kinder fällt vor allem die Angst auf, daß diese in schlechte Gesellschaft geraten könnten. Trotz vorhandener Zeit fällt jedoch das organisierte Nachmittagsprogramm vergleichsweise bescheiden aus. Geschwister und Nachbarkinder haben hier noch eine wichtige Funktion für die wenig geplante Freizeit. Die Freizeit dieser Kinder ist nicht leistungsorientiert im obigen Sinne, und wir finden nur wenige feste Termine am Nachmittag und ein vergleichsweise enges Aktivitätsspektrum.

Dieses insgesamt vorgeführte Wahrnehmungsspektrum des Verhältnisses von Schule und außerschulischer Lebenswelt der Kinder in dieser Altersgruppe ist eine eher grobrastrige Verdeutlichung des von den Eltern und Kindern selbst hergestellten engen Zusammenhangs von Schule und kindlichem Freizeitverhalten. Das Kind stellt als Schülerin oder Schüler eine selbstverständliche Verbindung von schulischem Lernen und leistungsbetonter „sinnvoller" Freizeitgestaltung her oder es geht von einem Verständnis von Schule als (unangenehmer) Pflicht aus und begreift Freizeit als Kompensation für die in der Schule gestellten Leistungsanforderungen. Diese Muster der unterschiedlichen Bildungsorientierung des kindlichen Freizeitverhaltens sind nach sozialer Herkunft unterschiedlich ausgeprägt und vor dem Hintergrund der jüngeren Entwicklungen im Bildungswesen zu sehen: Die Inflation der höheren Bildungsabschlüsse scheint es erforderlich zu machen, sich neben dem schulischen Bildungserwerb (einschließlich der entsprechenden Abschlüsse und Berechtigungen) weitere bildungsrelevante Qualifikationen (z.B. soziale Schlüsselqualifikationen) in außerschulischen Bildungszusammenhängen anzueignen, um im Wettbewerb um knappe privilegierte Positionen in der Gesellschaft bestehen zu können. Insofern stellt sich die Frage nach den Ungleichheiten beim außerschulischen Bildungserwerb dringlicher denn je.

An diesen kurzen Beispielen läßt sich erkennen, wie bei der Gestaltung des Nachmittags und des Wochenendes und den dabei erkennbaren Prioritätensetzungen die Wechselwirkung von schulischen Bildungsansprüchen und außerschulischem Lernen zum Tragen kommt. Obwohl die vielfältigen

Schullaufbahnen und Freizeitoptionen mehr und mehr für alle Kinder offen sind, stellen sich schulische und außerschulische Chancenungleichheiten in erheblichem Umfang durch das Handeln und die damit verbundenen kulturellen Praxisformen der Kinder selbst her.[18] Es ist nicht allein der leichte oder schwere Zugang zu Freizeitangeboten (Summe der Angebote), sondern es ist der unterschiedliche Umgang mit der Palette von Lernmöglichkeiten im schulischen und außerschulischen Bereich, die mehr oder weniger gekonnte Nutzung von kulturell und sozial relevanten Gütern und Dienstleistungen, die zu den feinen Unterschieden bei der Habitusentwicklung von Kindern entscheidend beitragen (vgl. dazu auch Bourdieu 1982). Erst die genauere Betrachtung der Vernetzung von sozialisationswirksamen sozialen und kulturellen Kontexten im schulischen und außerschulischen Bereich ermöglicht differenzierte Aussagen über die Bildungsrelevanz und Sozialisationswirkung von Lernzusammenhängen, die sich keineswegs allein über besuchte Schulform oder die Bedeutung eines einzelnen sozialen Milieus erklären lassen. Gleichwohl haben wir in unseren Fallstudien einen starken Zusammenhang von besuchter Schulform und Freizeitprofil festgestellt, der freilich über eine ganze Reihe von Vermittlungsschritten letztlich vom Kind selbst hergestellt wird. Wir sprechen deshalb z.B. von einem *doppelten Übergang* von der Grundschule in weiterführende Schulen und wollen damit deutlich machen, wie schulische *und* außerschulische Bildungsbiographie, das heißt schulische Karriere und Freizeitkarriere über bisher wenig erforschte Zusammenhänge von Schüler(in)sein und Kindsein beeinflußt wird und zu entsprechenden Wahrnehmungsmustern führt.

An dieser Stelle läßt sich also festhalten, daß über einen in dieser Weise realisierten deutlicheren Schulbezug der Kindheitsforschung Zusammenhänge wie die beschriebene Bildungsorientierung des Freizeitverhaltens von Kindern aufgedeckt werden können, die von großer schulpolitischer aber auch kinder- bzw. kindheitspolitischer Bedeutung sind. Mein Plädoyer, Kindheitsforschung und Schulforschung enger miteinander zu verbinden und dabei besonders auf die Vorabklärung der Kinderfrage und der Schüler(in)frage zu achten, ist vor diesem Begründungshintergrund zu sehen. Bildungsnähe und Bildungsferne von Elternhäusern, Bildungsfeindlichkeit oder die Aufgeschlossenheit gegenüber den als Bildung definierten gesellschaftlichen Wissensbeständen orientieren sich - wie wir gesehen haben - weitgehend exklusiv über das in der Schule institutionalisierte Bildungsverständnis, über das andere (alternative) Bildungsvorstellungen ausgeschlossen, zumindest aber nach Bildungswert differenziert und kategorisiert werden.

---

[18] Die in der Ungleichheitsforschung nicht selten zu beobachtende Opferperspektive, die das Kind im „zirkulären Verlauf des Sozialisationsprozesses" gefangen sieht, bedarf in diesem Sinne der Differenzierung, die das handelnde Kind im Rahmen von schulischen und außerschulischen Rahmenbedingungen in den Mittelpunkt von politischen und pädagogischen Überlegungen stellt.

4. Das Interesse der Schulpädagogik am Kind

Wie oben schon angedeutet, gibt es im Rahmen der schulpädagogischen Diskussion ein deutliches Interesse, sich mit der Frage der Wechselwirkung von Schule und außerschulischer Lebenswelt der Schülerinnen und Schüler näher zu befassen. Ein wichtiger Anlaß für das „plötzliche" Interesse von Lehrerinnen und Lehrern für die außerschulische Lebenswelt ihrer Schülerinnen und Schüler war die besonders in den letzten zehn Jahren viel diskutierte Irritation, daß sich heutige Kinder offensichtlich zunehmend weigern, in der Schule auf ihre Schülerrolle reduziert zu werden. Maria Fölling-Albers (1993), die diese These auf der Basis einer größeren empirischen Längsschnittstudie über Grundschulkinder vertritt, führt diese Entwicklung auf den zunehmenden „Individualisierungsanspruch" der Kinder zurück, der u.a dadurch zum Ausdruck komme, daß sich die Kinder im Unterricht nicht mehr funktional im Sinne der Unterrichtskonzeption und des Unterrichtsablaufs verhalten. Eine deutlich veränderte Qualität in der Beziehung des Kindes zum Erwachsenen und insbesondere ein verändertes Eltern-Kind-Verhältnis seien historisch neue Entwicklungen, die auch entscheidend auf das Schülerverhalten zurückwirken.[19]

Maria Fölling-Albers beschreibt zwei Grundmuster, wie sich dieser diagnostizierte neue Individualisierungsanspruch von Kindern in der Schule äußern kann und sich zu entsprechenden „Bildern" vom heutigen Kind verdichtet (Fölling-Albers 1993, S. 467 f.):

- Das Kind sieht sich im schulischen Lehr-/Lernzusammenhang in einer Prinzen-/ Prinzessinnenrolle, es will im Mittelpunkt stehen. Es ist selbstverständlich, daß andere Menschen, insbesondere Erwachsene immer für das einzelne Kind da sind, es beachten und seine Wünsche erfüllen. Die Regeln des Gruppenlebens oder die Ansprüche der Banknachbarn sind nur schwer vermittelbar.

- Das Kind zeigt auffällige Verhaltensweisen, die über ein Im-Mittelpunkt-Stehen-Wollen hinausgehen. Es provoziert durch sein Verhalten die Aufmerksamkeit und den Hilfebedarf durch die Lehrkraft. In diese Rubrik gehört das unsoziale oder gar aggressive, aber auch das lernschwierige oder schüchterne Kind.

Beide Grundmuster beschreiben kindliche Verhaltensweisen, die dadurch gekennzeichnet sind, daß sich die betreffenden Kinder immer weniger auf die klassische Schülerrolle einlassen können und wollen. War doch diese klassische Schülerrolle „gerade dadurch charakterisiert, daß Kinder in der Schule auf

---

[19] Daß z.B. Hartmut von Hentig bereits Mitte der 70er Jahre in seiner „Sozialpathologie der Schule" ähnliche Diagnosedaten geliefert hat, sei hier nur am Rande vermerkt, um anzudeuten, daß eine kulturkritische Betrachtung des außerschulischen Kinderlebens und daraus entstehende Irritationen in der Schule wiederkehrende Themen in der Schulforschung sind. Auch die in der Lehrerzeitschrift pädextra ausführlich diskutierte Streitschrift von Horst Hensel (1993) gehört in diesen Kontext.

einen großen Teil ihres individuellen Kind-Seins verzichten und spontane, situative Bedürfnisse zurückstellten zugunsten solcher, die im schulischen Unterrichts- und Bildungsgang erwartet oder gefordert werden" (ebd., S. 468). Die Tatsache, daß sich heutige Kinder nicht mehr auf ihre Schülerrolle reduzieren lassen wollen und historisch neue „Individualisierungsansprüche" auch in der Schule geltend machen, führt Fölling-Albers im wesentlichen auf die veränderte Erziehungskultur, auf veränderte Familienformen und die damit einhergehende veränderte Stellung des Kindes im familialen Zusammenleben ebenso wie auf die allgemeine „Enttraditionalisierung sozialer Bindungsstrukturen" und Individualisierung der privaten Lebensführung zurück. Ihre Schlüsselfrage lautet: „Kann die Schule also nur eine Schüler-Schule, aber nicht eine Kinder-Schule sein?" (S. 473)

In diesem Zusammenhang verweist sie auf Beobachtungen, die zu denken geben müßten: daß z.B. vermeintlich oder tatsächlich wenig leistungsbereite *Schülerinnen und Schüler*, die als Prinzessinnen und Prinzen auftreten, durchaus recht leistungsbereite und gruppenfähige *Kinder* sein können, die in außerunterrichtlichen Lern- und Handlungszusammenhängen ganz anders auftreten. Reicht es vor diesem Hintergrund, die manchmal naive Wiederentdeckung der Reformpädagogik als Öffnung der Perspektive vom Schüler hin zum Kind zu feiern? Ist die reformpädagogische Bewegung „vom Kinde aus" wirklich vom Kinde ausgegangen oder handelte es sich dabei nicht eher um ein idealistisches Konstrukt von Erwachsenen, um einen „Mythos vom Kind", nach dem eine entsprechende pädagogische Praxis für Kinder gestaltet wurde? Mit Wünsche (1994, S. 376) kann man zumindest viele Elemente der Reformpädagogik als „immer neuen Versuch ansehen, den Kindern ihr (Zeit)Opfer zu erleichtern. (...) Zunehmend wurden Phantasie und didaktische Kalkulation aufgeboten, um dem kindlichen Gemüt solche schmerzlich werdenden Schulstunden zu versüßen, durch Anschauung, durch Spiel, durch musische Betätigung, in erster Linie freilich durch Respektierung der Schülerfragen und Schülererfahrungen bei möglichst vielen Lerngelegenheiten. (...) So würde mit der Zeit der einzelne imstande sein, selber zu wollen, daß in der Erziehung Rücksicht auf die Zukunft genommen werde, weil die eingeschlagene Schulkarriere schon Element der eigenen Biographie und des Bildes von sich selbst geworden ist" (ebd.). An dieser Überlegung wird noch mal die von der Schulforschung als selbstverständlich unterstellte Anspruchshaltung an den Schüler und die Widersprüchlichkeit deutlich, die über diese spezifische Art der Wahrnehmung der Schülerrolle zu dem führt, was Fölling-Albers als den in der Schulforschung herumgeisternden „Mythos vom Kind" bezeichnet.

Demgegenüber sei - so Fölling-Albers - der heute von den Kindern selbst in die Schule hereingebrachte „Individualisierungsanspruch" wirklich vom Kinde ausgehend. Nicht Erwachsene, sondern die Kinder selber machten faktisch die Notwendigkeit einer anderen Wahrnehmung ihrer traditionellen Schülerrolle geltend. Und es sei nicht überraschend, daß viele Pädagoginnen und Pädagogen diesen Anspruch als uneinlösbar ansähen. Eine solche Betrachtungsweise des

Schulkindes im Rahmen von Schulforschung ist zumindest in dieser Zuspitzung neu und innerhalb der Schulforschung keineswegs unumstritten. Nicht zufällig kommt dieser Ansatz aus dem Feld der Grundschulpädagogik, die schon längere Zeit versucht, ihren Blick vom Schüler in Richtung Kind zu erweitern. Das außerschulische Sozialisationsgeschehen wird von dieser Variante von Schulforschung als eine für die Schule relevante Größe wahrgenommen und es wird gefordert, sich mit dieser Größe eingehender zu befassen.

Die schulpädagogisch konfliktträchtige Frage bleibt freilich in diesem Zusammenhang, wie die klassische Schülerrolle so mit dem ganzen Kindsein und den von Fölling-Albers beschriebenen gegenwärtigen „Individualisierungsansprüchen" von Kindern in Beziehung zu setzen ist, daß nicht - wie in der Vergangenheit oft geschehen - das außerschulische Kinderleben lediglich unter dem Gesichtspunkt der Herstellung oder Erhaltung der Schul- und Unterrichtsdisziplin diskutiert wird. So wissen wir aus der Schulkulturforschung und der heimlichen Lehrplanforschung z.B. über die Existenz und das Funktionieren von Vorderbühne und Hinterbühnen von Schule und Unterricht und die Schwierigkeiten, den großen Komplex der als Störungen des Schullebens und des Unterrichts wahrgenommenen Phänomene analytisch so zu verorten, daß die Widersprüche zwischen Schülersein und Kindsein angemessen berücksichtigt und in ihrer Wechselwirkung erfaßt werden können (vgl. dazu Zinnekker 1975, 1982, 1995).[20]

5. Überlegungen zum erkennbaren Perspektivwechsel bei der gesellschaftlichen Wahrnehmung von Kindern und Kindheit

Welche Schlußfolgerungen ergeben sich nun aus diesen beispielhaft zusammengetragenen Beobachtungen über die gesellschaftliche Wahrnehmung von Kindern als Schülerinnen und Schüler und Kindheit als Schulkindheit? Und wie ist es möglich, dem zu beobachtenden Nebeneinander der Wahrnehmungsebenen von Kindern und Kindheit so zu begegnen, daß Kinder sowohl als Schülerinnen und Schüler als auch als Kinder wahrgenommen werden, und vor allem, daß Kinder als aktiv Handelnde im Generationenzusammenhang WAHRGENOMMEN WERDENwahrgenommen werden?

---

[20]Auch die Tradition der Schülerforschung durch Lehrer als wichtige persönliche Voraussetzung der Lehrerpraxis gehört in diesen Kontext (z.B. Rumpf 1966, Wünsche 1972, v. Schoenebeck 1980). Die Gratwanderung zwischen dem Wunsch nach angemessener Berücksichtigung des Kindseins in Schule und Unterricht einerseits und dem Vorwurf des „Ausspioniert und Angeschmiert" im Lehrerinteresse andererseits bleibt freilich auch hier schwierig, und es stellt sich bei dieser Art von Forschungsansatz immer die Frage, ob wir tatsächlich etwas über das Kindsein von Schülern oder eher etwas darüber erfahren, wie Lehrer dieses einschätzen (Fromm 1987, S. 219). Der Weg hin zu einer „Demokratisierung" der Forschung im Sinne einer Beteiligung der Kinder ist wohl auch hier noch weit.

wahrgenommen werden?

Zunächst müssen wir uns über die vorherrschenden Wahrnehmungsmuster Klarheit verschaffen: So wie Kinder besonders von der Schulforschung immer wieder zur Realabstraktion „Schüler" verdünnt werden (Lenhardt 1984, S. 208), so werden sie von der Kindheitsforschung nicht selten in die Uniform der „Kindlichkeit" gesteckt werden, um die Besonderheiten des heutigen Kindseins in einer Erwachsenengesellschaft herauszustellen (vgl. zum Beispiel die Kinderschutzdebatte). Ein auf diese Weise reduzierter Blick auf Kinder in ihrer Kind- und Schülerrolle ist üblich, um auf diese Weise die besondere Stellung der heranwachsenden Generation als Lernende herauszustellen und daraus sich ergebende pädagogische Gestaltungsaufgaben abzuleiten. Die Gefahr einer so akzentuierten Wahrnehmung der Kindlichkeit der Kinder oder des Schülerstatus der Schüler in der wissenschaftlichen Forschung ist darin zu sehen, daß dabei eine kulturell besonders einflußreich gewordene Ideologie, die Giesecke (1985) die Tendenz zur zunehmenden Pädagogisierung des Nachdenkens über menschliche Lebenszusammenhänge nennt, unbemerkt den Gang des Nachdenkens bestimmt. Die Kritik von Alanen (1994), daß unser Wissen über Kinder und Kindheit „massiv erwachsenenzentriert, bruchstückhaft und voreingenommen" sei, deutlich paternalistische Züge trage und in Teilen den Chauvinismus der Erwachsenen zum Ausdruck bringe, die missionarisch ihre eigenen kulturellen Überzeugungen zum Maßstab für alle anderen machten, deutet an, daß die Soziologie der Kindheit gut beraten ist, wenn sie die Analyse der (schulischen und außerschulischen) kindlichen Existenz im Rahmen des sozialen Zusammenlebens im Generationenzusammenhang auch ideologiekritisch betreibt.

Der traditionelle kindheitstheoretisch geleitete Blick auf das „kindliche" Kind und besonders der (schul)pädagogische Blick auf das Kind als Schülerin oder Schüler verhindert vielfach die Offenlegung der Autoritätsstellung des Erwachsenen und das Spannungsverhältnis zwischen Unterwerfung und Widerstand im Generationenverhältnis als Erziehungs- und Bildungsverhältnis, das immer zugleich auch die Bedingungen seines (möglichen) Scheiterns mitreflektieren muß. In diesem Sinne stehen Kinder in einem paradoxen Beziehungsverhältnis zur Erwachsenengesellschaft, auf das Qvortrup (1995, S. 9) hingewiesen hat:

- Erwachsene räumen Kindern immer mehr Chancen ein, deren Wahrnehmung ihnen aber einen hohen Grad an Belastbarkeit abverlangt;
- Erwachsene wollen und lieben Kinder, aber sie bringen immer weniger von ihnen zur Welt und sie engen die Lebens-Räume für Kinder immer weiter ein;
- Erwachsene glauben, daß es gut ist, wenn Kinder und Eltern zusammenleben, aber Elternleben und Kinderleben entwickeln sich immer weiter auseinander;

- Erwachsene sind beglückt über die Spontaneität von Kindern, aber sie organisieren das Kinderleben in immer größerem Ausmaß;
- Erwachsene vertreten die Devise: „Kinder zuerst!", aber in ökonomischen und politischen Belangen berücksichtigen sie diese Devise nur selten;
- Erwachsene propagieren, daß Kinder zu Freiheit und Demokratie erzogen werden müssen, aber sie tun dies mit Mitteln, die auf Kontrolle und Disziplinierung hinauslaufen.

Insbesondere die Durchsetzung von schulischen, aber auch außerschulischen Bildungsansprüchen durch Schule und Elternhaus ist ein für Kindheit zentraler Vorgang, in dem die von Qvortrup formulierten Paradoxien im Generationenverhältnis zum Ausdruck kommen.

Ich hoffe, verdeutlicht zu haben, in welcher Weise zum einen die schulbezogene Kindheitsforschung bei ihrer Wahrnehmung von Kindern und Kindheit befangen ist, indem sie Kinder in der Regel vorab zu Schülerinnen und Schülern macht und so von Prämissen ausgeht, die den Blick im Sinne der geäußerten Kritik von Alanen in spezifischer Weise einengen, ohne daß die in den Lehrer-Schüler-Beziehungen und letztlich die im Generationenverhältnis enthaltenen Paradoxien deutlich werden. Gleichzeitig muß aber auch gesehen werden, daß umgekehrt die schulische Lebenswelt der Kinder von der bisherigen Kindheitsforschung viel zu wenig beachtet wird. Es ist nicht nur wichtig, die berechtigten Kind-Interessen (unabhängig von ihren Eltern) besser zu berücksichtigen und die Möglichkeit der kindlichen Teilhabe am gesellschaftlichen Leben zu verbessern. Es ist auch unabdingbar, eine solide empirische Datenbasis über die konkrete Lebenssituation von Kindern (auch mit Hilfe von Kindern) bereitzustellen, ohne diese vorab pädagogisch oder kinderschützlerisch aus Erwachsenenperspektive umzudeuten. Ein solcher Anspruch scheint besonders schwer in einer eher schulbezogenen Kindheitsforschung einlösbar. Vielleicht ist auch dies einer der Gründe dafür, daß der zentrale Aspekt des Kinderalltags, das Schulleben, von der bisherigen Kindheitsforschung immer noch weitgehend ignoriert wird. Umgekehrt hat auch die Schulforschung kaum Interesse an der konkreten außerschulischen Lebensrealität von Schülerinnen und Schülern, also an den kindlichen Lebenszusammenhängen in Familie, Freizeit und Gleichaltrigengruppen gezeigt. Preuss-Lausitz (1995) spricht von zwei fremden Welten, die sich da gegenüberstehen: die expandierende Kindheitsforschung auf der einen Seite, die sich für alles mögliche - nur nicht für die Schule - interessiert und - auf der anderen Seite - die sich zumeist als Unterrichtsforschung verstehende Schulforschung, die ihren Fokus vornehmlich auf den Schüler und die Schülerin, nicht aber auf das Kind als Ganzes ausrichtet. Die Schule wird in diesem Sinne in ihrer zentralen Wegbereiterfunktion für den Weg in die Erwachsenengesellschaft gesehen. Daß in der Schule aber wichtige soziale Lernprozesse stattfinden, die eigene Regeln und Effekte haben und die nicht von

Lehrern und Lehrerinnen angeleitet werden, bleibt dabei vielfach ausgeblendet.[21]

Als Resümée aus diesen Überlegungen läßt sich festhalten, daß das weitgehend unverbundene Nebeneinander von soziologischer Kindheitsforschung und Schulforschung im (vermeintlichen!) Spannungsfeld von Gegenwartsorientierung des authentischen Kinderlebens und Zukunftsorientierung der idealen Schülerkarriere nicht allzu sehr überraschen darf. Die jeweiligen Wissenschafts(zweig)-Traditionen, Forschungsthemen und Erkenntnisinteressen liegen doch zu weit auseinander, und der manchmal betont kritischen Schulsicht der einen entspricht nicht selten eine überaus optimistische Schulentwicklungsperspektive der anderen. Beiden gemeinsam ist, daß die „Kinderfrage" in beiden Forschungsbereichen als nicht hinreichend geklärt gelten muß.

Entscheidend ist jedoch, daß es erste erkennbare Ansätze einer schulbezogenen Kindheitsforschung gibt, die die Widersprüchlichkeiten der beiden eng miteinander verzahnten Alltagswelten berücksichtigt, ohne entweder die klassischen Ziele von Schule aufzugeben, noch die Unversöhnlichkeit dieser beiden Lebensbereiche von vornherein zu postulieren. Gerade die in der Schulforschung (sporadisch) geführte Chancengleichheitsdiskussion kann, wie unsere Untersuchungen zeigen, auf die Kindheitsforschung übertragen werden und wichtige Impulse für eine künftige, stärker schulbezogene Kindheitsforschung geben. Umgekehrt kann der von der neueren soziologischen Kindheitsforschung thematisierte Widerspruch zwischen gesellschaftlich proklamierter Kinderfreundlichkeit und uneingestandener, in der Öffentlichkeit tabuisierter Kinderfeindlichkeit (Qvortrup 1995) auch wichtige Anregungen für eine Schulforschung geben, das Schülersein nicht unbefragt zum Ausgangspunkt ihrer Überlegungen zu machen. Zentral erscheint mir die Klärung der theoretischen und forschungspraktischen Frage, was eine schulbezogene Kindheitsforschung unter Kindsein, Schüler(in)sein, Erwachsensein verstehen will. Oder anders formuliert: Von welchem Entwicklungsstand und von welchen Entwicklungsperspektiven des Generationenverhältnisses wollen wir ausgehen, welches Verständnis von Kindheit und Schulkindheit soll unser Nachdenken über heutige Kinder und Schülerinnen und Schüler leiten?

---

[21] Zu den wenigen Ausnahmen zählt Behnken/ Jaumann 1995, die über eine Siegener Initiative berichten, das Kinderleben aus der Perspektive der Grundschulpädagogik und der Kindheitsforschung gleichermaßen zu betrachten.

Literatur

Alanen, Leena (1994): Zur Theorie der Kindheit. In: Sozialwissenschaftliche Literaturrundschau, H. 28, S. 93 - 112.
Ariès, Philippe (1975): Geschichte der Kindheit. München: Hanser.
Bathke, Gustav W. (1990): Soziale Reproduktion und Sozialisation von Hochschulstudenten in der DDR. In: Zeitschrift für Sozialisationsforschung und Erziehungssoziologie (1. Beiheft), S. 114-128.
Behnken, Imbke/ Jaumann, Olga (Hrsg.) (1995): Kindheit und Schule. Kinderleben im Blick von Grundschulpädagogik und Kindheitsforschung. Weinheim und München: Juventa.
Bertram, Hans/ Bayer, Hiltrud/ Bauerreiß, Renate (1993): Familienatlas. Lebenslagen und Regionen in Deutschland. Opladen: Leske + Budrich.
Bois-Reymond, Manuela du/ Büchner, Peter/ Krüger, Heinz-Hermann u.a. (1994): Kinderleben. Modernisierung von Kindheit im interkulturellen Vergleich. Opladen: Leske + Budrich.
Bourdieu, Pierre (1981): Klassenschicksal, individuelles Handeln und das Gesetz der Wahrscheinlichkeit. In: Pierre Bourdieu u.a.: Titel und Stelle. Über die Reproduktion sozialer Macht. Frankfurt: EVA, S. 169-226.
Bourdieu, Pierre (1982): Die feinen Unterschiede. Frankfurt: Suhrkamp.
Bourdieu, Pierre (1983): Ökonomisches Kapital, kulturelles Kapital, soziales Kapital. In: Soziale Welt, Sonderband 2, S. 183-198.
Büchner, Peter (1995): Generation und Generationsverhältnis. In: Krüger, Hans-Hermann/ Helsper, Werner Hrsg.): Einführung in Grundbegriffe und Grundfragen der Erziehungswissenschaft. Opladen: Leske + Budrich, S. 237-245.
Büchner, Peter/ Brake, Anna/ Fuhs, Burkhard (1992): Kinderleben - Deutschdeutscher Vergleich: Freizeitaktivitäten von 10-14jährigen in unterschiedlichen Regionen. In: Hortheute - Ganztagsschule, 7/8, S. 14-20.
Büchner, Peter/ Fuhs, Burkhard (1994): Kinderkulturelle Praxis: Kindliche Handlungskontexte und Aktivitätsprofile im außerschulischen Lebensalltag. In: Bois-Reymond, Manuela du u.a. : Kinderleben. Opladen: Leske + Budrich, S. 117 - 125.
Büchner, Peter/ Krüger, Heinz-Hermann (1996): Schule als Lebensort von Kindern und Jugendlichen. Zur Wechselwirkung von Schule und außerschulischer Lebenswelt. In: Büchner, Peter u.a. (Hrsg.): Vom Teddybär zum ersten Kuß. Opladen: Leske + Budrich, S. 201 - 224.
Büchner, Peter/ Fuhs, Burkhard/ Krüger, Heinz-Hermann (1996): Vom Teddybär zum ersten Kuß. Wege aus der Kindheit in Ost- und Westdeutschland. Opladen: Leske + Budrich.
Burkhard, Christoph/ Mauthe, Anne/ Rösner, Ernst (1990): Auf dem Weg zur Stadtteilschule. In: Rolff, Hans-Günter u.a. (Hrsg.): Jahrbuch der Schulentwicklung, Bd. 6, Weinheim und München: Juventa, S. 185-216.
Fölling-Albers, Maria (1993):Der Individualisierungsanspruch der Kinder - eine neue pädagogische Orientierung „vom Kinde aus"? In: Neue Sammlung, 33 Jg., H. 3, S. 465-478.
Fölling-Albers, Maria (1995): Kindheitsforschung und Schule. Überlegungen zu einem Annäherungsprozeß. In: Behnken, Imbke/ Jaumann, Olga (Hrsg.): Kindheit und Schule. Weinheim und München: Juventa, S. 11 - 20.

Fromm, Martin (1987): Die Sicht der Schüler in der Pädagogik. Weinheim: Deutscher Studienverlag.
Geißler, Rainer (1992): Die Sozialstruktur Deutschlands. Opladen: Leske + Budrich.
Giesecke, Hermann (1985): Vorbehalte gegen eine Sozialpädagogisierung der Schule. In: Neue Sammlung, 25 Jg., H. 4, S. 510 - 517.
Hansen, Rolf/ Rolff, Hans-Günter (1990): Abgeschwächte Auslese und verschärfter Wettbewerb - Neuere Entwicklungen in der Sekundarschulen. In: Rolff, Hans-Günter u.a. (Hrsg.): Jahrbuch der Schulentwicklung, Bd. 6, Weinheim und München: Juventa, S. 45-81.
Hensel, Horst (1993): Die neuen Kinder und die Erosion der alten Schule. Päd extra, H. 11, S. 33-34.
Hentig, Hartmut von (1976): Was ist eine humane Schule? München: Hanser.
Holtappels, Heinz Günter/ Zimmermann, Peter (1990): Wandel von Familie und Kindheit - Konsequenzen für die Grundschule. In: Rolff, Hans-Günter u.a. (Hrsg.): Jahrbuch der Schulentwicklung, Bd. 6, Weinheim und München: Juventa, S. 149-184.
Hurrelmann, Klaus (1990): Anspruch auf die „Lebensphase Kindheit". In: Deutsche Jugend, H. 1, S. 13 - 24.
Kaufmann, Franz Xaver (1990): Zukunft der Familie. München: Beck.
Neubauer, Georg/ Sünker Heinz (Hrsg.) (1993): Kindheitspolitik international. Opladen: Leske + Budrich.
Lenhardt, Gero (1984): Schule und bürokratische Rationalität. Frankfurt: Suhrkamp.
Preuss-Lausitz, Ulf (1995): Contradiction of Modern Childhood Within and Outside School. In: Chisholm, Lynne/ Büchner, Peter/ Krüger, Heinz-Hermann u. a. (Hrsg.): Growing up in Europe. Berlin/New York: de Gruyter, S. 221-228.
Preuss-Lausitz, Ulf (1993): Die Kinder des Jahrhunderts. Zur Pädagogik der Vielfalt im Jahr 2000, Weinheim/Basel: Beltz.
Qvortrup, Jens (1993): Die soziale Definition von Kindheit. In: Markefka, Manfred/ Nauck, Bernhard (Hrsg.). Handbuch der Kindheitsforschung. Neuwied: Luchterhand, S. 109-124.
Qvortrup, Jens et al. (Eds. 1994): Childhood Matters: Social Theory, Practice and Politics. Aldershot/Hants: Avebury, S. 1-23.
Qvortrup, Jens (1995): Childhood in Europe: A New Field of Research. In: Chisholm, Lynne/ Büchner, Peter/ Krüger, Heinz-Hermann u. a. (Hrsg.): Growing up in Europe. Berlin/New York: de Gruyter, S. 7-20.
Rolff, Hans-Günter (1980): Sozialisation und Auslese durch Schule. 9. Aufl. Heidelberg: Quelle und Meyer.
Rumpf, Horst (1966): Vierzig Schultage - Tagebuch eines Studienrates. Braunschweig: Westermann.
Saporiti, Angelo (1995): Childhood and Poverty: from the Children's Point of View. In: Chisholm, Lynne/ Büchner, Peter/ Krüger, Heinz-Hermann u. a. (Hrsg.): Growing up in Europe. Berlin/New York: de Gruyter, S. 237-247.
Schoenebeck, Hubert von (1980): Der Versuch, ein kinderfreundlicher Lehrer zu sein. Ein Tagebuch. Frankfurt: Fischer.
Wünsche, Konrad (1972): Die Wirklichkeit des Hauptschülers. Frankfurt: Fischer.

Wünsche, Konrad (1994): Der Schüler. In: Lenzen, Dieter (Hrsg.): Erziehungswissenschaft. Ein Grundkurs. Reinbeck: rororo, S. 362-382.
Zeiher, Hartmut J./ Zeiher, Helga (1994): Orte und Zeiten der Kinder. Weinheim und München: Juventa.
Zinnecker, Jürgen (Hrsg.) (1975): Der heimliche Lehrplan. Weinheim und Basel: Beltz
Zinnecker, Jürgen (Hrsg.) (1982): Schule gehen Tag für Tag. Schülertexte. München: Juventa.
Zinnecker, J. (1995): The Cultural Modernisation of Childhood. In: Chisholm, Lynne/ Büchner, Peter/ Krüger, Heinz-Hermann u. a. (Hrsg.): Growing up in Europe. Berlin/New York: de Gruyter, S. 85-94.

Ulf Preuss-Lausitz

Gender Patchwork: Fremd- und Selbstbilder der Geschlechter im Umbruch

1. Krisenkindheit und Geschlechterkrise in der Wahrnehmung von Sozialwissenschaftlern

Die *empirische Kindheitsforschung* der letzten fünfzehn Jahre hat den generativen Wandel in den Mittelpunkt gestellt. Es wurde gefragt, was denn die verschiedenen Kindergenerationen typischerweise kennzeichnet und unterscheidet; es wurde nach den zentralen Lebensbedingungen wie nach den Erwartungshorizonten modernisierter Kindheit, also nach den Rollenerwartungen und -anforderungen an heutige Kinder gefragt. Eine Reihe empirischer Studien hat außerdem das *Verhalten* von Kindern beschrieben. Exemplarisch sei auf die deutschen Veröffentlichungen von Preuss-Lausitz u.a. (1983), Rolff/ Zimmermann (1985), Geulen (1988), Preuss-Lausitz/ Rülcker/ Zeiher (1990), DJI (1993), Zeiher/ Zeiher (1994), Krappmann/ Oswald (1995), Fölling-Albers/ Hopf (1995) und auf die neueren Jugendstudien (Jugendstudie '92, Jugendsurvey des DJI, hrsg. von Hoffmann-Lange 1995), hingewiesen. Kindheit in der ehemaligen DDR ist - noch - selten Gegenstand der Reflexion (Solms 1992). Die in den 90er Jahren durchgeführten Studien haben häufig zugleich die unterschiedlichen Bedingungen in den alten und neuen Bundesländern (du Bois-Reymond/ Büchner/ Krüger u.a. 1994) und den internationalen Vergleich (Chisholm u.a. 1995) einbezogen.

Soweit in diesen Studien Aussagen über die realen Veränderungen der Lebensbedingungen, der Erwartungen an Kinder und des realen Verhaltens von Kindern und Jugendlichen enthalten sind, beziehen sie sich in der Regel auf beide Geschlechter: Deutlich wird, daß das, was *Modernisierung der Kindheit* genannt wird, beide Geschlechter betrifft. Kaum einer neueren Studie kann der Vorwurf gemacht werden, daß das Geschlecht als eigenständige Variable nicht untersucht werde, wie er noch für die 70er und 80er Jahre von Ursula Nissen (1990) empirisch gut begründet erhoben wurde. Immer wird darauf geachtet, statistisch zu prüfen, *ob Jungen und Mädchen sich durchschnittlich gleich oder unterschiedlich verhalten*. Gelegentlich werden „typische" Jungen und Mädchen in Einzelfallanalysen ihres Verhaltens beschrieben. Insofern könnte angenommen werden, die Zunahme empirischer Untersuchungen schließe zugleich die angemessene Zunahme des Wissens über geschlechtstypisches Verhalten und die damit sichtbaren Rollenveränderungen von Jungen und Mädchen in der heutigen Moderne ein.

Das scheint aber nicht so. Entweder finden wir Bücher und Aufsätze - insbesondere aus dem Bereich der feministischen und männerbewegten Literatur -, die in immer neuen Verästelungen uns mitteilen, wie sich die patriarchale Gesellschaftsstruktur, also die Unterdrückung beziehungsweise Benachteiligung der Frauen, auch in der Welt der Kinder, der Kindererziehung und der Schule niederschlägt. Modernisierung wird dabei bestenfalls als Subtilisierung der grundsätzlich bleibenden patriarchalen Struktur, also als Oberflächenveränderung des immer Gleichen, wahrgenommen (exemplarisch: Albrecht-Heide 1995). Oder wir finden die - teilweise geradezu enttäuscht geäußerte - Feststellung, daß es von relevanten Differenzen zwischen Mädchen und Jungen nicht mehr viel zu berichten gibt. So schreibt Dagmar Krebs in der Jugendstudie '92 bei der Darstellung der Wertorientierungen der Jugendlichen: „Die Wertprioritäten der hier befragten weiblichen und männlichen Jugendlichen unterscheiden sich nicht, d.h. es liegen keine Umkehrungen in den Prioritäten vor" (Bd. 2, S. 39). Und Sigrid Metz-Göckel u.a. stellen in der gleichen Studie fest: „Partnerschaftliches Verhalten ist offizieller Konsens bei jungen Leuten" (S. 342). Besorgt fragen sie: „Zeichnet sich ein Prozeß zunehmender Bedeutungslosigkeit von Geschlechtszugehörigkeit und Geschlechterdifferenzen ab?" Hans Oswald und Walter Boll (1992) haben in ihrer Untersuchung eine Antwort gefunden. Sie haben mehr Unterschiede zwischen Vätern und Müttern als zwischen deren Kindern, also zwischen Jungen und Mädchen festgestellt, was „dafür spricht, daß sich Geschlechterrollen zunehmend angleichen" (S. 48). Die internationale Schülerstudie von Kurt Czerwenka (1990, S. 197) stellt eher überrascht fest, daß in der subjektiven Verarbeitung von Schulerfahrung keine geschlechtsspezifischen Unterschiede festzustellen sind. Auch amerikanische Studien wie die von Miriam Erez (1989) beobachten solche Annäherungen und verwenden dabei den Begriff der zunehmenden *Androgynität*. Die interkulturelle Studie von Manuela du Bois-Reymond u.a. (1994) verzichtet ausdrücklich auf eine geschlechtsspezifische Auswertung; in den Fallstudien erscheinen sowohl die einzelnen Jungen wie die einzelnen Mädchen als Beispiele für „Modernisten" beziehungsweise für „Traditionale" - und zwar in einer Streuung *innerhalb* der Geschlechter, nicht *zwischen* ihnen. Und was die „Modernisten" betrifft, schreiben sie: „Die Unterschiede zwischen Jungen und Mädchen sind hinsichtlich des Aktivitätsniveaus und hinsichtlich des Aktivitätsspektrums bei modernen Kindern kleiner als bei den traditionalen Kindern (S. 85).[1] Yvonne Schütze faßt den beobachtbaren Trend zusammen und spricht

---

[1] Selbstverständlich wird zugleich auf die weiterhin bestehenden Interessendifferenzen hingewiesen, die sich auch in dieser Studie zeigen. Ostdeutsche Mädchen scheinen übrigens traditionaler als westdeutsche, eine Beobachtung, die ähnlich auch die Jugendstudie '92 an mehreren Stellen macht.

in ironischer Anlehnung an die untergegangene Klassenkategorie vom „tendentiellen Fall eines Deutungsmusters" (1993) - eine Katastrophe für die Patriarchatsthese. Sie stellt nach Durchsicht der internationalen empirischen Forschung fest, daß sich Geschlechtsunterschiede „in ihrer Mehrzahl in der empirischen Forschung nicht - oder nicht mehr - nachweisen (lassen). Auf der Ebene von Tätigkeiten franst das Typische gleichsam aus" (S. 554).[2] Können wir in der Forschung also auf geschlechtsdifferenzierende Analyse verzichten?

Wenn dies zutrifft: Macht *geschlechtsbezogene* Kindheits- oder Sozialisationsforschung überhaupt noch Sinn, wenn solche Beobachtungen zutreffen? Verschwindet das Geschlecht *als soziale Kategorie* aus der Soziologie (und dem politischen Machtkampf)? Ist die Frage noch legitim, wie ein Mädchen oder ein Junge in der Risikogesellschaft eine *geschlechterbezogene Identität* entwickelt? Oder könnte bei immer geringeren Differenzen im *Sozialcharakter* von Mädchen und Jungen das Bedürfnis steigen - und zwar bei Forschern ebenso wie bei denjenigen, die auf der Suche nach einer eigenen Geschlechtsidentität sind - die geringfügigen Differenzen besonders zu betonen oder gar zum zentralen Inhalt von Identität zu stilisieren? *Soll* es überhaupt so etwas geben wie eine spezifische - moderne - „Jungen"- beziehungsweise „Mädchen"-Identität, oder ist dies ein obsolet gewordenes Problem der (frauen- und männerbewegten) Elterngeneration (in Forschung und Praxis), nicht jedoch der love-parade-and-girly-generation?

Weder die Kindheits- noch die Frauenforschung der letzten zehn Jahre haben bislang die Frage untersucht, was der *Wandel der Kindheit für die soziale Rolle als Mädchen und Junge bedeutet*. Das ist irritierend. Bislang blieb es beim Fehlen eines Diskurses zwischen einer an Wandel orientierten Kindheitsforschung, einer vom Patriarchat ausgehenden Frauenforschung und einer auf deviantes (männliches) Jugendverhalten fixierten Gewaltforschung. Auch die einschlägige „Männerliteratur" der 80er und 90er Jahre bezieht sich kaum auf den Wandel der Kindheit. Dieter Schnack und Rainer Neutzling, Autoren eines populären Buches, haben Thesen über die „kleinen Helden in Not" (1990) formuliert, die in der Pädagogik, nicht jedoch in der Kindheitsforschung zur Kenntnis genommen werden. Und die geschlechtsspezifische *Sozialisationsforschung*, die seit vielen Jahrzehnten danach fragt, wie (als relativ homogen angesehene) gesellschaftliche Muster von Männlich und Weiblich von den einzelnen verarbeitet und in ihr Selbstbild integriert werden, hat auf die Pluralisierungs- und Individualisierungsprozesse, auf den dramatischen Wandel der Kindheitsbedingungen bislang theoretisch wie empirisch nicht reagiert[3].

---

[2] Was different bleibt, wird von Yvonne Schütze beglückt zitiert: das männliche Sexualhormon Testoteron, das zur erhöhten Aggressivität bei Jungen führe. Selbst wo die Biologie ins Feld geführt werden kann, kommen Zweifel, wenn es um das soziale Verhalten geht: Denn wie läßt sich die verbreitete *Friedfertigkeit* bei den *meisten* Jungen erklären? Doch sicher nicht durch *Abwesenheit* von Sexualhormonen.

[3] Einen beachtlichen theoretischen Versuch hat Berno Hoffmann (1995) unternommen. Dieser Arbeit verdanke ich eine Reihe von Anregungen im vorliegenden Text.

Helga Bilden fürchtet zu Recht, daß die Frage nach dem *Typischen* der beiden Sozialcharaktere von Männlich und Weiblich einfach nur die polarisierende gesellschaftliche Konstruktion zweier Geschlechter reproduziere (Bilden 1991, S. 279). Eine theoretische Antwort gibt sie jedoch nicht.

2. Universalisierung und Pluralisierung der Geschlechtererwartungen

Die Sozialisationstheorie geht heute davon aus, daß Menschen von klein auf als „produktiv die Realität verarbeitende Subjekte" und „aktiv eingreifend" anzusehen sind und sich so ihre sie beeinflussende Umwelt teilweise selbst auswählen und strukturieren (Hurrelmann/ Ulich 1991, Geulen 1977).[4] Dieses Konzept muß, wenn es akzeptiert wird, auch auf die schon in der Kindheit stattfindende Aneignung und Auseinandersetzung mit geschlechterrelevanten Normen, Verhaltensaufforderungen, Signalen und Modellangeboten angewandt werden. Jungen wie Mädchen sind also nicht einfach Geschlechterrollenerwartungen ausgesetzt, denen sie sich zu fügen haben. Wir können vielmehr davon ausgehen, daß sie damit je nachdem imitatorisch, spielerisch, begeistert, distanziert usw. umgehen - bis sie ein *Set von Selbstdefinitionen* für sich entwickelt haben, die sie für sich als ausreichend „männlich" beziehungsweise „weiblich" ansehen. Das kann in der pluralistischen Gesellschaft sehr Unterschiedliches sein. Dieses Set braucht übrigens nicht in sich widerspruchsfrei zu sein, und es braucht ebensowenig in allen Situationen gleichermaßen ins Handeln einzufließen. Insbesondere macht es - theoretisch - wenig Sinn, davon auszugehen, daß Menschen auf allen Handlungsebenen in bezug auf die weiblichen wie männlichen Rollenselbstdefinitionen homogen auf einer linearen Polarität modern - traditional verortbar wären. Sinnvoller ist es, davon auszugehen, daß sich heute die Jungen und Mädchen ganz Unterschiedliches aus einer Vielzahl von Möglichkeiten auswählen und je situativ und individuell (beziehungsweise gruppenbezogen) kombinieren. Gänzlich ist darauf zu verzichten, „den" Jungen Eigenschaftskomplexe wie zum Beispiel „instrumentell", „den" Mädchen Eigenschaftskomplexe wie „expressiv" oder „fürsorglich" zuzuordnen - und sei es in abstrakt-idealtypisierender Weise. Jungen *und* Mädchen realisieren sich je nach Situation und Befindlichkeit als expressiv *und* als instrumentell, als fürsorglich und als egoistisch usw.

Theoretisch sehr anders gehen herkömmliche Sozialisationstheorie einerseits, feministische Autorinnen andererseits vor. Die herkömmliche geschlechtsspe-

---

[4] Dieses Sozialisationsverständnis läßt sich gut vereinbaren mit einem *Bildungsbegriff*, der die *eigentätige* Auseinandersetzung mit den (vorgegebenen oder selbst gewählten) Gegenständen der (Um)Welt und den *lebenslangen* Prozeß persönlichkeitsverändernder Bildung in den Mittelpunkt rückt.

zifische Sozialisationstheorie fragte in der Tradition Parsons danach, ob das Subjekt seine *für die Gesellschaft als funktional* angesehenen Geschlechtsrollen erworben hat - als Ausweis des *„gelungenen* Subjekts".[5] Inhaltlich waren diese Geschlechterrollen polar definiert, die jeweilige Abkehr davon galt als „abweichendes Verhalten". Feministische Autorinnen haben diese Polarität nicht in Frage gestellt, sondern betont, daß sich im „kulturellen System der Zweigeschlechtlichkeit" (Hagemann-White 1984) männliche (jahrtausendalte) Herrschaft über die Frauen ausdrücke. Ihre Kernthese ist, daß in der patriarchalischen Gesellschaft, als die auch die der BRD beschrieben wird, Frauen nicht nur im Feld von Beruf, Familie, Politik und Sozialbeziehungen, sondern auch schon als Mädchen - etwa in der Schule - benachteiligt seien, daß ihnen in der Kindheit in vielfältiger Weise die gesamtgesellschaftliche Herrschaftsstruktur gleichsam eingeschliffen werde (etwa durch Identifikation mit einer unterlegenen, passiven oder kommunikativ-nachgiebigen Weiblichkeit). In jüngerer Zeit wird diese These von Autoren aus dem Spektrum der „Männerliteratur" dahingehend erweitert, daß *auch die Jungen* benachteiligt seien, daß auch sie Opfer dieses Patriarchats seien, welches ihre Kommunikations- und Liebesfähigkeit beschränke (etwa Schnack/ Neutzling 1990, Hollstein 1991). Wenn jedoch alle Opfer sind, hebt sich dann nicht das zentrale Paradigma, daß nämlich männliche Macht die Gesellschaft strukturiere und daß dies in unterschiedlicher Weise, aber doch bei beiden Geschlechtern schon frühkindlich unterschiedlich *verankert* werde, auf? Es gibt dann ja keine spezifischen *Träger der Macht* mehr, wenn *alle* Opfer zugleich sind[6]. Die Macht hätte sich in die gesellschaftlichen Strukturen versteckt (als strukturelle Gewalt), ein geschichtliches handelndes - und unterdrückendes - Subjekt gäbe es nicht mehr. Alle wären „irgendwie" Opfer.

Problematisch scheint mir bei der These, das Machtsystem Patriarchat fresse sich in die Sozialisation von Mädchen und Jungen gleichsam *hinter deren Rücken* hinein, dreierlei: Zum einen ist darin vom selbstaktiven, die Realität mitgestaltenden Subjekt begrifflich nicht mehr die Rede, das Kind ist letztlich

---

[5] Ich verzichte auf den Begriff des "gelungenen Subjekts", auch wenn er in neuerer Zeit von seiner funktionalistischen Farbe theoretisch gereinigt wurde (Leu 1985). Ich begnüge mich stattdessen bescheidener mit dem Konzept des "erfolgreichen" Individuums, wobei erfolgreich sich je nach Kontext auf die objektiv-gesellschaftliche als auch auf die subjektiv als erfolgreich interpretierte subjektiv-individuelle Seite bezieht. Das Individuum kann sich bei diesem Verständnis sehr wohl als subjektiv erfolgreich wahrnehmen, in Kenntnis der Ablehnung in der gesamten oder in einem Teil der außerindividuellen Lebenswelt. Im Begriff des "gelungenen" Subjekts steckt unvermeidlich ein normativer Anspruch.

[6] Auch jene Literatur, die (in bezug auf Frauen) die "Opfer-Täter-These" einführte, also den Beitrag der unterdrückten Frauen an ihrer eigenen Unterdrückung betont, und logischerweise von den Männern ebenfalls im Täter-Opfer-Duktus sprechen muß, muß die Menschen als bewußtlose Agenten des herrschenden Patiarchats ansehen und damit als verantwortliche Gestalter der Geschichte ausklammern. Die Struktur handelt - ein nicht nur hier verbreitetes, von mir nicht akzeptiertes Geschichtsverständnis.

Opfer der Verhältnisse - eine meines Erachtens überwundene Vorstellung von Subjektbildung und Sozialisation. Zweitens ist darin kein Wandel vorgesehen. „Das Patriarchat" existiert, es wird auch kein *Kriterium* angegeben, nach dem es gegebenenfalls *nicht mehr* existieren würde[7]. Vor allem aber drittens: Wenn „das kulturelle System der Zweigeschlechtlichkeit" „*vorab existiert* und fortwährend von den Individuen hergestellt wird" und das Geschlecht „in aller Regel *ganz eindeutig* sein muß" und damit „aus einer Vielfalt von Möglichkeiten *immer* nur ein kulturspezifisches Set von Charakteristika für die beiden Geschlechter selektiert" wird (Metz-Göckel/ Kreienbaum 1991, S. 18 - eigene Hervorhebung), ist die grundlegende bipolare Sozialisation unabhängig von den Subjekten. Pluralisierungsprozesse und Wandlungsprozesse können theoretisch so nicht mehr erklärt werden.

Dieser Auffassung möchte ich die *Gegenthese* entgegenstellen, daß *unter Bedingungen von Pluralisierung und Individualisierung einerseits, von universalisierten, also geschlechterübergreifenden Anforderungen an Kinder, Jugendliche und Erwachsene andererseits* sich solch ein bipolares, eindeutiges Set von Geschlechterrollen beziehungsweise -erwartungen in unserer Kultur - der deutschen, im erweiterten Sinn der westeuropäisch-amerikanischen - auflöst. Es wird zum einen ersetzt durch eine Mischung von gemeinsamen Anforderungen an und Verhaltensweisen von Jungen und Mädchen, zweitens durch zum Teil weiter in Subgruppen bestehenden Differenzen und drittens durch zum Teil konstruktivistisch-individualisierte Kombinationen von ehemals (tradierterweise) als „männlich" und „weiblich" normierten Verhaltensformen bei Jungen wie Mädchen. Auch die Geschlechteridentität wird „Bastelbiografie" (Beck 1986, 1994). Aber davon gehe ich aus: daß Jungen wie Mädchen sich - auch - *als* Jungen wie *als* Mädchen definieren, daß dies aber eine zunehmend individuelle Definition wird. Auch der schwule Junge, auch das lesbische Mädchen verstehen sich *als* Junge, *als* Mädchen. Der Satz: „Das tut ein Mädchen/ein Junge nicht" wird sinnlos - alles ist möglich und innerhalb der „Norm". Die Norm ist, daß es keine Norm mehr gibt.

Theoretisch bleibt es wenig fruchtbar, die realen Angleichungsprozesse und neuen Mischungsverhältnisse nur als *Androgynität* zu bezeichnen. Androgynität bedeutet Zweigeschlechtlichkeit, männliche und weibliche Merkmale vereinigend. Androgynität ist jedoch nicht das Thema des Rollenwandels: die universalistischen Annäherungen in den Anforderungen an Jungen wie an Mädchen lassen diesen immer noch die Möglichkeit - und verlangen es gerade - sich innerhalb dieser konvergierenden Erwartungshorizonte *als* Jungen beziehungsweise *als* Mädchen zu definieren - gegebenenfalls unter individueller Variation und Überschreitung des Rollenmusters, das in der jeweiligen sozialen

---

[7] Astrid Albrecht-Heide nennt dies "Dominanzkultur", als deren Teil sie die Geschlechterhierarchie (neben "Klasse" und "Rasse") ansieht. Ein grundsätzlicher Wandel oder eine veränderte Sozialisation wird in der von ihr als "radikalisiert" beschriebenen Moderne nicht gesehen (Vgl. Albrecht-Heide 1995).

Gruppe üblich ist. Jungen werden nicht androgyn, falls sie das Kochen und das Spiel mit der Mode für sich entdecken, und auch dann nicht, sollten sie in der Pubertät eine gleichgeschlechtliche Sexualitätdisposition ausbilden. Mädchen werden nicht androgyn, wenn sie Fußball spielen, und auch dann nicht, wenn sie Kochen schrecklich langweilig finden. Androgyn klingt zumindest alltagssprachlich so, als ob künftig wegen der unten beschriebenen gemeinsamen Anforderungen an Jungen wie Mädchen die Frage „Wie definiere ich mich als Mädchen? Als Junge?" aufgehoben wäre. Das ist nicht der Fall. Bei all der Krisen- und Risikohaftigkeit der Welt könnte die subjektive Bedeutsamkeit der Geschlechterrolle eine der letzten Sicherheiten im Pluralismus werden. Sozusagen Frau - oder Mann - pur: aber persönlich konstruiert.

Die Chance, daß das „produktiv Realität verarbeitende" und damit aktiv eingreifende Subjekt sich seine eigene Geschlechterdefinition bastelt, hat sich historisch zumindest in Deutschland erheblich erhöht. Das gilt übrigens für die Nachwachsenden *aller* regionalen und ethnischen Herkünfte, wenn auch mit unterschiedlichen Chancen und Konfliktlagen (vgl. unten).

Da die Geschlechtersozialisation wesentlich im Austausch der jungen mit den älteren Generationen stattfindet, ist theoretisch davon auszugehen, daß das Männer- und Frauenverständnis der Eltern, aber auch der Großeltern - und anderer Erwachsener entsprechender Generationen - teilweise im Widerspruch zu modernen Verhaltenserwartungen steht, und die Kinder diese Konfliktlagen sowohl erkennen als auch verarbeiten. Gerade das emotional hoch geladene Selbstverständnis von der Geschlechtsrolle kann insbesondere dann zu Konflikten führen, wenn von Familien an traditionalen Normen festgehalten wird und den Kindern gegenüber bestenfalls kognitiv, nicht jedoch emotional Toleranz gegenüber deren möglicherweise für die Eltern ungewöhnlichen Geschlechterselbstdefinitionen geübt wird. So werden die heutigen Kinder über Erwachsene mit den Geschlechternormen der Nachkriegszeit, aber auch noch mit denen der 20er und 30er Jahre, mit unterschiedlichen Stadt- und Landtraditionen und mit Traditionen anderer Herkunftsländer immer wieder konfrontiert - und zugleich mit den modernen Verhaltenserwartungen. Die historische gesamtgesellschaftliche Veränderung geschieht in generativen und regionalen Häutungen. Der Modernisierungsprozeß in Richtung universalistischer und zugleich individualisierter Geschlechtsrollenselbstinterpretationen scheint unter Mädchen (schon) etwas verbreiteter als unter Jungen, in jedem Fall jedoch unter den nach 1970 Geborenen *beiderlei* Geschlechts schon intensiver als unter den davor Geborenen (Gille 1995, S. 140 ff.). Gerade deshalb spielt die Gleichaltrigengruppe- in Abgrenzung von den „antiquierten Alten" - eine stabilisierende Rolle für die modernisierten Geschlechterrollen[8].

---

[8] Wenngleich der Generationskonflikt abnimmt (Oswald/ Boll 1992), dürfte er gerade im Bereich der Geschlechtsrollen-Zuschreibungen noch erheblich existieren, vor allem zwischen Enkeln und über 70jährigen Großeltern. Es ist anzunehmen, daß die junge Generation hier die "Definition der Situation" weitgehend in die eigenen Hände ge-

Die *Ansprüche* an heutige Kinder sind *universalistisch, also geschlechterübergreifend*. Sie drücken sich in Bereichen aus, die hier aus der neueren (deutschsprachigen) Kindheitsforschung destilliert sind. Jungen und Mädchen

- haben ein *hohes Bildungsniveau zu erwerben* und ein für die ökonomische Selbständigkeit ausreichendes Ausbildungsniveau zu erreichen;
- haben *frühe Selbständigkeit zu gewinnen* mit der Perspektive, im Prinzip das Leben auf allen Ebenen von früh auf allein in die Hände nehmen zu können, „basteln", also konstruieren zu können;
- haben damit verbunden die kognitive Fähigkeit und die psychische Bereitschaft zu erwerben, sich frühzeitig *allein denken zu können*, ökonomisch, im Wohnen, in bezug auf dauerhafte Partnerschaften. Dazu gehört auch die Antizipation und später die Fähigkeit, sich im reproduktiven Bereich (Wohnung, Ernährung, Umgang mit Ämtern usw.) autonom und kompetent verhalten zu können;
- haben selbst aktiv die eigenen Wünsche und *Interessen auszudrücken* und mit den Eltern und anderen *aushandelnd* zu realisieren; damit verbunden ist die Fähigkeit nötig, auch die Interessen relevanter anderer - Eltern, Geschwister, Freunde usw. - zu erkennen, sich in diese *einzufühlen*, sie zu akzeptieren (Empathie);
- haben *sprachlich kompetent* und möglichst im Besitz mehrerer Sprachen zu sein, um die moderne Kommunikation erfolgreich herstellen zu können;
- haben die *sozialen Netze, Freundschaften, Partnerschaften eigenaktiv zu planen* und ständig neu zu sichern beziehungsweise herzustellen; sie haben generelle Planungskompetenz zu gewinnen;
- haben *Kommunikationsfähigkeit und Offenheit* (Lernbereitschaft) zu entwickeln, zum Beispiel auch die Bereitschaft, sich gegebenenfalls ein Stück zurücknehmen zu können;
- haben den *eigenen Körper zu konstruieren*: Von allen wird erwartet, daß der eigene Körper einerseits auf den Markt der erotisch-libidinösen Beziehungen geworfen und daher ebenfalls der Selbst-Konstruktion unterworfen wird, andererseits es auch aushalten kann, sich selbst zu lieben und ein Stück weit darin Genüge zu finden;
- haben schließlich frühen Umgang mit *Technik* kompetent zu erwerben. Jedoch nicht in der Weise, daß Kinder und Jugendliche begreifen müßten,

---

nommen hat, das heißt, das im Sinne der sozialen Konstruktion Mädchen und Jungen die Rollenerwartungen von Älteren zurückweisen und ihre eigenen Konstrukte in die Kinder- und Jugendkultur einbringen. Zunehmend gewinnen sie so kulturelle Dominanz, zum Beispiel über die *Musik- und Tanzkultur*, so daß Eltern wie Großeltern ihre eigenen Auffassungen (oft zähneknirschend, gelegentlich lernbereit) revidieren - oder resignieren.

wie Geräte und Verfahren funktionieren, sondern nur so, daß sie sie *bedienen* können - Computer, Haushaltsgeräte, AV-Anlagen, später dann Motorräder und Autos. Nicht das Erforschen der Technik, sondern ihre Benutzung rückt in den Vordergrund.

Als geschlechterübergreifende sind diese Ansprüche einer spezifischen Geschlechtsidentität entzogen. Es ist eben nicht mehr „weiblich", sprachlich kompetent zu sein, empathisch zu sein oder sich dauerhaft mit der Außendarstellung des eigenen Körpers zu beschäftigen, und es ist nicht mehr „männlich", seine Gefühle zu verstecken und mit PCs - oder Autos - professionell umzugehen. Alles kann von Jungen wie Mädchen für sich als Teil ihrer Identität angeeignet sein.

Der geschlechterübergreifende „moderne" Sozialcharakter ist jedoch nicht nur Anforderung, sondern scheint sich *zum erheblichen Teil auch schon im Leben der jungen Generation verankert* zu haben. Ich erinnere hier an folgendes:

- das hohe Bildungs- und Ausbildungsniveau beider Geschlechter (Preuss-Lausitz 1993);
- die frühe reale Selbständigkeit (Preuss-Lausitz u.a. 1990);
- die mit dem Wandel vom Befehlshaushalt zum Verhandlungshaushalt verbundenen Entwicklungen entsprechender Sozialisation in den Familien (Büchner 1983, du Bois-Reymond u.a. 1994);
- die Ablehnung von Macht und Autorität als Strukturierung persönlicher und politischer Beziehungen (bei Jungen und Mädchen starke Partnerschaftsorientierung) (Jugendstudie '92);
- die Zunahme der individualisierten Sportaktivitäten bei beiden Geschlechtern („Versportung", Büchner 1990);
- den instrumentellen und zunehmend selbstverständlichen Umgang mit Technik (Diskowski 1990);
- die allgemeine Zunahme von Sprachfähigkeit und erweiterter Fremdsprachkompetenz im historischen Vergleich bei beiden Geschlechtern;
- die gestiegene Orientierung an und Bedeutung von peer-group-Beziehungen bei beiden Geschlechtern in Kindheit und Jugendphase (Allerbeck/ Hoag 1985, Jugendstudie '92).

Es ist davon auszugehen, daß das im generativen Vergleich stark gestiegene formale Bildungsniveau beider Geschlechter selbst Folge eines Angleichungsprozesses von Jungen und Mädchen ist und diesen durch die veränderten Erziehungsauffassungen junger Eltern (vor allem der gebildeten Mütter) und eines nichttraditionalen Anspruchs an Partnerschaft und Geschlechterrolle weiter vorantreibt. Empirisch ist dieser Zusammenhang gesichert (vgl. u.a. Gille 1995, S. 143 f.).

Als Ausdruck von realen Angleichungsprozessen ist auch auf die Entstehung weiblicher Jugendbanden und -kriminalität, auf die Zunahme einstmals „weiblicher" Krankheiten bei Jungen und Männern und „männlicher" Krankheiten (und krankmachender Verhaltensweisen wie dem Rauchen) bei Mädchen und Frauen zu verweisen. Auch moderne Jugenddrogen (etwa Ecstasy) scheinen von einem Teil der Jungen wie Mädchen zunehmend gleichermaßen geschätzt zu werden.

Vermutlich könnten wir noch eine Reihe weiterer Hinweise für die weiter zunehmende Konvergenz, sowohl in den Rollen*erwartungen* als auch im *realen* Sozialcharakter beider Geschlechter finden. Die dargestellten Dimensionen knüpfen in *unterschiedlicher* Weise an die klassische geschlechtsspezifische Sozialisation an. Während Selbständigkeit, Eigenaktivität, Technikumgang und hohe Bildungs- und Ausbildungsaspiration klassischerweise eher Jungen zugeschrieben beziehungsweise bei ihnen vermutet wurden, sind sprachliche und kommunikative Kompetenz, Empathie, Verhandlungsfähigkeit und Körperselbstliebe dem klassischen Mädchen- und Frauenbild zugeordnet gewesen. Es ist also nicht so, daß die Moderne eine *Vermännlichung der Mädchen oder eine Verweiblichung der Jungen* vorantreibt beziehungsweise, wie Yvonne Schütze (1993, S. 558) annimmt, daß „in unserer Kultur prämierte Verhaltensmuster und Werthaltungen weiterhin mit Männlichkeit assoziiert werden und es den Frauen sozusagen freigestellt wird, an diese Verhaltensmuster und Werthaltungen anzuschließen". Vielmehr wird ein *neues Mischungsverhältnis* ökonomisch und sozial produziert, das die Basis eines *übergreifenden Anspruchs und Erwartungshorizonts an alle* darstellt. Dieser gemeinsame Erwartungshorizont nimmt sowohl traditional als „weiblich" wie traditional als „männlich" eingestufte Komponenten auf.

Ein *Beispiel* könnte die Bedeutung von sozialer Kompetenz, Kommunikation und Empathie sein. Soziometrische Untersuchungen in Schulklassen weisen darauf hin, daß die *beliebten* Jungen heute die sozial kommunikativen, ja einfühlsamen und auch für andere engagierten und hilfsbereiten sind (Preuss-Lausitz 1992). Macht und körperliche Stärke aggressiv demonstrierende Jungen werden *auch von der Mehrheit der Jungen* immer weniger anerkannt, sie werden *sozial erfolgloser* - auch über die Beziehungen in der Gleichaltrigengruppe hinaus. Ihr Rollenmuster ist das der „alten" harten Männlichkeit. Diese mag noch in sozialen Randbereichen ihren Stellenwert haben. Aber sie gerät mit den oben beschriebenen modernen Ansprüchen immer stärker in einen Konflikt, der in der westeuropäischen Gesellschaft zunehmend zur beruflichen und sozialen Erfolglosigkeit führt.[9]

---

[9] Daß in kriegerischen Regionen wie dem Balkan eine soldatische Männlichkeit noch vorherrscht (und sich im gegenseitigen Abschlachten austobt), belegt nur, wie weit diese - und andere - Länder von unserer Entwicklung und einer Entwicklung zu einer demokratischen Gesellschaft entfernt sind.

Als zweites *Beispiel* sei hier der Umgang mit Kleidung und Kosmetik genannt: Die Tatsache, daß es frühzeitig zum Selbstverständnis auch der Jungen gehört, sich über die jeweilige Jugendmode auf dem laufenden zu halten und sie zu kaufen, kann ebensowenig als „Verweiblichung" von Jungen angesehen werden wie das Spiel mit Symbolen des anderen Geschlechts oder die Anwendung von Kosmetika von der Jugendphase an. Auch Mädchen sind nicht als vermännlicht zu beschreiben, wenn sie body-building oder harten Tennis betreiben. Diesen Tätigkeiten ist eigen, daß die jeweils in der Gleichaltrigengruppe sozial erfolgreiche Körpermodellierung und Körperdarstellung in die eigenen Hände genommen wird. Polare Begriffspaare von jungenhaft/männlich und mädchenhaft/weiblich erweisen sich dabei zunehmend als ungeeignet, um den Wandel der Umgangsweise von Jungen und Mädchen mit Kleidung, Mode und Körper zu beschreiben und zu begreifen.

Die geschlechtsübergreifenden Ansprüche an den modernen Sozialcharakter stehen nicht im Widerspruch zu Individualisierungstendenzen. Denn diese sind auch im Umgang mit den gesellschaftlichen Erwartungen an die eigene - und fremde - Geschlechterrolle zu beachten. Mit anderen Worten: Es wird historisch immer weniger sinnvoll, von *abweichendem* Verhalten zu sprechen, eben weil die Vielfalt der subjektiven Interpretationsmöglichkeiten immer stärker gleichgewichtig *in den Kern gesellschaftlicher Akzeptanz rückt,* und weil die Dominanz von polaren Rollenerwartungen über die „richtigen" Jungen und „richtigen" Mädchen abnimmt. Jungen und Mädchen können sich zunehmend ihr eigenes Bild vom für sie „richtigen" Jungen herstellen - ja, sie sind dazu geradezu aufgefordert, sich aus der Palette vorhandener realer oder medialer Angebote etwas auszuwählen oder eine eigenständige Facette hinzuzufügen.

Neben den geschlechterübergreifenden und zugleich individualisierenden Ansprüchen an heutige Jungen und Mädchen gibt es weiterhin starke gruppenspezifische *Gegenkräfte*. Am bedeutsamsten scheinen mir soziale und ethnische zu sein. Jedes neunte Kind in den alten Bundesländern ist ausländischer Herkunft. Die verschiedenen Ethnien brachten und bringen ihre Traditionen nach Deutschland mit, und gerade auch wenn ihre Männer- und Frauen-Verständnisse auf denen der bundesdeutschen und westeuropäischen konflikthaft aufsitzen, so ist aus dieser Mischung ein Problem entstanden, das in der Kindheitsforschung in der Regel entweder ausgeblendet[10] oder in die Ausländerforschung abgeschoben wird. Auch die schulische Mädchenforschung hat sich dieses Themas bislang kaum angenommen. Es genügt nicht, nur das kopftuchtragende türkische Mädchen und den die Ehre seiner Schwester gegen ihren Willen verteidigenden Jungen aperçuhaft zu erwähnen. Wir müssen davon ausgehen, daß die Modernisierung der Geschlechterrollen unter Pluralisierungs- und Individualisierungszwängen sich in einem bislang ungeklärten

---

[10]Das gilt zum Beispiel für die Jugendstudie '92 der Dt. Shell und den Jugendsurvey 1 (Hoffmann-Lange 1995) des Deutschen Jugendinstituts - selbst hier geborene Kinder mit nichtdeutschem Paß werden skandalöserweise systematisch ausgeklammert.

Verhältnis mit dem Geschlechtsrollen-Verständnis bestimmter Ethnien bricht. Die Kinder dieser Familien wachsen nicht nur in unterschiedlichen kulturellen Milieus auf, sie leben zugleich in einer westlich-modernen Gesellschaft. Sie sind durch ihre Kontakte mit Gleichaltrigen (mindestens in der Schule) und Erwachsenen täglich mit einer widersprüchlichen Mischung von Erwartungen konfrontiert, die mit dem, was Jungen und Mädchen sein sollen oder dürfen, zu tun hat. Hier liegt ein offenes Forschungsfeld. Zu fragen wäre nach der realen Subjektbildung hier geborener, aber in traditionell muslimischen Familien aufwachsenden Jungen und Mädchen, für die Tradition und Moderne, universalistischer und ethnischer Anspruch auf unterschiedlichen inhaltlichen Ebenen in Mischungsverhältnisse geraten, die ihnen individuelle, konstruktivistisch verstandene Selbstdefinitionen von Geschlechterrollen nur unter erheblicher Konfliktbereitschaft ermöglichen - zugleich aber auch nahelegen. Ähnlich könnte man auch nach den geschlechtsspezifischen Widersprüchen und Balanceversuchen fragen, die Mädchen und Jungen aus osteuropäisch zugewanderten Familien erfahren beziehungsweise entwickeln.

Ulrich Beck spricht von *Modernisierungsgewinnern* und *-verlieren*. Das gilt auch hier: Modernisierungsverlierer gibt es unter Jungen und Mädchen. Verlierer sind die „klassischen" Jungen, also jene, die als Jungen an Macht und unempathischer Autonomie orientiert sind, die nicht verhandeln können, die nicht hoch gebildet und ausgebildet sind, die als Jugendliche und Jungerwachsene nicht in der Lage sind, im Reproduktionbereich autonom leben zu können (und solch ein Leben zu antizipieren), die sich eher als Teil einer Gruppe denn als autonomes Individuum denken. Entsprechend sind jene Mädchen die Modernisierungsverliererinnen, die gering gebildet und ausgebildet sind, die nicht instrumentell mit Technik umgehen (können oder wollen), die ihre Interessen nicht aushandelnd durchsetzen, die ihre sozialen Beziehungen nicht planend selbst konstruieren und die es emotional nicht aushalten, sich zumindest teilweise allein denken zu können und entsprechend die Lebensplanung zu organisieren.

Setzt man geschlechtsübergreifende Rollenerwartungen und die These von Gewinnern und Verlierern in Beziehung, kann durchaus festgestellt werden, daß in bestimmten sozialen Gruppen überdurchschnittlich häufig „Modernisten", in anderen „Traditionalisten", also Gewinner und Verlierer vertreten sind. Ich verweise nur auf ökonomische Randgruppen und bestimmte ethnische Gruppen, von denen zu vermuten ist, daß sie eher an herkömmlichen Geschlechterrollen festhalten und zugleich an den Rand der Modernisierung geraten. Das eine ist nicht ursächlich für das andere, beides ist aber miteinander verknüpft. Auch die Gewaltforschung belegt, daß die desintegrierten, gewalttätigen (männlichen) Jugendlichen mit einem historisch überholten, d.h. auch erfolglosen Männer-Bild ausgestattet sind.

3. Folgen der Pluralisierung der Geschlechterrollen für die Forschung

Ich habe, auf diese Entwicklung bezogen, schon 1991 folgende Fragen formuliert, die ich hier wiederholen möchte: „Wie haben sich in den durch Pluralismus und Individualismus differenzierten Umwelten von Mädchen und Jungen unterschiedliche Milieus verändert? Welche Faktoren wirken erkennbar auf ihre Rollen-Identitäten ein? Welche Prozesse sind Folgen der Widersprüche zwischen tradierten und modernisierten Erwartungen und Selbstinterpretationen? Woran leiden Jungen und Mädchen heute? In welchen Lebenswelten sind sie sozial erfolgreich? Wie viele modernisierte Rollensets für Jungen und Mädchen werden in welchen Milieus ausgebildet? Welche Brüche in den sex-role-Entwicklungen ereignen sich gegenwärtig im Osten Deutschlands aufgrund des Übergangs von einer zwanghaft homogenen Kultur zu einer pluralisierten?" (Preuss-Lausitz 1991) Diese Fragen sind bislang kaum aufgegriffen worden, sie haben heute noch Gültigkeit. Ich möchte sie hier in vier Forschungsebenen übersetzen, um sie für Einzelprojekte handhabbar zu machen:

1. Wie wirken Ökonomie, Politik und verschiedene Institutionen (z.B. die Schule[11]) auf den Universalisierungs- und Individualisierungsprozeß der Geschlechterrollen tatsächlich und gesamtgesellschaftlich ein? (institutionelle Ebene)

2. Welche *realen Handlungsverpflichtungen* (oder Entlastungen von Handlungsverpflichtungen) bestehen in welchen Lebensweltbereichen gegenüber Jungen und Mädchen? (Handlungsebene)

3. Welche verschiedenen *Erwartungen* an Jungen und an Mädchen herrschen in der heutigen Gesellschaft, vor allem bei Eltern, Lehrern, in den Medien, in unterschiedlichen sozialen und ethnischen und regionalen Gruppen usw.? Welche *diversen* Konstruktionen vom Jungen und vom Mädchen gibt es und wo werden sie in geschlechtsübergreifende Figuren des Kindes und des Jugendlichen übersetzt? (normative Ebene)

4. Welche *subjektiven Verarbeitungen* sitzen auf welche Weise auf diesen pluralisierten Rollenerwartungen, Rollenangeboten und realen Rollenzumutungen auf, d.h. wie entwickeln sich die Selbstverständnisse *als* Mädchen beziehungsweise *als* Jungen *heute*? (Verarbeitungsebene)

Gerade unter Universalisierungs- und Pluralisierungsbedingungen und unter dem heutigen Zwang (und der Chance), für sich selbst zu entscheiden, welche Art „Junge/Mann" beziehungsweise „Mädchen/Frau" ich sein möchte, was ich mir aus dem realen, dem literarischen und dem medialen Angebot oder gar dem selbst phantasierten Bild für meine Identität auswähle, weil also die Frage

---

[11] Schule und Pädagogik sind in diesem Aufsatz nicht Thema, verwiesen sei auf die zusammenfassende Diskussion bei Faulstich-Wieland 1995.

ständig auf der Tagesordnung des Alltags steht - denn sie ist nicht einmal entschieden, sondern wird ebenso wie alles andere täglich erbastelt, genauer: konstruiert -, ist das Bewußtsein darüber und zugleich die Unsicherheit der Kinder und Jugendlichen über die „richtige" Orientierung möglicherweise groß. Denn schließlich spielt die Geschlechtsinszenierung in der Gleichaltrigengruppe mindestens eine ebenso große Rolle wie bei der Aufnahme und Sicherung von Partnerschaften. Wer mit welchen Komponenten und Mischungen modernen oder klassischen Verhaltens, ehemals „weiblichen" und ehemals „männlichen" Haltungen und (Un)Tugenden und mit welcher Selbstinterpretation in welchen sozialen Milieus erfolgreich ist, könnte eine spannende Frage der Kindheits- und Jugendforschung werden. (Und auch, warum im historischen Vergleich manche Geschlechter-Selbstdefinitionen erfolgloser werden). Auch wäre aufschlußreich, wie sich im biographischen Entwicklungsverlauf die Selbst- und Fremdmuster von Junge/Mann und Mädchen/Frau entwickeln, wie sich vorpubertäre Abgrenzungsbedürfnisse (Kelle/ Breidenstein 1994) auflösen zugunsten grenzüberschreitender oder Grenzen leugnender Probierphasen (und was dies etwa 1955 und 1995 jeweils objektiv und subjektiv bedeutete) usw...

Für solche Forschung ist klar, daß *bipolar strukturierte Untersuchungen* wenig ergiebig sind, weil es wenig Sinn macht, nach der weiblichen beziehungsweise männlichen „Normalbiografie" zu forschen. Natürlich ist es gelegentlich sinnvoll, empirisch nach (noch) existierenden Unterschieden zu fragen, meist, um zu prüfen, ob es solche tatsächlich noch gibt. Gibt es keine Differenzen, spiegelt das den Universalisierungsprozeß wider, ohne die innere Differenzierung der Geschlechter abbilden zu können. Gibt es welche, drückt dies in der Regel soziale oder ethnische Differenzen aus, weist also auf hartnäckige Bestandteile traditionaler Trennungen hin und nicht zuletzt auf Modernisierungsgewinner und -verlierer innerhalb der Jungen und Mädchen. Für die Untersuchung von Identitätsprozessen wie von deren Wandel ist es jedoch aufschlußreicher, *innerhalb der Geschlechter nach Mustern von gender-puzzles zu suchen, nach Identitäts-Patchworks*, die als „ich bin ein Mädchen" oder „ich bin ein Junge" konstruiert werden. Es ist anzunehmen, daß wir dabei erfahren könnten, wie sich die Kinder und Jugendlichen eine Reihe von „Mustern" von Weiblich und Männlich als Verhaltensrepertoire vorhalten und einsetzen, und daß einige Varianten davon in ihren jeweiligen sozialen Milieus erfolgreicher sind als andere. Sie können sich dennoch immer noch entscheiden, auch die nicht erfolgreiche Variante zu leben - in Kenntnis der Hindernisse.

Wenn dies so ist, dann wären Untersuchungen, die etwa *ein* Bild moderner Jungen destillieren wollten, ebenso unfruchtbar wie Untersuchungen, die sich auf Mittelwertsunterschiede in den Verarbeitungen, Selbstkonzepten und Verhaltensweisen von Jungen und Mädchen bezögen. Die Ergebnisse dieser Art Untersuchungen („Jungen sind aggressiver als Mädchen", „Jungen sind eher im öffentlichen Raum vorfindbar als Mädchen" usw.) sind jedoch in der Kindheitsforschung (und in der Sozialisations- und Frauenforschung) immer noch üblich. Sie bilden Realität pauschal ab, sagen aber nichts über den Wandel und nichts über die innere Pluralisierung der Geschlechter aus. Sinnvoller wäre es zu untersuchen, von welchen Gruppen von Jungen oder Mädchen beispielsweise Aggression oder die öffentliche Raumaneignung als Teil ihrer geschlechtsspezifischen Identität *erwartet* wird, welche sie auf was für eine Weise *wahrnehmen*, welche sie *integriert haben in ihr Verhalten,* und mit welchen anderen Komponenten der Ich-Identität, auch der Rollen-Selbstinterpretation, diese *im Zusammenhang* stehen. Dazu könnten Cluster-Analysen ebenso dienen wie hermeneutisch differenzierte Interpretationen von Selbstdarstellungen aller Art, wie sie beispielsweise Hannelore Faulstich-Wieland und Marianne Horstkemper anhand schriftlicher Äußerungen von Jungen und Mädchen zum Thema Koedukation vorlegten (Faulstich-Wieland/ Horstkemper 1995).

Ich plädiere also dafür, sich auf die *Pluralisierung innerhalb der Geschlechter einzulassen* und zu fragen, welche *Kombinationsformen* von Ansprüchen und kindlichen Verhaltensformen in welchen sozialen, ethnischen und ökonomischen Horizonten erfolgreich sind. Zu fragen ist auch, wie sie sich in den Konflikt mit geschlechtsspezifischen Rollenerwartungen von *älteren Generationen* (der Elterngeneration und besonders der Großelterngeneration) begeben, und schließlich, wie die innere Pluralisierung aufgegriffen wird in universalistischen Einrichtungen wie der öffentlichen Vorschul- und Schulerziehung oder der Berufsausbildung. Zum einen müßte also Material - von Gesetzesformulierungen bis hin zu milieuspezifischen Medien, kulturellen Ritualen und mündlichen Äußerungen - analysiert und hermeneutisch in eine ganze *Palette von Bildern, also von Erwartungsmustern,* über die *je spezifisch „richtigen"* Jungen und Mädchen übersetzt werden. Zum anderen müßten unterschiedliche Verhaltens- und Verarbeitungsweisen und Selbstinterpretationen von Jungen und Mädchen in Bezug auf den Modernisierungsprozeß empirisch herausgearbeitet werden. Denn unstreitig scheint mir zu sein, daß Kinder von früh an das eigene und das andere Geschlecht als eine wesentliche Dimension der Selbst- und Fremdwahrnehmung ansehen und daran eine Vielzahl von Vermutungen, Erwartungen, Hoffnungen und Ängsten, Selbstansprüchen und Fremdansprüchen knüpfen. Sie wollen, wie eine Befragung von Jungen zeigt, auch darüber reden (Lindau-Bank/ Zimmermann 1995).

Nicht unerwähnt bleiben soll abschließend, daß der Universalisierung-, Pluralisierungs- und Individualisierungsansatz, wie er hier als Grundlage für ein theoretisches und empirischen Konzept vorgeschlagen wird, leicht in den Verdacht kommt, reale Machtverhältnisse auszublenden und durch die Nichtbeachtung zu legitimieren. Ich erwähne dies, weil nichts mir ferner liegen würde. Wer an der Beobachtung und Erklärung des sozialen Wandels interessiert ist, muß natürlich zur Kenntnis nehmen, daß sich der Wandel nicht gleichförmig vollzieht: Hierarchisch strukturierte Geschlechtsrollenerwartungen sowie entsprechende Prozesse und Identitätsbildungen sind selbstverständlich vorhanden, möglicherweise noch in erheblichem Maße. Das ändert nichts daran, daß die gesamtgesellschaftlichen Prozesse in die hier zugrunde gelegte Richtung gehen. Wir haben es also mit *Ungleichzeitigkeiten* zu tun. Gerade wer das Alte kritisiert, um es zu überwinden, sollte nicht das schon vorhandene Neue übersehen, nur weil es vielleicht noch nicht vorherrschend ist. Die das Neue studieren, um den Blick ins Künftige zu wagen, sollten nicht vergessen, daß sie sich mit Trends, mit ersten Schritten, mit Einbrüchen ins Alte beschäftigen. Dennoch brauchen wir dafür ein Konzept, das den Wandel in den Mittelpunkt stellt. Im Bereich des Wandels von Geschlechterrollen scheint mir hier die Frage zentral, wie Erwartungen, reale Zwänge und Verarbeitungen sich pluralisieren, und wie sich dabei neue Kombinationsmuster ausbilden. In der Kindheit von Jungen und Mädchen eröffnen sich so in historisch einzigartiger Weise neue Möglichkeiten - für neue Qualitäten der gesellschaftlichen Geschlechterverhältnisse.

Literatur

Albrecht-Heide, Astrid (1995): Herrschaftsstruktur und Dominanzkultur - Über die Konstruktion der neuzeitlichen dichotomen Geschlechterhierarchie als ein Element der Dominanzkultur. In: Bertram, Hans (Hrsg.): Dichotomie, Dominanz, Differenz. Weinheim: Juventa, S. 191-204

Allerbeck, Klaus/ Hoag, Wendy (1985): Jugend ohne Zukunft? München: Piper

Beck, Ulrich (1986): Risikogesellschaft. Frankfurt/M.: Suhrkamp

Beck, Ulrich/ Beck-Gernsheim, Elisabeth (Hrsg.) (1994): Riskante Freiheiten. Frankfurt/M.: Suhrkamp

Bilden, Helga (1991): Geschlechtsspezifische Sozialisation. In: Hurrelmann, Klaus/ Ulich, Dieter: Neues Handbuch für Sozialisationsforschung. Weinheim und Basel: Beltz, S. 279-301

Büchner, Peter (1983): Vom Befehlen und Gehorchen zum Verhandeln. In: Preuss-Lausitz u.a., a.a.O., S. 196-212

Büchner, Peter (1990): Durch frühe Verselbständigung zu größerer Selbständigkeit. Thesen zur Kindersportkultur. In: Preuss-Lausitz u.a., a.a.O., S. 178-191

Chisholm, Lynne u.a. (Eds.) (1995): Growing Up in Europe. Contemporary Horizons in Childhood and Youth Studies. Berlin, New York: de Gruyter

Czerwenka, Kurt u.a. (1990): Schülerurteile über die Schule. Frankfurt/M.: Lang

Diskowski, Detlef/ Preissing, Christa/ Prott, Roger (1990): Selbst ist das Kind. Technik im Kinderalltag. In: Preuss-Lausitz u.a. 1990, S. 96-109

DJI (Hrsg.) (1993): Was für Kinder. Aufwachsen in Deutschland. München: Kösel

du Bois-Reymond, Manuela/ Büchner, Peter/ Krüger, Heinz-Hermann u.a. (1994): Kinderleben. Modernisierung von Kindheit im interkulturellen Vergleich. Opladen: Leske + Budrich

Erez, Miriam u.a. (1989): Values of Youth: Effects of Sex or Sex Role Typing? In: Journal of Vocational Behavior H. 3, S. 350-366

Faulstich-Wieland, Hannelore (1995): Geschlecht und Erziehung. Darmstadt: Wiss. Buchgesellschaft

Faulstich-Wieland, Hannelore/ Horstkemper, Marianne (1995): „Trennt uns, bitte, bitte nicht". Koedukation aus Mädchen- und Jungensicht. Opladen: Leske + Budrich

Fölling-Albers, Maria/ Hopf, Arnulf (1995): Auf dem Weg vom Kleinkind zum Schulkind. Eine Langzeitstudie zum Aufwachsen in verschiedenen Lebensräumen. Opladen: Leske + Budrich
Geschlechterverhältnisse und die Pädagogik: Jahrbuch für Pädagogik 1994: Frankfurt/M.: Lang
Geulen, Dieter (1977): Das vergesellschaftete Subjekt. Frankfurt/M.: Suhrkamp
Geulen, Dieter (Hrsg.) (1989): Kindheit. Neue Realitäten und Aspekte. Weinheim: Dt. Studienverlag
Gille, Martina (1995): Wertorientierungen und Geschlechterorientierungen im Wandel. In: Hoffmann-Lange, a.a.O., S. 109-158
Hagemann-White, Carol (1984): Sozialisation männlich - weiblich. Opladen: Leske + Budrich
Heitmeyer, Wilhelm (1992): Desintegration und Gewalt. In: deutsche jugend H. 3, S. 109-122
Hoffman, Berno (1995): Wie Männer und Frauen werden. Diss. TU Berlin
Hoffmann-Lange, Ursula (Hrsg.) (1995): Jugend und Demokratie in Deutschland. DJI-Jugendsurvey 1. Opladen: Leske + Budrich
Hollstein, Walter (1991): Nicht Herrscher, aber kräftig. Die Zukunft der Männer. Reinbek: Rowohlt
Hurrelmann, Klaus/ Ulrich, Klaus (Hrsg.) (1991): Neues Handbuch der Sozialisationsforschung. Weinheim und Basel: Beltz
Jugendstudie '92 der Dt. Shell (Bearbeiter J. Zinnecker und A. Fuchs) (1992). Opladen: Leske + Budrich
Kelle, Helga/ Breidenstein, Georg (1994): Prozesse politischer Sozialisation bei 9-12jährigen. DFG-Arbeitsbericht und Zwischenergebnisse, Bielefeld: Laborschule
Krappmann, Lothar/ Oswald, Hans (1995): Alltag der Schulkinder. Beobachtungen und Analysen von Interaktionen und Sozialbeziehungen. Weinheim und München: Juventa
Leu, Hans Rudolf (1985): Subjektivität als Prozeß. München: Dt. Jugendinstitut
Lindau-Bank, Detlev/ Zimmermann, Peter (1995): Wider die Geschlechtslosigkeit unserer Schule und ihrer Lehrenden - Jungensozialisation im Spiegel einer schriftlichen Befragung von 1760 Jungen. Institut für Schulentwicklungsforschung, Universität Dortmund. In: Deutsche Lehrerzeitung 39/1995 (September), S. 9
Metz-Göckel, Sigrid/ Kreienbaum, Anna Maria (1991): Herkömmliche Geschlechterpolarisierung und neue Differenzierungen. In: pädextra H. 12, S. 16-18
Nissen, Ursula (1990): Räume für Mädchen?! In: Preuss-Lausitz u.a., a.a.O., S. 148-160
Oswald, Hans/ Boll, Walter (1992): Das Ende des Generationenkonflikts? Zum Verhältnis von Jugendlichen zu ihren Eltern. In: ZSE H. 1, S. 30-51
Preuss-Lausitz, Ulf (1991): Der Kaiserin neue Kleider? Fragen an die feministische Schulforschung beim Blick auf die Mädchen. In: pädextra H. 12, S. 5-12
Preuss-Lausitz, Ulf (1992): Mädchen an den Rand gedrängt? Soziale Beziehungen in Grundschulklassen. In: ZSE H. 1, S. 66-79

Preuss-Lausitz, Ulf (1993): Jungen und Mädchen. Widersprüche zwischen Differenz und Gleichberechtigung im Modernisierungsprozeß. In: Ders.: Die Kinder des Jahrhunderts. Zur Pädagogik der Vielfalt im Jahr 2000. Weinheim und Basel: Beltz, S. 144-168

Preuss-Lausitz, Ulf u.a. (1983): Kriegskinder, Konsumkinder, Krisenkinder. Zur Sozialisationsgeschichte seit dem Zweiten Weltkrieg. Weinheim und Basel (4. Aufl. 1994): Beltz

Preuss-Lausitz, Ulf/ Rülcker, Tobias/ Zeiher, Helga (Hrsg.) (1990): Selbständigkeit für Kinder - die große Freiheit? Weinheim und Basel: Beltz

Rolff, H.G./ Zimmermann, Peter (1985): Kindheit im Wandel. Weinheim und Basel: Beltz

Schnack, Dieter/ Neutzling, Rainer (1990): Kleine Helden in Not. Jungen auf der Suche nach Männlichkeit. Reinbek: Rowohlt

Schütze, Yvonne (1993): Zum tendenziellen Fall eines Deutungsmusters. In: Z.f. Päd. H. 4, S. 551-562

Solms, Wilhelm (1992): Begrenzt glücklich. Kindheit in der DDR. Marburg: Hitzeroth

Zeiher, Helga/ Zeiher, Hartmut J. (1994): Orte und Zeiten der Kinder. Soziales Leben im Alltag von Großstadtkindern. Weinheim und München: Juventa

Die Autorinnen und Autoren

Peter Büchner, Prof. Dr., Universität Marburg, Institut für Erziehungswissenschaft, Wilhelm-Röpke-Str. 6B, 35039 Marburg

Doris Bühler-Niederberger, Prof. Dr., Universität-Gesamthochschule Wuppertal, FB 1 Sozialwissenschaften, Gaußstr. 20, 42097 Wuppertal

Heinz Hengst, Prof. Dr., Hochschule Bremen, FB Sozialwesen, Neustadtwall 30, 28199 Bremen

Maria-Eleonora Karsten, Prof. Dr., Universität Lüneburg, Institut für Sozialpädagogik, Lauensteinstr. 33, 21339 Lüneburg

Andreas Lange, Dr. Universität Konstanz, FG Soziologie, Postfach 5560/D33, 78434 Konstanz

Klaus Neumann-Braun, Prof. Dr., Universität Frankfurt a.M., FB Gesellschaftswissenschaften, Robert-Mayer-Str. 5, 60054 Frankfurt a.M.

Ulf Preuss-Lausitz, Prof. Dr., Technische Universität Berlin, Institut für Erziehung, Unterricht und Ausbildung, Franklinstr. 28/29, 10587 Berlin

Jens Qvortrup, Prof. Dr., Sydjysk Universitetcenter, Niels Bohrsvej 9, DK-6700 Esbjerg, Dänemark

Lieselotte Wilk, Doz. Dr. Dr., Universität Linz, Institut für Soziologie, Altenbergerstr. 69, A-4040 Linz, Österreich

Helmut Wintersberger, Dr., Europäisches Zentrum für Wohlfahrtspolitik und Sozialforschung, Berggasse 17, A-1090 Wien, Österreich

Helga Zeiher, Dr., Max-Planck-Institut für Bildungsforschung, Lentzeallee 94, 14195 Berlin

Jürgen Zinnecker, Prof. Dr., Universität-Gesamthochschule Siegen, FB 2, Adolf-Reichwein-Str. 2, 57076 Siegen